신천지 요한계시록 해석
무엇이 문제인가?

신천지
요한계시록 해석
무엇이 문제인가?

신천지의 왜곡된 요한계시록 해석 바로잡기 ──

이필찬 지음

Holy
WavePlus

차례

먼저 『신천지 요한계시록 해석 무엇이 문제인가?』의 출간을 허락해주신 하나님께 감사와 찬양을 올려드리고 싶다. 나는 성경학자다. 성경학자는 교회가 성경 해석의 오류 때문에 혼란을 겪을 때, 무엇이 문제이고 그 문제의 대안은 무엇인지 진지하게 고민하며 최선의 답을 제시해야 한다. 이는 성경학자가 하나님 앞에서 감당해야 할 분명한 책임이다.

한국교회는 최근 들어 신천지로 인하여 일종의 "패닉" 상태에 빠져드는 형국이다. 나의 가까운 지인 중에도 가족이 신천지에 빠진 경우가 있다. 그들은 신천지에 들어간 가족들이 부모로서 혹은 남편과 아내로서 해야 할 역할을 마다하니 정상적 가정생활을 유지하기 힘들다고 이야기한다. 내가 알고 있는 한 형제는 신천지에 들어간 아내와 어쩔 수 없이 이혼할 수밖에 없었다. 또 어떤 집사님은 신천지에 들어간 남편과의 관계에서 어려움을 겪고 있고, 신천지에서 교육을 받은 딸이 집을 나가 만날 수 없게 된 집사님도 있다.

우리 주변에 신천지 때문에 가정이 파탄 난 경우가 한둘이 아니며, 그

피해자들이 겪는 고통과 파멸의 아픔은 상상하기도 힘들다. 이런 내막을 알면 알수록 요한계시록에 대한 극단적 해석으로 야기되는 문제들에 대해 더는 방관할 수 없다는 생각이 들었다. 그러한 극단적 해석의 문제가 무엇인지, 그 대안은 무엇인지를 소리 높여 외쳐야겠다는 목회적·학자적 책임감이 이 책을 저술하게 된 동기라고 할 수 있을 것이다.

사실 이 책의 저술은 쉽지 않은 작업이었다. 왜냐하면 이 책이 대화 상대로 삼은 이만희 씨의 『천국 비밀 요한계시록의 실상』(이하 『요한계시록의 실상』)에 나타난 요한계시록 해석은 일반적인 성경 해석의 세계에서 통용되는 상식적인 논리를 벗어난 경우가 대부분이었기 때문이다. 내용의 수준이 높지는 않았지만 자기 집단 안에서만 사용하는 폐쇄적 언어로 얼룩져 있어서 해독 자체가 쉽지 않다는 어려움이 있었다.

그렇게 어려운 해독 작업을 거친 이 책은 가능한 한 신천지를 대화 상대로 인정하면서 문제를 제기하고 성경적 대안을 제시하고자 하였다. 이 과정에서 상대방을 최대한 객관적으로 이해하려는 학자적 자세를 견지하며, 어처구니없는 해석에 대해서도 일방적인 폄하는 자제하기 위해 노력했다. 그러므로 이 책은 단순히 사이비 이단에 대한 비판서라기보다는 잘못된 성경 해석의 극단적인 경우를 반면교사 삼아 올바른 성경 해석이 어떠해야 하는지를 보여주고자 한 일종의 교과서라고 할 수 있을 것이다.

역사를 살펴보면 동시대의 사람들이나 후손들에게 사고의 판단 기준을 제공하거나 새로운 이론을 소개한 문화적·학술적 저술들은 사람들을 돕는 이정표 역할을 톡톡히 한 것 같다. 신천지의 발흥으로 요한계시록에 대한 일대 혼란이 일어나고 있는 지금, 이 책이 혼란 가운데서 방향을 설정해주는 이정표가 되어주면 좋겠다.

이 책이 성경적 대안으로 전제하는 건강한 요한계시록 해석은 나의 저작인 『요한계시록 어떻게 읽을 것인가』(성서유니온, 2003)와 『내가 속히 오리라』(이레서원, 2006)의 내용을 바탕에 두고 있다. 독자들에게 도움이 될 만한 부분에서는 출처를 밝혀두었지만, 어느 정도 당연시되거나 딱히 출처를 지정할 수 없는 부분에 대해서는 굳이 출처를 밝혀두지 않았음을 양해해주기 바란다.

이 책의 전체 구조는 2013년에 뉴스앤조이와 협력하여 진행했던 "신천지의 요한계시록 해석 해부하기"라는 세미나를 통해 정리되었다. 뉴스앤조이에서는 그때 내가 했던 강의를 동영상으로 제작하여 보급하고 있는데, 그 동영상과 함께 이 책을 읽는다면 더 큰 도움을 얻을 수 있을 것이다.

한국교회의 신학적 성숙을 위해 양서 출판에 힘쓰는 새물결플러스 김요한 대표님과, 성실하고 꼼꼼하게 원고를 손질해준 박규준 편집자에게 특별히 감사를 드린다. 한국교회의 무너진 벽 한 축을 다시 세우는 데 이 책이 조그마한 힘이 된다면 참 감사할 일이다.

2015년 5월

이필찬

이필찬 요한계시록연구소 소장

• 일러두기

　신천지는 성경을 인용할 때 특별한 경우가 아니면 기본적으로 개역한글판을 사용한다.
신천지의 주요 교리를 비판하는 이 책도 개역한글판을 기본적으로 인용한다는 사실을
미리 일러둔다.

이 책을 쓴 목적은 크게 네 가지다. 첫째, 신천지의 요한계시록 해석의 본질을 파악하고 그 뼈대를 이해한다. 일반 성도들이 신천지의 요한계시록 해석을 모두 다 알 필요는 없다. 단지 그것의 기본 골격을 이해함으로써 신천지의 잘못된 해석으로 말미암아 초래되는 부작용에 대비할 수 있으면 된다.

둘째, 신천지의 요한계시록 해석에 쉽게 설득당하는 한국교회의 요한계시록 해석의 문제점을 인식한다. 문제의 원인을 외부에서만 찾으면 근본적인 문제 해결이 불가능하다. 이 책은 한국교회 내부의 요한계시록 해석에 어떤 문제점이 있는지를 함께 찾고 그것을 바로잡기 위한 하나의 시도다.

셋째, 요한계시록의 올바른 의미를 파악한다. 건강한 신앙생활을 위해서는 이단의 약점을 아는 것도 중요하지만, 정통 교회의 입장이 어떠한가를 아는 것이 더 중요하다. 따라서 이 책은 요한계시록에 대해 올바른 해석을 제시하는 데 많은 지면을 할애했다.

넷째, 성경 해석 방법을 훈련한다. 이 책은 신천지의 요한계시록 해석을, 성경 본문을 왜곡하는 경우의 하나로서 취급한다. 따라서 그 오류를 해부하고 바로잡는 과정을 통해 올바른 성경 해석이 어떻게 이루어지는지 경험할 수 있다.

각 주제에 대한 연구는 ① 신천지 해부, ② 문제 제기, ③ 성경적 해석의 세 과정을 통해 이루어진다. 먼저 "신천지 해부"는 신천지 해석의 실체를 드러내는 것으로, 신천지의 핵심적인 주장을 정리했다. 이어지는 "문제 제기"에서는 그 해석의 정당성을 확인하기 위해 반드시 짚고 넘어가야 하는 주제들이 무엇인지를 밝히면서, 신천지 해석의 한계와 문제점을 지적했다. 마지막 "성경적 해석"에서는 신천지 주장의 오류를 바로잡고 성경적으로 올바른 해석이 무엇인지를 살펴본다. 독자들은 이 책을 통해 신천지의 허점을 짚는 훈련을 하는 동시에 요한계시록의 올바른 해석이 어떻게 이루어지는지 배울 수 있을 것이다.

그런데 신천지의 입장을 완벽하게 이해하려는 시도는 대부분 무의미하다. 이단에 대한 완벽한 이해는 몇몇 사역자들이 감당해야 할 특수 사역의 영역이다. 신천지의 여러 가지 자료를 모두 다루면 오히려 책의 내용이 지루해지고 간명한 이해를 가로막을 위험이 생긴다. 따라서 이 책에서는 잡다한 자료들의 참고는 생략하고 이만희 씨가 쓴 『요한계시록의 실상』과 「신천지 고등 과정 교재」를 주요 대상으로 삼아 저술하고자 한다. 그럼에도 이 책은 신천지가 제시하는 요한계시록 해석의 핵심을 포괄하면서 올바른 성경 해석과 어떤 차이가 있는지 충분히 밝혀줄 것이다.

또한 신천지의 이단 교리를 선별적으로 해부한다는 목적을 따르려면, 요한계시록의 모든 본문을 총체적으로 다루는 방법은 적절치 않다. 따라서 이 책은 요한계시록의 모든 본문을 다루지 않고 총 16장에 걸쳐 16개의 주제를 중심으로 살펴볼 것이다. 올바른 요한계시록 해석을 위해 더 깊은 공부를 원하는 독자가 있다면, 『요한계시록 어떻게 읽을 것인가』와 『내가 속히 오리라』를 참고하기 바란다.

우선, 논의 진행을 위한 가장 기본적인 이론적 배경을 소개하고자 한다. 요한계시록을 올바로 이해하기 위해 살펴봐야 할 중요한 두 가지 질문이 있다.

I. 요한계시록은 어떻게 기록되었는가?

어떤 대상을 이해하고자 할 때 반드시 필요한 일 중 하나는 바로 그 대상의 **형성 과정**을 제대로 이해하는 일이다. 요한계시록을 이해하고자 한다면 요한계시록이 어떻게 기록되었는지를 정확히 알고 넘어가야 한다. 요한계시록은 기계적으로 기록되었을까, 아니면 유기적으로 기록되었을까? "기계적인 기록"이란 성경 저자가 단순히 글을 받아적는 도구(기계)에 불과하다는 뜻이다. 반면 "유기적인 기록"이란 하나님께서 성경 저자의 전인적 배경을 통해 성경을 기록하게 하셨다는 뜻이다.

요한계시록을 제외한 다른 성경을 살펴보면, 성경이 유기적으로 기록되었다는 사실은 너무나 분명하다. 그렇다면 요한계시록은 예외일까? 그렇지 않다. 요한계시록이라고 기계적으로 기록되었을 리 만무하다. 하나님께서 요한에게 환상을 보여주셨지만, 그것을 나름대로 정리 및 구상해서 기록한 주체는 바로 요한 자신이다. 그러므로 우리는 요한이 하나님의 말씀인 요한계시록의 **저자**라고 이야기한다. 나아가 우리는 요한이 요한계시록을 기록할 때 어떤 의도나 목적을 가지고 신중하게 기록했으리라고 짐작할 수 있다.

2. 요한계시록은 어떤 책인가?

요한계시록은 **예언**의 말씀이자 **편지**이며 예수 그리스도의 **계시다**.[1] 이세 가지 특징에 대해 간략히 알아보자.

① **예언의 말씀**: 요한계시록은 먼저 "예언의 말씀"이다(계 1:3). 예언이란 무엇인가? 성경의 예언은 단순히 앞으로 다가올 일을 미리 말하는 것이 아니다. 성경이 정의하는 예언이란 "하나님의 말씀을 대신하여 전한다"는 의미가 더 크다.

모든 예언자의 원조라고 할 수 있는 구약의 예언자들은 하나님의 말씀을 대신/대리하여 전하는 대언(代言) 사역을 감당했다. 예언자들은 창조를 통해 나타난 창조주 하나님과 출애굽 구원의 역사를 통해 드러난 구속주 하나님을 메시지의 근간으로 삼아 이스라엘의 범죄를 지적했다. 그들은 우상 숭배와 성전 타락은 물론이고 이방인의 풍속에 오염된 삶의 행태들을 적나라하게 들춰낸다. 그러나 이러한 예언자의 심판 선포는 회개를 통한 회복의 희망 속에서 이루어진다.

이로 보건대, 예언이 단순히 미래에 대한 말씀이 아니라는 사실은 명백하다. 오히려 예언은 "하나님 뜻의 선포"라고 할 수 있다. 구약성경에서 선지자로 번역된 히브리어 나비(נָבִיא)는 대언자(spokesman)라는 뜻으로서 하나님의 말씀을 듣고 그에 따라서 말하는 사람을 가리킨다. 어

신천지 요한계시록 해석 무엇이 문제인가?

떻게 보면 예언자의 선포란, 하나님으로부터 말씀을 듣고 그것을 복창하는 것이라고 할 수 있다. 또 신약성경에서 선지자로 번역된 그리스어 프로페테스(προφήτης)는 "(하나님) 앞에서 말하는 사람"이라는 뜻이다. 이를 통해 예언의 핵심은 "내용의 미래적 성격"에 있는 것이 아니라 하나님 앞에서 말하는 "태도"에 있다는 사실을 알게 된다.[2]

그러므로 요한계시록을 읽을 때 단순히 미래를 예견하기 위한 목적에서 접근하면 요한계시록의 본래 목적을 왜곡하기 쉽다. 지금까지 이런 왜곡의 프레임에 갇혀 요한계시록을 오용한 경우는 수없이 많다. 때로 심각한 결과를 초래하는 엉뚱한 해석을 피하려면, 우리는 무엇보다 먼저 요한계시록을 하나님 말씀의 대언이라는 의미의 "예언"으로 이해해야 할 것이다.

② **편지**: 요한계시록은 기본적으로 요한이 소아시아 지역의 일곱 교회의 성도들에게 보낸 편지다. 편지는 발신자와 수신자가 존재한다. 그리고 두 당사자 사이에는 고유한 언어를 통해 긴밀한 대화가 오간다. 그래서 우리는 편지의 내용을 파악할 때 반드시 발신자와 수신자의 관계를 기초로 이해하기 위해 노력해야 한다. 발신자와 수신자의 관계를 무시하거나 제대로 이해하지 못하면 편지의 내용은 왜곡될 수밖에 없다.

요한계시록의 발신자는 요한이다. 그리고 수신자는 소아시아의 일곱 교회다. 오늘날 요한계시록을 읽는 독자들은 요한계시록이 편지라는 사실을 염두에 두고 요한과 일곱 교회 성도들 사이의 관계를 충실하게 고려해야 한다. 또한 그들이 사용한 언어 표현을 오늘날의 관점에서 그대로 해석하기보다는 철저하게 두 당사자의 입장에서 해석하기 위해 노력해야 한다.

③ **예수 그리스도의 계시**(묵시): 요한계시록은 "예수 그리스도의 계시"라는 말로 시작한다(계 1:1). 이는 두 가지 의미를 가진다. 첫째, 요한계시록은 예수 그리스도를 계시한 책이다. 예수님 외에 그 누구도 요한계시록의 주인공일 수 없고 주인공이 되어서도 안 된다. 우리는 요한계시록을 통해 예수님을 만나고 예수님이 하신 사역의 결과들을 깨닫는다. 둘째, 이 책은 예수 그리스도**께서** 계시한 책이다. 이 책에 계시된 모든 내용의 출처는 바로 예수님 자신이시다. 예수님은 요한계시록뿐 아니라 성경 전체의 주인공이시기에 우리는 요한계시록을 다른 성경과의 긴밀한 관계 속에서 이해해야 한다. 요한계시록을 이해하고자 할 때, 예수님께서 성경을 통해 주신 계시 이외의 다른 계시가 필요하다는 주장은 거짓이다.

1장

신천지 요한계시록
해석 개관

구체적인 논의에 앞서 먼저 전체적인 이해를 위해 좀 더 큰 그림을 살펴보자. 이를 위해 다음의 두 가지 주제가 유용할 것이다. 첫째, 신천지는 요한계시록의 성격을 어떻게 설명하는가? 둘째, 신천지는 계시를 어떻게 이해하는가? 이번 장에서는 이 두 가지 질문을 통해 신천지의 요한계시록 해석을 거시적 관점에서 해부하는 작업을 한 후, 신천지의 주요 "교리"라고 할 수 있는 "장막 교리"와 그들의 주요 해석 방법이라고 할 수 있는 "비유 풀이"에 대해 알아보자.

I. 신천지는 요한계시록의 성격을 어떻게 설명하는가?

(1) 신천지 해부

요한복음 16:12에서 예수님은 "내가 아직도 너희에게 이를 것이 많으나 지금은 너희가 감당치 못하리라"라고 말씀하셨다. 신천지는 이 말씀을 근거로 예수님이 많은 것을 말씀하지 않으신 채 하늘로 올라가신 후 제자 요한에게 계시를 주셨으며, 그것이 바로 요한계시록 1장부터 22장에 기록된 내용이라고 주장한다.[1]

(2) 문제 제기

신천지는 제자들이 예수님의 말씀을 감당할 수 없으므로 어떤 내용을 말씀하지 않은 채 남겨놓으셨고, 나중에 그 내용을 요한계시록에 기록하게 하셨다고 주장한다. 하지만 요한복음과 요한계시록이 과연 그런 관계로 연결되는 것일까? 요한복음에서 예수님이 하신 말씀의 직접적인 대상은 제자들이고, 요한계시록의 직접적인 대상은 소아시아의 일곱 교회 성도들이다. 엄밀히 말하면 요한복음과 요한계시록은 전혀 다른 의도와 목적으로 기록되었다. 따라서 요한복음 16:12에서 유추되는 내용을 요한계시록의 동기로 적용하는 것은 불가능하다.

신천지의 주장에 따라 요한계시록을 해석하면, 이 책의 독자들인 일곱 교회 성도들의 구체적 정황은 완전히 무시된다. 기록 당시의 정황을 무시하는 성경 읽기는 언제나 잘못된 해석으로 연결되며, 엉뚱한 결론에 이르게 된다.

(3) 성경적 해석

요한복음 14-16장을 자세히 살펴보면 예수님께서 성령에 대해 강조하심을 알 수 있다. 예수님은 요한복음 16:12에 바로 이어지는 13절에서 "그러나 진리의 성령이 오시면 그가 너희를 모든 진리 가운데로 인도하시리니"라고 말씀하셨다. 제자들이 감당하지 못해(?) 미처 다 말씀하지 않은 내용은 후일 요한계시록을 통해 주어지는 것이 아니라 보혜사 성령이 오셔서 생각나게 하시고 깨닫도록 가르쳐주신다.

물론 이에 대해 신천지는 교주 이만희 씨가 보혜사라는 억지 주장을 하고 있으나, 그런 주장은 신천지가 성경을 자의적으로 해석한다는 사실을 분명하게 드러낼 뿐이다. 사도행전은 요한복음 16장의 청자인 제자들이 오순절 성령 강림 사건을 통해 성령을 받았다고 기록하기 때문이다. 반면 요한계시록은 요한복음 16장과는 다르게 저자인 요한이 소아시아의 일곱 교회 공동체를 신앙적 위기 가운데서 올바로 세우기 위한 목적에서 기록한 것이다.

2. 신천지는 계시를 어떻게 이해하는가?

(1) 신천지 해부

신천지는 계시를 "환상계시"와 "실상계시"로 나누어서 이해한다. 그들의 정의에 따르면 환상계시란 "장래 이룰 일을 이상으로 미리 보여주는" 계시다. 반면 "실상계시"는 "약속한 예언을 실물로 이루어서 보여주는" 계시다.[2] 신천지는 다음과 같이 주장한다.

> 요한은 성령에 감동되어 환상으로 예수님의 계시를 받아 기록했지만 그 예언이 언제 이루어지는지, 실체가 무엇인지는 몰랐다. 다만 예수님께서 환상으로 보여주신 계시를 기록했을 뿐이다.[3]

다음의 도표는 신천지가 자신들이 강조하는 육하원칙에 따라 환상계시와 실상계시의 차이점을 정리한 것이다.

	예언의 원리	성취될 때의 원리
누가	사도 요한	사도 요한격의 사명자: 약속의 목자
언제	기원후 95년경(1,900년 전)	1,900이 지난 오늘날 재림 때: 실상의 때
어디서	밧모 섬 (복음을 전하다 유배 갔던 곳)	장막성전/증거장막성전 (심판과 구원을 베푸는 곳)
무엇을	속히 될 일 (요한계시록 1-22장의 장래사)	실상: 계시록의 3가지 비밀 (배도, 멸망, 구원)의 성취된 실상
어떻게	성령의 감동, 계시받고, 이상, 환상을 보고 비유로 봉함 (환상계시)	밝히 증거: 성취된 실상을 드러내서 감추었던 것을 밝히 증거 (실상계시)
왜	이룰 때에 믿을 수 있도록 (요 14:29)	믿고 영생을 얻을 수 있도록

신천지의 환상계시와 실상계시[4)]

(2) 문제 제기

신천지의 핵심 주장은 저자인 요한이 자신이 쓰고 있는 내용의 실제 의미를 모르고 있었다는 것이다. 그래야 요한도 몰랐던 내용의 "실상"을 이만희 씨가 계시해줄 수 있기 때문이다. 그러나 이러한 주장은 예언을 "미래에 대해 미리 말하는 것"으로 오해한 결과다. 사실 이런 오해는 한국교회에 널리 퍼져 있는 바이기도 하다.

그러나 과연 요한계시록의 저자인 요한이 자신이 전한 메시지의 의미를 알지 못했을까? 일반적으로 그 어떤 성경 저자도 자신이 알지 못하는 글을 기록하지 않으며, 요한계시록이라고 예외일 수는 없다. 서신

신천지 요한계시록 해석 무엇이 문제인가?

이자 예언인 요한계시록의 특징을 고려한다면, 저자 요한이 자신이 기록한 내용을 이미 충분히 이해하고 있었다고 보는 것이 옳다.

(3) 성경적 해석

요한계시록은 소아시아의 일곱 교회 성도들에게 보내는 서신이다(계 1:4). 발신자인 요한은 수신자인 일곱 교회 성도들과 충분한 교제와 교감이 있었고, 그들이 처한 신앙적 위기를 돕기 위해 요한계시록을 기록하여 편지로 보냈다. 발신자인 성경 저자가 수신자에게 자신도 모르는 내용을 편지로 적어 보냈다는 주장은 성경 신학적 관점에서는 물론이고 상식적 수준에서도 받아들이기 힘들다.

요한계시록은 예언의 말씀이다. 성경적 해석의 예언이란 창조주·구속주이신 하나님을 선포하고 이스라엘의 범죄-심판-회복을 다루는 메시지다. 구약의 예언자들은 하나님의 총체적인 뜻과 계획을 하나님의 백성들에게 "유기적"인 대언자―로봇이 아니었다―로서 전달한다. 이러한 맥락에서 예언자들이 자신들이 하는 말의 의미를 모르고 있었다는 논리는 성립할 수 없다. 예언자들은 하나님의 뜻을 대언함에 있어 그 대언의 말씀을 청중에게 분명하고 자세하게 알려야 했기에, 필연적으로 청중이 처한 시대적 상황과 자신들이 전하는 메시지의 의미에 대해 충분히 이해하고 있어야만 했다.

요한은 구약의 예언자들처럼 예언 사역을 감당했다. 요한은 자신이 전달하는 내용이 예수님의 사역(특별히 탄생과 십자가의 죽음)을 통해 성취된 구약의 약속들에 대한 것이라는 사실을 인식하고 있었다. 즉 요한의 예언은 철저하게 기독론적 관점에서 기록된 성경의 마지막 예언이었던 것이다. 따라서 요한이 자기가 기록하는 내용의 의미를 모르고 있었다는 주장은 어불성설이며, 이를 환상계시로 치부하는 신천지의 해석은 지극히 자의적이라고 평가받아야만 한다.

3. 신천지의 장막 교리와 비유 풀이

(1) 신천지 해부

신천지는 하나님이 영계와 육계를 창조하시고 그 둘이 하나가 되는 구원을 이루려 하신다고 주장한다. 그리고 그 과정에서 구원 사역을 감당해야 할 "선택한 목자"가 배도하면, 새로운 목자를 세워 새로운 장막을 창조하고, 새 언약을 통해 다시 구원을 이루어가신다고 본다. 여기서 신천지는 사이비 단체였던 "유재열의 장막성전"이 기독교 세계를 대표하는 단체로서 "첫째 장막"이었다고 주장한다.

신천지는 자신들이 그 "첫째 장막성전에서 벌어졌던 일들을 증거해야 할 사명을 가진 자들이기 때문에 신천지 증거장막성전이라는 둘째 장막"이라고 주장한다.[5] 나아가 "둘째 장막"인 신천지 증거장막성전이 궁극적인 장막이자 하나님 나라라는 주장을 내세운다.

증거 장막은 장막성전을 말하는 것이 아니다. 장막성전은 처음 하늘과 처음 땅으로 멸망자에게 삼키운 바 되어 이미 그 이름은 사라지고 없다. 지금은 대한예수교장로회의 간판 아래서 목사들로부터 말씀 양육을 받고 있는 실정이다. 처음 하늘과 처음 땅이 없어지고 새 하늘과 새 땅이 나타난다. 즉 하늘 문이 열리고 이 땅에 신천지 증거장막성전이 나타나니 이는 둘째 장막이다(계 15:5). 첫째 장막은 바울이 말한 것처럼 모든 것이 그 안에 다 있으나 그것이 세상에 속하여 결국은 없어져 가는 것이다.[6]

예수님이 싸워서 이기라고 하신 사탄의 무리 니골라당은 일곱 별이라고 하는 일곱 사자가 있는 일곱 금 촛대 교회에 나타난다. 그러므로 니골라당과 싸워서 이기려면 일곱 금 촛대 교회를 찾아야 하고, 그곳을 찾으려면 일곱 별이 누구인지 알아야 한다. 별이 있는 곳은 하늘이므로 그들이 있는 일곱 금 촛대 교회를 요한계시록 13:6에서는 하늘 장막이라고 하였다.[7]

신천지는 요한계시록 13:6의 "하늘 장막"이라는 용어에 착안해 요한계시록 2-3장에 등장하는 "일곱 금 촛대 교회"의 실상이 바로 유재열의 장막성전이라고 주장한다. 신천지 신도들은 얼핏 보면 황당한 이런 주장을 "계시록의 실상"으로 신봉한다. 그 이유는 신천지가 "비유 풀이"라는 해석 방법을 성경에 나선형으로 적용하면서 결국 신천지의 주장이 사실이라고 믿게 만들기 때문이다.

신천지는 예수님이 "무리에게 비유로 말씀하시고 비유가 아니면 아무것도 말씀하지 않으셨다"(마 13:34)는 말씀을 근거로 제시하면서 천국 비밀이 비유로 봉해져 있다고 주장한다.[8] 그리고는 성경에서 분명하게 "비유"라고 밝힌 구절부터 시작해서 점차 까다로운 구절들의 "실상"을 풀어(?)준다. 이 비유 풀이에는 기성 교회의 문제점을 지적하는 내용이 많고, "말씀"을 소중히 여겨야 한다는 메시지가 빈번히 등장하기 때문에 많은 사람이 신천지의 접근에서 헤어나지 못하고 점점 더 빠져들게 된다.

특히 신천지는 요한계시록을 하나님이 "성취의 때"까지 비유로 감추어두신 말씀으로 본다. 그리고 "예수님의 영이 함께하는 약속의 목자"만이 비유인 요한계시록의 진짜 의미를 풀어줄 수 있다고 주장한다. 물론 그 "약속의 목자"는 이만희 씨를 지칭하는데, 신천지는 약속의 목자를 모르는 사람은 "계시록의 실상"을 깨닫고 믿을 수 없으므로 구원에 이를 수 없다고 가르친다.

(2) 문제 제기

신천지가 결론적으로 제시하는 최종적인 요한계시록 해석을 살펴보면 누구든지 거부반응을 느낄 수밖에 없을 것이다. 요한계시록의 말씀이 고작 우리나라의 일개 사이비 종파와 관련한 사건들을 예언하고 있다는 주장에 처음부터 호감을 느낄 사람이 몇이나 될까? 또한 모든 성경을 비유로 보면서 엉뚱한 해석을 남발하는 신천지의 가르침 또한 조금만 정신을 차려도 넘어가지 않을 확률이 높다.

그러나 많은 사람이 신천지의 주도면밀한 접근 전략에 사로잡혀 "성경 공부" 제의를 거절하지 못하고, 그들의 이야기를 계속해서 듣게 되는 것이 문제다. 그러다 보면 신천지의 열정적인(?) 분위기에 현혹되어 신천지가 좋은 곳이라고 생각하게 되는 경우가 많다. 신천지는 자신들을 "진리의 성읍"이라고 부르면서 "말씀"의 권위를 강조하지만, 사실 그들의 진짜 강점은 견고한 인적 네트워크가 아닐까?

신천지에 빠진 사람들을 구제하기 위해서는 그들을 더 강한 흡인력으로 신천지의 네트워크에서 떼어내는 것이 중요하다. 그리고 신천지의 잘못된 가르침을 철저하게 분석하는 일 또한 매우 중요하다. 신천지의 오류를 파헤치고 성경적 대안을 제시하지 않는다면, 신천지는 자신들이 성경을 해석할 권리를 전유한다고 끊임없이 주장할 것이다.

과연 성경을 해석할 권리를 어떤 개인이나 단체가 독점할 수 있을까? 하나님이 자신의 백성들에게 성경을 주실 때, 특정 개인이나 단체만 해석의 특권을 누리도록 의도하셨을까? 물론 하나님의 백성인 **교회**가 성경을 바르게 읽고 해석할 수 있다고 말할 수는 있을 것이다. 하지만 교회는 어떤 개인이나 단체를 지칭하는 고유명사가 아니라, 역사와 신학 앞에 열려 있는 보통명사다.

신천지의 성경 해석은 성경적 근거가 매우 빈약할 뿐 아니라, 상식적으로도 이해가 안 되는 많은 문제를 가지고 있다. 신천지 교리의 기본 골격을 형성하는 장막 교리만 자세히 살펴보아도 신천지의 성경 해석이 짜맞추기식 비약으로 얼룩져 있다는 사실을 발견할 수 있다. 신천지의 장막 교리를 한마디로 정리하면, 비유로 적힌 성경의 예언대로 첫째 장막인 유재열의 장막성전이 무너지고 둘째 장막인 신천지 증거장막성전이 새롭게 등장했다는 것이다.[9]

신천지는 히브리서 8-9장을 근거로 유재열의 장막성전이 사라지게 된 것은 배도의 결과라고 주장하며, 그것의 후신이라 할 수 있는 신천지 증거장막성전의 권리 계승을 정당화하려 한다. 나아가 전통적 기성 교회를 유재열의 장막성전과 묶는 연결 고리로 요한계시록 2-3장을 사용한다. 여기에는 일곱 사자(천사)로 비유된 일곱 교회의 실상이 자칭 "일곱 천사"들이 활동했던 유재열의 장막성전이라는 논리가 적용된다. 그리고 요한계시록 2-3장의 일곱 교회가 지닌 대표적 성격을 역으로 적용해 유재열의 장막성전이 기독교 역사에서 상당히 중요한 위치에 있었다고 해석한다.

신천지의 이러한 모든 시도는 성경에서 정당한 근거를 찾아보기 어렵다. 성경의 1차 저자와 독자 및 역사적·문화적 배경을 도외시한 채 "장막"이나 "일곱", "천사", "새 하늘과 새 땅"(신천지)과 같은 몇 가지 용어를 주춧돌로 삼는 신천지의 성경 해석은 정상적 해석 과정을 파괴하는 것으로서 성경 본문을 왜곡할 수밖에 없다. 나아가 자신들의 교주를 "어린 양"이라고 부르며 추종한 유재열의 장막성전이나 현재 여러 가지 사회적 물의를 일으키는 신천지를 성경 해석의 전권을 가진 집단으로 인정하기란 상식적으로도 불가능하다.

(3) 성경적 해석

히브리서 8-9장에서 첫째 장막과 둘째 장막은 각기 다른 장막의 존재를 말하는 것이 아니라, 각각 성소와 지성소를 가리키는 말이다. 히브리서 기자는 그리스도의 대속 사역 이전의 옛 언약은 무흠하지 않았기에 첫째 장막과 둘째 장막, 곧 성소와 지성소를 구별해주는 휘장이 있어 지성소로 들어가는 길이 보이지 않았다고 기록한다(히 9:8). 그러나 무흠한 새 언약 하에서 예수님이 하늘 성전에 들어가심으로써 이 휘장은 제거되었다. 결국 새 언약 하에서 예수님을 통해 누구든지 지성소의 하나님을 만날 수 있는 시대가 된 것이다.

히브리서 9:9에 기록된 "이 장막은 현재까지의 비유"라는 구절은 신천지에게 유리한 구절이 전혀 아니다. 신천지는 성경의 비유가 오늘날까지 감추어졌다고 주장하지만, 히브리서 기자는 장막의 비유가 의미하는 바를 바로 이어서 설명하기 때문이다. "첫 장막"과 "더 크고 온전한 장막"은 그리스도의 십자가가 없는 상태에서 드려진 구약의 성전(성막) 제사와 그리스도의 죽으심으로 말미암아 이루어진 영원한 속죄를 비교한 것이다.

따라서 히브리서의 이 비유가 오늘날 발생한 또 다른 어떤 사건을 가리킨다는 신천지의 주장은 그리스도의 구속 사역이 별 의미 없다는 주장과 다르지 않다. 히브리서 8-9장은 구약에서 신약으로 넘어가는 구속 역사의 흐름을 예수 그리스도의 사역, 특별히 그리스도의 승천 사건을 중심으로 설명한다. 성경에서 이보다 더 중요한 어떤 사건이 있다고 말하기는 어렵다. 더군다나 일개 종파의 등장이 그리스도의 구속 사역보다 중요하다는 주장은 일종의 신성모독이다.

여기서 우리는 성경, 특히 요한계시록을 신비주의적으로 바라보는 관점을 수정해야 할 필요성을 느낀다. 우리는 모든 성경을 통해 교훈과 책망과 바르게 함과 의로 교육하는 유익을 누릴 수 있고 또 누리기를 힘써야 한다(딤전 3:16-17). 요한계시록도 예외는 아니다. 물론 요한계시록을 올바르게 해석하려면 성경의 묵시적 상징을 이해하기 위한 어느 정도의 공부와 노력이 필요한 것이 사실이다. 하지만 이는 불가능한 요구가 아니다. 오히려 우리는 요한계시록을 제대로 이해함으로써 기독교 신앙을 위협하는 제국주의적 문화 조류에 저항할 힘을 키울 수 있다.

우리는 요한계시록 2-3장에 등장하는 소아시아의 교회들이 오늘날 존재하는 어떤 집단을 가리키는지 궁금해할 이유가 전혀 없다. 그 대신 우리는 소아시아의 교회들이 처했던 상황과 그 교회들에 주어진 메시지를 통해 신앙적 교훈을 얻을 수 있다. 우리는 먼저 일곱 교회가 각각 어떤 상황 속에 있었는지, 그들이 직면한 위기와 한계는 어떤 것이었는지, 예수님이 그들에게 어떤 위로와 권고를 주셨는지 더 철저히 연구해

1장_ 신천지 요한계시록 해석 개관

야 한다. 그 후 현재 우리의 상황과 한계를 깊게 성찰함으로써 하나님
이 요한계시록 말씀을 통해 우리에게 어떤 메시지를 전해주시는지를
깨달을 수 있다.

【 1장 "신천지 요한계시록 해석 개관" 정리 】

지금까지 신천지가 요한계시록을 어떻게 이해하는지에 대한 기본적
인 내용을 살펴보았다. 이를 표로 비교하여 정리하면 다음과 같다.

주 제	신천지 주장	성경적 해석
요한계시록 저술 동기	요 16:12에서 제자들이 감당하지 못하므로 못다 한 말씀을 요한계시록에 기록	요 16:12은 성령의 사역으로 완수되었고(요 16:13), 요한계시록은 요한복음과 상관없이 요한이 일곱 교회 성도들을 세우기 위해 기록
저자 요한	요한계시록에 기록한 내용의 의미를 몰랐다.	구체적 관계 안에 있는 수신자에게 전하는, 철저히 기독론적인 선포 내용을 분명히 알고 있었다.
예 언	미래에 대해 미리 말하는 것	하나님의 뜻을 대언하는 것
계 시	환상계시와 실상계시를 구별	환상계시와 실상계시의 구분은 의미 없음
장막 교리	히 8-9장의 두 개의 장막 중 첫째 장막은 유재열의 장막성전이고, 둘째 장막은 신천지의 증거장막성전이다. 이 둘째 장막 곧 신천지 증거장막성전이 궁극적인 장막이고 하나님 나라다.	히 8-9장의 두 개의 장막은 예수님의 십자가 죽음으로 성소와 지성소를 가로막고 있던 휘장이 찢어져 아무도 들어갈 수 없었던 지성소에 들어갈 길이 열렸다는 사실을 보여주기 위한 목적으로 사용되었다.

요한계시록 해석 개관 비교

　　　　　　　　　　　　　신천지 요한계시록 해석 무엇이 문제인가?

2장

요한계시록의 서지 사항
요한계시록 1장 해석 해부하기

이번 장부터 요한계시록의 주요 내용에 대한 신천지의 해석을 구체적으로 살펴보자. 이 과정을 통해 신천지가 성경을 자신의 구미에 맞게 사용하기 위해 어떻게 왜곡하는지, 또 올바른 성경 해석이란 어떠해야 하는지를 살펴볼 수 있을 것이다. 요한계시록 1장에는 요한계시록이 어떤 배경에서 쓰인 성경인지 이야기해주는 내용이 들어 있다.

I. 예수님의 계시와 "반드시 속히 될 일"(계 1:1)

(1) 신천지 해부

신천지는 요한계시록 1:1의 "속히 될 일"이 요한계시록 1-22장의 내용을 가리킨다고 본다.[1] 곧 요한계시록 전체가 당시에 아직 발생하지 않은 일을 기록했다고 가정하는 것이다. 나아가 그들은 "이러한 예언의 말씀을 세상에 알리는 데 이천 년이라는 시간이 필요했으나 성취의 때

가 되면 기록된 모든 일이 속히 응한다"라고 주장한다.[2]

이러한 주장에는 앞서 언급한 신천지의 계시론이 작용하고 있다. 신천지는 "속히 될 일"을 기록한 요한계시록 1-22장의 말씀이 환상계시를 통해 주어진 예언―신천지에서는 일어날 일을 미리 알려준다는 의미―의 말씀으로서 성취의 시대에 실상으로 나타난다고 주장하는 것이다.

(2) 문제 제기

환상계시와 실상계시로 계시를 구분하는 신천지는 요한계시록이 기록된 시점에서 거의 2,000년이 지난 지금을 "성취의 시대"로 간주하며, 오늘날에야 요한계시록의 실상이 마침내 드러났다고 주장한다. 그들은 지금까지 알 수 없었던 요한계시록의 실상을 자신들이 알게 되었다고 주장하면서 요한계시록 해석에 대한 전횡을 일삼는다.

신천지의 주장은 요한계시록 전체가 역사적으로 일어날 일들에 대한 시나리오를 제시한다고 간주하는 입장과 다르지 않다. 예언을 미래에 일어날 사건에 대해 미리 말하는 의미로 이해하면 요한계시록을 그렇게 볼 수밖에 없다. 그런 입장은 교회 안에도 널리 퍼져 있기에 성경이 말하는 종말에 대해 호기심을 가진 많은 사람이, 자신만만한 태도로 요한계시록의 실상을 알려준다는 신천지의 유혹에 넘어갔다.

신천지 해석의 기본 전제는 요한계시록을 역사적으로 일어날 사건과 관련지어 해석하는 기성 교회의 전제와 크게 다르지 않다. 많은 목회자가 요한계시록 내용 대부분이 미래에 일어나는 사건을 미리 예시한다고 해석하며 갈피를 잡지 못한다. 특별히 요한계시록의 주요 소재에 대한 해석을 여러 번 뒤집어온 세대주의적 접근은 이런 해석의 전형이라고 할 수 있다. 어떻게 보면 기성 교회의 세대주의적 요한계시록 해석이 신천지와 같은 이단적 해석의 토양을 조성했다고 보아도 과언이 아니다. 이런 면에서 한국교회 역시 요한계시록 해석에 대한 패러다임을 근본적으로 바로잡아야 할 필요가 있다.

(3) 성경적 해석

앞서 살펴보았듯이 성경의 예언은 미래에 대해 알려주는 것이 아니며, 요한계시록의 내용은 요한이 이해하지 못하는 내용을 담고 있는 것도 아니다. 요한계시록 1:1의 "반드시 속히 될 일"―개역개정 성경에서는 "반드시 속히 일어날 일"―이란 문구는 번역부터 원문에서 벗어나 있다. 이런 번역은 미래의 사건을 연상시키기 때문이다.

하지만 원문 "하 데이 게네스타이 엔 타케이"(ἃ δεῖ γενέσθαι ἐν τάχει)의 정확한 번역은 "반드시 속히 일어나야만 하는 것들"이라고 해야 한다. 그리고 이 문구는 하나님 나라를 말하는 구약 다니엘 2:28을 배경으로 한다. 다음 표를 통해 비교해보자.

계 1:1(사역)	단 2:28(LXX)	단 2:28(MT)
반드시 **속히** 일어나야만 하는 것들을 그 종들에게 **보이**시려고	그가 느부갓네살 왕에게 **날들의 마지막에** 반드시 일어나야만 하는 것들을 **알게** 하셨나이다	…후일에 일어날 일을…
δεῖξαι τοῖς δούλοις αὐτοῦ ἃ δεῖ γενέσθαι ἐν τάχει	ὃς ἐδήλωσε τῷ βασιλεῖ Ναβουχοδονοσορ ἃ δεῖ γενέσθαι ἐπʼ ἐσχάτων τῶν ἡμερῶν	מה די להוא באחרית יומיא

요한계시록 1:1의 배경 구절 비교

앞의 표를 살펴보면 요한계시록 1:1은 평행적으로 다니엘 2:28을 인용하고 있음을 분명히 알 수 있다. 다니엘이 기록한 대로 하나님은 느부갓네살 왕에게 종말에 반드시 일어나야만 하는 것들을 알게 하셨다. 그렇다면 "종말에 반드시 일어나야만 하는 것들"이란 도대체 무엇일까? 다니엘 2:44-45에 의하면 종말에 반드시 일어나야만 하는 것들이란 다름 아닌 **하나님 나라**다.[3]

요한계시록은 바로 다니엘 2:24-25에 기록된 하나님 나라의 종말적 도래에 대한 약속의 성취가 예수 그리스도를 통해 이루어졌다는 사실을 보여주기 위해 기록되었다. 다른 말로 하면, 요한계시록 1-22장은 단순히 미래에 일어날 사건의 시나리오 혹은 시간표를 기록한 것이 아니라, 과거와 현재와 미래를 포괄하는 역사 속에서 예수 그리스도가 성취하셨고 다스리시며 장차 완성하실 하나님 나라에 대해 기록한 것이다. 토마스(Robert L. Thomas)는 이러한 요한계시록의 성격에 대해 다음과 같이 말한다.

요한계시록에 기록된 계시는 다니엘서에 기록된 바와 같이 구약에서부터 오랫동안 이어져 오는 하나님의 약속 성취에 대한 기대의 절정으로서 주어진다. 요한계시록은 지상적이며 임시적인 왕국들을 대신할 영원한 나라의 수립에 대한 하나님의 프로그램을 구축하는 데 있어서 반드시 밝혀져야 하는 사건들을 매우 최종적으로 자세하게 설명하고 있다.[4]

2. 구름을 타고 오시리라(계 1:7a)

(1) 신천지 해부

신천지는 요한계시록 1:7에 "볼지어다 구름을 타고 오시리라"라고 기록된 구절이 당연히 예수님의 재림을 의미한다고 해석한다. 이는 보통 교회의 해석 경향과 같다. 그런데 신천지는 이 구름이 물리적 구름이 아니라 영적 차원의 구름이라고 주장한다.[5] 구름에 에워싸여 오시는 예수님이 영체로 오신다고 해석하기 위해서다.

　　신천지는 요한계시록 1:7이 예수님의 육체적 재림이 아니라 "영체"로 오심을 의미한다고 주장하기 위해 구약에서 영이신 하나님의 임재 때마다 구름이 발생했음을 근거로 제시한다. 그리고 예수님의 재림이 "말씀을 바로 지킨 자들에게 강림하심"으로 일어났다고 간주하면서,[6] 구체적으로 이만희 씨에게 예수님의 재림이 일어난 것으로 해석한다 (이는 이어지는 구절의 해석에서 좀 더 분명해진다).

(2) 문제 제기

신천지는 이 본문을 예수님의 재림으로 해석하면서 구름은 재림이 영적 차원에서 이루어짐을 알려준다고 주장한다. 곧 예수님의 영이 누군가에게 임함으로 재림이 이루어진다는 것이다. 여기서 신천지가 영적 차원을 강조하는 이유는, 눈에 보이지 않는 차원을 도입함으로써 부활의 몸을 입으신 예수님이 육적 차원에서 실제로 오신다는 전통적 재림관의 도전을 회피하기 위해서다.

　　그러나 과연 예수님이 영적으로 재림한다는 주장은 성경적으로 합당한 토대 위에 서 있을까? 그리고 이 구절이 예수님의 재림을 지시한다고 보는 해석이 타당할까? 많은 교회도 요한계시록 1:7을 재림과 관련된 구절로 해석하지만, 그동안 부단히 발전해온 성경신학적 연구 결과는 이 구절을 조금 다른 시각으로 봐야 한다는 사실을 일깨워준다.

(3) 성경적 해석

예수님은 분명 부활의 몸을 가지고 계시다. 부활의 몸은 영적 차원만이 아니라 육적 차원을 공유한다. 이 사실을 부정하면서 "구름"이라는 단서로 예수님의 몸을 영체로 간주하려면 무언가 더 특별하고 확실한 이유가 있어야 한다. 구약성경에서 구름은 신적 임재를 나타내는 현상으로 자주 사용되지만, 구름은 하나님이 영이라는 사실과는 무관하다.

그리고 사실 이 본문은 예수님의 재림을 묘사하는 내용이 아니다. 다음 도표를 통해 비교해보자.

계 1:7	단 7:13	행 1:9
<u>볼지어다</u> <u>구름을 타고</u>(구름과 함께) <u>오시리라</u>	(<u>볼지어다</u>) 인자 같은 이가 하늘 <u>구름을 타고</u>(MT: 구름과 함께) <u>와서</u> 옛적부터 항상 계신 자에게 나아와	올리워 가시니 <u>구름</u>이 저를 가리워 보이지 않게 하더라 (사역: 구름이 예수님을 보는 자들의 시선으로부터 끌어 올렸다)
Ἰδοὺ ἔρχεται μετὰ τῶν νεφελῶν	ἰδοὺ ἐπὶ τῶν νεφελῶν τοῦ οὐρανοῦ ὡς υἱὸς ἀνθρώπου ἤρχετο	καὶ ταῦτα εἰπὼν βλεπόντων αὐτῶν ἐπήρθη καὶ νεφέλη ὑπέλαβεν αὐτὸν ἀπὸ τῶν ὀφθαλμῶν αὐτῶν.

요한계시록 1:7a의 배경 구절 비교

신천지 요한계시록 해석 무엇이 문제인가?

이 표에서 볼 수 있듯이 요한계시록 1:7a는 다니엘 7:13의 인용이라고 할 수 있다. 그런데 다니엘 7:13에서 인자 같은 이는 "옛적부터 항상 계신 자"이신 하나님께로 가서 하나님의 나라를 받는다. 즉 예수님이 구름을 타고 오시는 것은 하나님의 통치를 공적으로 위임받기 위해 하나님께로 나아가는 것이다. 그러므로 요한계시록 1:7의 구름 타고 오는 것은 예수님의 승천을 묘사하는 내용으로 보아야 한다.

사도행전 1:9의 말씀도 예수님이 구름 타고 하늘로 올라가시는 장면을 묘사한다. 사망 권세를 이기시고 부활하신 예수님의 승천 사건은 일종의 **대관식**으로서 예수님의 왕 되심을 우주적으로 공표한 사건이다. 이처럼 요한계시록은 예수님의 왕적 지위에서 출발한다. 예수님의 "구름 타고 오심"은 부활-승천의 일회적 사건인 동시에 모든 족속의 회개를 이끌어내는 반복적·현재적 사건이다. 그리고 이 사건의 절정이 바로 예수님의 재림이다.

3. 찌른 자들이 볼 것이다(계 1:7b)

(1) 신천지 해부

신천지는 요한복음 14:9-10과 15:18, 23에서 알 수 있는 하나님과 예수님, 그리고 제자들이 누린 연합의 관계를 예수님과 이만희 씨의 관계에 적용하며 다음과 같이 주장한다.

영이신 하나님께서 초림 예수님과 함께하셨듯이 영으로 오시는 재림 예수님은 사도 요한의 입장에 있는 목자와 함께 역사하신다. 그러므로 예수님께 권세 받고 예수님을 증거하며 예수님을 대신하여 행하는 목자를 찌르는 것은 재림 예수님을 찌르는 자가 된다.[7]

여기서 "사도 요한의 입장에 있는 목자"는 이만희 씨를 가리킨다. 대부분의 이단 사이비가 그렇듯이 신천지도 교주에 대한 반대나 공격을 원천봉쇄하는데, 이렇다 할 관련이 없는 요한계시록 1:7b의 내용을 끌어다 쓰면서 오히려 이런 엉뚱한 해석이 다른 사람은 모르는 심오한 영적 깨달음이라고 주장한다.

(2) 문제 제기

신천지는 예수님이 영으로 재림하여 이만희 씨와 함께 역사한다고 주장한다. 이것은 예수님과 이만희 씨를 동일시하는 근거로 작용하고, 여기서 이만희 씨를 대적하는 것은 곧 예수님을 대적한다는 논리가 생겨난다. 그러나 예수님이 영적으로 이미 재림하셨다는 주장은 몇몇 사이비 종파에 속한 사람들만 믿는 종교 사기적 주장이다. 또한 이만희 씨의 가르침이나 삶을 문제 삼는 행위가 예수님을 찌르는 것과 같다는 주장을 우리는 어떻게 봐야 할까? 사실 이 본문에는 신천지가 눈치채지 못한 깊은 의미가 있다.

(3) 성경적 해석

요한계시록은 다른 성경에 대한 깊은 이해가 없으면 제대로 해석할 수 없다. 요한계시록의 저자는 신약성경은 물론 구약성경의 상징과 의미, 신학과 해석에 대해 탁월한 이해를 가지고 기독교 정경의 마지막 책인 요한계시록을 기록했기 때문이다.

신약성경에서 요한계시록 1:7b의 배경은 십자가에 달리신 예수님의 옆구리를 창으로 찌른 장면을 묘사한 요한복음 19:34이다. 그리고 스가랴 12:10은 이 구절이 배경으로 하는 구약성경이다. 스가랴 12:10은 이스라엘의 종말적 회복을 다루는 메시지인데, 은총과 간구의 성령을 받아서 그들이 찌른 하나님을 보고 애통하며 회개하는 장면을 묘사한다. 다음 표에서 스가랴서와 요한계시록의 해당 구절을, 그 공통점과 차이점을 중심으로 관찰해보자.

계 1:7b	슥 12:10
<u>각인의 눈이 그를 보겠고 <u>그를 찌른 자들도</u> 볼터이요</u> 땅에 있는 모든 족속이 <u>그를 인하여 애곡하리니 그러하리라</u> 아멘	내가 다윗의 집과 예루살렘 주민에게 은총과 간구하는 심령을 부어주리니 <u>그들이 그 찌른바 그를 바라보고</u> <u>그를 위하여(인하여) 애통하기를 독자를 위하여(인하여) 애통하듯</u> 하며 <u>그를 위하여(인하여) 통곡하기를 장자를 위하여(인하여) 통곡하듯</u> 하리로다

요한계시록 1:7b의 배경 구절 비교

요한계시록의 저자 요한은 구약 이스라엘에 주어진 회복의 메시지를 당시의 성취된 종말적 상황에 적용한다. 여기서 성취된 종말적 상황이란 부활 후 승천하신 예수님을 하나님 나라의 왕으로 공표하는 대관식이다. 즉 요한계시록 1:7b는 단순히 찌르는 행위 자체에 대해 평가하는 본문이 아니라, 예수님의 왕권 성취를 구약의 조명 아래서 극명하게 드러내는 본문이다.

그렇다면 신천지의 "약속된 목자"인 이만희 씨를 찌르는 행위가 예수님을 찌르는 행위와 동일시되려면 이만희 씨가 예수님처럼 승천하여 만왕의 왕이요 만주의 주로서 보좌에 앉아야 한다. 그러나 그는 아직 승천하지 않았고, 승천할 수도 없다. 이 땅에서 노쇠해가는 몸으로 신천지를 이끌고 있는 그가 만왕의 왕이요 만주의 주라는 주장은 말이 되지 않는다. 은총과 간구의 영을 받은 우리는 오직 부활 승천하신 예수님 앞에서 성령의 인도 가운데 우리의 죄에 대해 통곡하고 애통할 뿐이다.

4. 사도 요한의 택함(계 1:9-20)

(1) 신천지 해부

요한은 인자 같은 이를 보고는 그 발 앞에 엎드러져 죽은 자처럼 되었다. 하지만 인자 같은 이는 오른손을 요한에게 얹고 두려워 말라고 말씀하신다(계 1:17). 신천지는 예수님이 "오른손을 요한에게 얹은 것은 성령의 기름을 부어 직접 택한 목자로 삼으셨다는 의미"라고 해석한다. 그때부터 요한이 예수님의 대언자 혹은 대행자가 되었다는 것이다. 그리고는 이러한 패턴을 오늘날에 적용해 "요한과 같은 입장으로서 증거하는 대언의 사자"가 현존한다고 주장한다.[8]

신천지는 오늘날 요한계시록의 실상을 깨달은 사도 요한 격의 사명자는 이만희 씨이며, 장막성전의 유재열 씨는 "길 예비 사자"였고, 길 예비 사자 이후에 홀연히 나타나는 "언약의 사자" 역시 이만희 씨라고 가르친다. 또 "실상을 목격하려면 장막에 있는 사람만이 보고 듣고 증거한다"라는 단서를 달아 장막성전 출신인 이만희 씨에게 특권을 부여한다.[9]

(2) 문제 제기

신천지는 사도 요한의 소명을 기록한 요한계시록 1:9-20을 통해 이만희 씨를 "예수님의 대언자"나 "언약의 사자"로 등장시킨다. 요한의 계시적 경험을 지렛대로 사용하여 이만희 씨를 "사도 요한 격"으로 격상시키고 "실상 계시자"로 만드는 것이다. 그러나 사도 요한의 소명을 이만희 씨에게 적용하는 것은 성경의 지지를 받을 수 있을까?

우리는 예수님이 이만희 씨에게 영으로 재림하여 계신다는 신천지의 주장을 어떻게 보아야 할까? 기독교는 예수의 영이신 성령이 성도에게 임하신다고 고백하지만, 신천지의 주장은 기독교적 고백과는 전혀 다르다. 예수님의 영이 임한 사람이 예수님을 닮은 삶을 살아가는 것이 아니라 예수님의 권세와 지위를 획득한다고 주장하기 때문이다. 과연 그러한 주장이 성경적인가?

어떻게 이만희 씨 자신의 주장만을 근거로 이만희 씨가 사도 요한 격의 권위를 가진 사람이라고 확신할 수 있을까? 첫 장막이라는 유재열의 장막성전에 있었기 때문에 실상을 알 수 있다는 주장은 전 지구적·우주적 구속 사건을 논하는 성경적 계시와 아주 거리가 멀어 보인다.

(3) 성경적 해석

요한은 자기도 그 뜻을 모르는 어떤 환상을 보고 기록한 미완의 성경 저자가 아니다. 요한은 요한계시록을 기록할 때 구약에서부터 기대되어 왔던 종말론적 약속들이 예수님을 통해 실상으로 나타나 성취되었다는 것을 매우 면밀하게 관찰하고 그 뜻을 분명히 이해한 후, 묵시적 서술 양식에 담아 (최종적으로) 기록했다. 따라서 성경에 기록된 계시 이외의 또 다른 (실상)계시를 대언한다고 하는 누군가의 존재는 무의미하다.

예수님을 믿고 성령 안에 있는 자들이라면 누구든지 요한계시록의 말씀을 깨닫고 이해할 수 있다. 이를 위해 필요한 것은 예수님을 믿는 모든 사람에게 내주하시는 성령의 도우심 가운데 성경에 대해 좀 더 정확하게 공부하는 태도지, 엉뚱한 해석을 정당화하는 특정한 경험이나 지위를 가졌다는 사람의 말을 무조건 수용하는 태도가 아니다.

【 2장 "요한계시록의 서지 사항" 정리 】

① 요한계시록은 예수 그리스도를 계시한 책으로서, 다니엘서에서 기대했던 하나님의 나라가 종말적으로 성취되었다는 사실을 보여주기 위해 기록된 책이다.

② 요한계시록의 계시를 환상계시와 실상계시로 분리하는 것은 옳지 않다. 저자인 요한은 자신이 말하는 내용에 대해 정확하게 알고 있었으며, 하나님 나라의 종말적 도래에 대한 구약의 약속들이 어떻게 예수님의 초림을 통해 성취되었는가를 주제로 요한계시록을 기록했다.

③ 예수님은 영으로 재림하여 이만희 씨에게 임한 것이 아니다. 예수님의 재림은 아직 이루어지지 않았다. 예수님은 부활 승천하시어 하늘 보좌에 앉아 계시고, 지금은 성령을 통하여 역사하고 계신다.

④ 예수님과 이만희 씨를 동일시하거나 같은 격으로 취급할 수 없다. 따라서 이만희 씨를 비판하는 것이 곧 예수님을 비판하는 것

신천지 요한계시록 해석 무엇이 문제인가?

이라는 주장은 어떤 합리적 근거가 전혀 없다. 우리는 예수님이 아닌 그 누구도 비판할 수 있는 분별력을 갖춰야 한다.

⑤ 요한계시록 1장의 주요 내용에 대한 신천지의 주장과 성경적 해석을 정리하면 다음과 같다.

주 제	신천지 주장	성경적 해석
반드시 속히 될 일	환상계시를 통해 예언된, 성취의 시대에 나타난 실상계시	예수님의 성육신으로 말미암은 하나님 나라의 종말론적 도래
구름 타고 오시리라	예수님의 영적 재림	예수님의 승천
찌른 자들도 볼 터이요	찔림을 받은 자는 예수님이며, 예수님은 목자다. 약속한 목자 이만희 씨를 찌르는 것은 예수님을 찌르는 것과 같다.	요한계시록에서 찔림을 받는 분은 예수님이시고(요 19:34), 찌른 자들은 모든 인간이다. 그들이 은총과 간구의 영을 받아 자신들이 예수님을 찌른 자들임을 깨닫게 된다.
사도 요한의 택함	사도 요한이 택함 받은 것처럼, 택함 받은 '사도 요한 격으로 오는 목자' 이만희 씨는 대언의 사자, 언약의 사자다.	요한계시록의 저자로서 요한은 구약의 약속이 예수님을 통해 성취되었다는 것을 보여주기 위해 요한계시록을 기록했다.

요한계시록 1장 해석 비교

3장

일곱 교회에 보내는 메시지
요한계시록 2-3장 해석 해부하기

I. 예수님의 대언자 사도 요한의 편지

(1) 신천지 해부

신천지는 요한계시록 2-3장이 일곱 교회의 일곱 사자에게 보내는 편지라고 본다. 그들의 요한계시록 해설집인 『요한계시록의 실상』에는 사도 요한이 "예수님의 명령에 따라 사탄 니골라당의 교훈을 받고 우상의 제물을 먹고 있는 일곱 금 촛대 교회의 일곱 사자에게 대언의 편지를" 보냈다고 적혀 있다.[1]

신천지는 이 편지가 ① 수신자와 발신자를 알리고, ② (그들이 처한) 상황을 설명하며, ③ 회개하라고 질책하는 동시에 ④ 대적에 관해 설명하면서 대적과 싸워서 이기라고 권면하며(시대마다 언약을 어기면 대적에게 삼킴을 당하기 때문에), ⑤ 이기면 복을 주겠다고 약속하는 내용을 담고 있다고 가르친다. 특히 신천지는 이 일곱 교회가 무언가 잘못 싸우고 있기 때문에 이기라는 권면이 주어진다고 해석한다.[2]

그리고 신천지는 일곱 교회의 일곱 사자가 "첫 장막" 안에 있고 "증거장막성전"에 속하지 않은 배도자라고 가르친다. 즉 요한계시록 2-3장은 "사도 요한이 예수님으로부터 지시를 받아 배도한 일곱 사자에게 회개하여 복 받으라고 편지한 내용"이라는 것이다. 신천지는 여기서 "싸워서 이겨야 하는 대표적 대적에 해당하는 것들에는 '니골라당'과 '자칭 유대인이라 하는 사탄의 회', '발람의 교훈'과 '이세벨과 같은 대적자들'이 있다"고 한다.[3]

여기서 신천지가 말하는 니골라당의 실상은 장막성전의 정화 작업을 담당했던 "청지기신학원"을 말한다. 신천지는 이 전제를 바탕으로 청지기신학원의 주요 구성원이었던 탁명환, 탁성환, 김정두 등 7명의 목회자들이 용 머리의 실상이고, 청지기신학원의 배경이 되는 기성 교회가 짐승(음녀, 바벨론)의 실상이라고 규정한다. 정리하면 기독교 세계의 마지막 대표인 장막성전이 니골라당이자 용이며 짐승인 기성 교회의 침투를 받아 멸망했고, 마지막 때 예수의 영이 함께하는 새로 선택된 약속의 목자가 이만희 씨라는 것이 신천지의 주장이다.[4]

(2) 문제 제기

신천지가 말하는 일곱 교회란 다름 아닌 유재열의 장막성전을 가리킨다. 유재열 씨는 부친 유인구 씨의 뒤를 이어 장막성전의 교주 노릇을 하면서, 자신이 일곱 천사 중 한 명이자 어린 양이라고 가르쳤다. 당시 장막성전에는 유재열 씨 외에도 "천사"의 직분을 맡은 6명의 사람들이 있었는데, 유재열의 장막성전을 요한계시록 해석의 열쇠로 제시하는 신천지가 장막성전의 주장을 그대로 수용하면서 이를 "실상"으로 포장한 것이다. 이처럼 신천지는 요한계시록 2-3장을 해석하면서 소아시아의 일곱 교회는 도외시하고, 대신 유재열의 장막성전과 신천지 증거장막성전의 관계를 중심에 둔다.[5]

문제는 여기서 그치지 않는다. 나중에 자세히 살펴보겠지만, 신천지는 유재열의 장막성전이 붕괴한 사건을 기독교 세계의 붕괴라고 확대 해석하면서, 장막성전을 개혁한 기성 교회를 요한계시록의 짐승, 음녀, 바벨론과 동일시한다. 이런 신천지의 해석을 받아들이게 되면, 기성 교단은 사탄의 사주를 받는 악한 집단이 되기 때문에 극도의 혐오감을 불러일으키고, 기성 교회를 해체시키는 일은 아주 칭찬받을 만한 일이 된다. 신천지 신도들의 비정상적인 행태는 모두 이런 극단적인 사고에서 생겨난다.

이러한 신천지의 해석이 타당한지에 대해서는 의문을 제기할 수밖에 없다. 과연 요한계시록 2-3장은 편지인가? 또 소아시아의 일곱 교회의 천사들을 배도자로 규정하는 것은 아무 문제없이 받아들일 수 있는 해석인가? 소아시아의 일곱 교회와 관련된 이야기를 유재열의 장막성전이나 신천지를 중심으로 해석하려면 거기에 걸맞은 충분한 근거가 있어야 하는데, 과연 신천지는 그에 합당한 근거를 제시하고 있는가? 오히려 신천지가 기성 교회를 타도의 대상으로 만들고 자신들의 특권을 주장하려는 목적에서 요한계시록 2-3장을 무리하게 해석하는 것은 아닐지 의문이 생긴다.

(3) 성경적 해석

우선 요한계시록 2-3장은 편지가 아니다. 결정적으로 요한계시록 2-3

장은 당시의 편지 형식을 갖추고 있지 않다. 오히려 요한계시록 2-3장은 **예언적 메시지**로 보아야 한다. 일곱 교회에 전해지는 일곱 메시지는 구약 예언자들의 말씀 선포와 형식이 같기 때문이다.

고대 그리스어 편지에서는 "쓰다"라는 단어가 사용되지 않는다. 그러나 요한계시록 2-3장에는 이 동사가 사용된다. "교회의 사자에게 (편지를) 써라"라는 문구는 예언적 말씀 선포를 구성하는 "서두"로 볼 수 있다 (참고. 호 4:1). 또한 "이르시되"로 번역된 "타데 레게이"(Τάδε λέγει…)는 "…께서 이같이 말씀하시기를"이라고 번역해야 하는 문구로서, 구약성경에 여러 차례 나오는 "여호와께서 이같이 말씀하시기를"(כה יהוה אמר)과 동일한 표현이다(참고. 암 1:6; 5:4).[6]

나아가 요한계시록 2-3장의 일곱 메시지는 심판과 회개에 대한 촉구와 (이기는 자에게 주어지는) 종말론적 약속을 담고 있다. 이 특징 역시 본문이 단순히 편지가 아닌 예수님이 예언자 요한을 통해 일곱 교회 성도들에게 선포하는 예언자적 메시지임을 분명하게 보여준다. 그리고 이 예언자적 메시지를 명령하신 분은 요한계시록 1:9-20에서 소개된 대로 하나님이시며 메시아이신 그리스도이시다.

요한계시록의 예언자적 메시지는 비록 고도의 상징성을 가진 이미지와 함께 제시되지만, 요한계시록을 읽는 경건한 성도들이 그 의미를 파악하지 못할 정도로 해석의 단서가 없는 것은 아니다. "사자"로 번역된 그리스어 "앙겔로"(ἀγγέλῳ)는 "천사"를 의미한다. 일곱 교회 공동체가 이 천상적 존재와 동일시되는 이유는 교회의 천상적 성격과 관련이 있다. "천사"라는 용어를 근거로 일곱 교회를 유재열의 장막성전이라고 해석하는 신천지의 성경 해석은 요한계시록이 증거하는 교회의 거룩함과 위대함을 웃음거리로 만든다. 비록 이 땅의 교회가 소아시아의 일곱 교회처럼 여러 가지 한계 가운데 어려움을 겪는 상황이라고 해도 교회는 본질적으로 하나님의 통치 영역이요, 그리스도의 몸이다. 그 본질의 회복은 기원후 1세기의 소아시아 교회나 지금 이 땅의 교회가 똑같이 감당해야 할 의무다.

2. 에베소 교회(계 2:1-7)

(1) 신천지 해부

신천지는 기본적으로 일곱 교회를 장막성전이라고 생각하기 때문에, 요한계시록 2-3장에 기록된 각 교회에 전하는 말씀을 모두 유재열의 장막성전에서 발생한 사건과 연결한다. 먼저 신천지는 에베소 교회가 상실한 "처음 사랑"이 신랑 되시는 예수님이라고 해석한다. 즉 에베소 교회가 처음 사랑을 잃은 것은 "예수님의 손에서 떨어졌다는 것을 의미하며 이것은 말씀을 떠나 배도의 길을 가고 있음"을 의미한다는 것이다.[7]

또한 신천지는 "배도"라는 특정한 개념을 강화하기 위해 "니골라당"에 대해 자세한 설명을 시도한다. 신천지는 사도행전 6:5을 근거로 니골라(Nicolaus)가 약 2,000년 전에 실존했던, 유대교에 입교한 이방인으로서 "백성의 정복자", "파괴자"라는 이름의 뜻 그대로 당을 짓고 성도를 미혹한 사람이라고 설명한다. 그리고 요한계시록에서는 예수님이 이 니골라를 빗대어 계시록 성취 때에 나타나는 한 "멸망자"를 말씀하셨는데, 그는 하나님이 택하신 "일곱 금 촛대 교회에 입교하여 사탄의 교리로 교훈하며 당을 지은 거짓 목자"라고 주장한다.[8] 이런 설정은 그들이 떠받드는 "약속의 목자"와 대조하기 위한 것으로 보인다.

나아가 신천지는 요한계시록 2:7에 등장하는 생명나무에 대해서도 특이한 설명을 시도한다. 그들은 이 생명나무가 하나님의 낙원에 있는데, 이 낙원은 하나님이 계신 영계의 천국으로서 셋째 하늘(고후 12:1-4)이며 거룩한 성 새 예루살렘(계 22장)이라고 주장한다. 그러나 이 생명나무는 결국 이만희 씨나 신천지를 일컫는 개념으로 둔갑한다. 신천지는 생명나무에서 연상되는 "선악나무"를 등장시켜 선악나무란 생명나무와 반대되는 것으로서, "하나님의 말씀에 악한 사탄의 교리를 섞어서 말하는 거짓 목자"가 바로 선악나무라고 주장한다. 즉 "니골라당의 교훈은 선악나무 열매"라는 것이다.[9]

(2) 문제 제기

신천지는 에베소 교회가 배도의 길을 갔으며 이는 유재열의 장막성전이 붕괴된 사건을 미리 예언한 것이라고 주장한다. 하지만 처음 사랑을 잃었다는 표현이나 니골라당의 존재 자체가 에베소 교회의 배도를 증명할 수 있는 근거가 될까? 신천지는 이에 대해 충분한 타당성을 확보하지 못하고 성급하게 에베소 교회와 유재열의 장막성전을 동일시하지 않는가? 무엇을 근거로 처음 사랑을 잃은 에베소 교회와 배도의 길을 갔다는 유재열의 장막성전을 동일시하는가?

명확하지 않은 연관성을 바탕으로 두 대상을 동일시하는 것은 명백한 오류다. 그런데 신천지의 요한계시록 해석은 대부분 이러한 오류에 기초한다. 생명나무와 선악나무를 동일한 종류의 어떤 것으로 치부하는 그들의 해석을 자세히 살펴보면, 이 나무가 사람이라는 것인지 조직체라는 것인지가 분명하지 않다. 계시의 "실상"을 알린다면서도 이처럼 분명하지 않은 해석을 내놓는 신천지의 성경 해석을 신뢰하기는 어려울 수밖에 없다.

(3) 성경적 해석

신천지는 요한계시록 2:2-3에 기록된 에베소 교회를 향한 예수님의 칭찬에 대해서는 언급하지 않는다. 이만희 씨는 자신이 성경을 "가감 없이" 가르친다고 주장하지만, 요한계시록 2:2-3의 내용을 살펴보면 신천지가 성경에서 빼놓고 다루지 않는 부분이 있다는 사실을 알 수 있다. 2:2-3은 [A]-[B]-[A´]의 구조로 에베소 교회가 어떻게 수고하고 인내하며 악한 자들의 도전을 이겨냈는지를 강조한다.

[A] 2a내가 네 행위와 수고(τὸν κόπον)와 네 인내(τὴν ὑπομονήν)를 알고

[B] 2b또 악한 자들을 용납하지 아니한 것과 자칭 사도라 하되 아닌 자들을 시험하여 그의 거짓된 것을 네가 드러낸 것과

[A´] 3또 네가 참고 내 이름을 위하여 견디고(ὑπομονὴν) 게으르지 아니한 것(οὐ κεκοπίακες)['피곤하지 아니한 것'이라고 번역해야 함]을 아노라(계 2:2-3).

예수님은 에베소 교회의 인내와 수고에 대해 분명히 알고 계시며, 그들이 악한 자들을 용납하지 않고 자칭 사도들의 거짓을 드러낸 것에 대해 칭찬하신다. 물론 에베소 교회는 "처음 사랑을 버렸다"는 책망을 듣고 있는데, 이는 하나님에 대한 사랑과 형제들에 대한 사랑이 식었음을

지적한 것이지 "배도"라고 할 수는 없다. 왜냐하면 예수님은 에베소 교회에게 "회개하여 처음 행위를 가지라"고 명령하시기 때문이다. 에베소 교회가 배도했다면, 예수님은 다른 내용의 말씀을 하셨을 것이다.

다음으로 니골라당에 대해서 알아보자. 과연 요한계시록 2장의 니골라는 사도행전 6장에 등장하는 일곱 집사 중 한 사람인 그 니골라인가? 일단 요한계시록 2장의 니골라는 영지주의적 이단자(gnostic heresy)로 알려졌다.[10] 이레나이우스는 니골라당이 사도행전 6:5의 니골라에 의해 시작되었다고 주장했지만,[11] 현대의 몇몇 학자들은 이레나이우스의 주장이 명백한 근거가 없다고 반박한다.[12] 다만 요한계시록에서 에베소 교회를 다루는 문단의 구조상 에베소 교회가 밝혀낸 "자칭 사도라 하나 아닌 자들"이 곧 니골라당일 가능성이 크다.

마지막으로 생명나무와 선악나무에 대해 알아보자. 생명나무는 하나님이 창조하신 에덴의 한 요소로, 재림 후 새 창조 안에서 예수님의 생명으로 새 예루살렘 교회 공동체 가운데 충만한 복을 부어주실 것을 시사해준다. 물론 선악나무(선악과가 열린 나무)도 에덴의 한 요소였고, 아담은 선악과를 먹지 말라는 명령을 어겼다. 하지만 마지막 아담이요 둘째 아담으로 오신 예수님은 모든 시험을 다 통과하셨다. 예수님은 광야에서 40일 금식 끝에 찾아온 사탄의 시험은 물론, 그 후에 수시로 다가오는 시험을 모두 이겨내셨다. 그러므로 예수님 안에 있는 자가 선악과를 먹어 죽는 일은 다시는 일어나지 않는다. 선악과의 기능을 되살리는 것은 예수님의 십자가 죽음을 통한 구속 사역을 무의미하게 만드는 일이다. 결과적으로 신천지가 생명나무에서 선악나무를 연상하여 거론하는 것은 성경의 지지를 전혀 받지 못하는 주장이라고 할 수 있다.

3. 버가모 교회(계 2:12-17)

(1) 신천지 해부

니골라는 성경에 세 번 등장하는데(행 6:5; 계 2:6, 15), 신천지는 이 세 번의 등장을 서로 연결하여 하나의 이야기로 만든다. 그래서 버가모 교회가 위치한 지역에 있는 사탄의 위가 사탄이 임하여 보좌를 두고 역사하는 니골라당을 가리킨다고 주장한다.

> 이 니골라당이 일곱 금 촛대 교회에 들어오므로 예수님의 오른손에서 역사하던 일곱 금 촛대 교회(계 2:1)는 사탄의 위가 있는 곳으로 전락하고 말았다.[13]

또한 신천지는 요한계시록 2:14에 등장하는 발람의 교훈에 대한 경고를 강조하면서, 그 이야기를 또다시 일곱 금 촛대 교회(장막성전)와 결부시킨다.

> 구약 시대에 발람과 발락이 하나가 되어 이스라엘 백성에게 우상숭배와 음행이라는 올무를 놓았다. 이것은 성취 때에 영적으로 일어나 발람과 같은 거짓 목자가 발락과도 같은 멸망자와 하나가 되어 일곱 금 촛대 교회로 하여금 배도자가 되게 한 것이다. 일곱 교회 성도들은 아무것도 모르고 거짓 목자의 교리와 교법을 통해 사탄의 영과 행음하도록 가르침을 받았다.[14]

(2) 문제 제기

신천지는 니골라당이 일곱 금 촛대 교회 안으로 들어오게 되어 일곱 금 촛대 교회가 사탄의 위로 변질했다고 본다. 그러면서 버가모 교회에서 활동했던 니골라당을 사탄의 위(권좌)와 동일시한다. 또한 신천지는 영적으로 해석한다는 핑계를 대면서 발람과 발락의 예시도 유재열의 장막성전과 연결한다. 곧 유재열의 장막성전(일곱 금 촛대 교회)이 해체된 사건을 배도의 결과로 간주하면서, 그 원인에는 니골라당과 발람과 같은 선지자의 활동이 있었다고 주장하는 것이다.

신천지는 실상계시를 보여준다면서 요한계시록의 내용을 임의로 오늘날에 일어난 사건과 연결하려고 시도한다. 신천지는 자신들이 종말의 때에 나타난 마지막 구원의 산 시온이라고 주장하지만, 신천지와 같이 성경을 해석한다면 또 다른 "실상"은 앞으로도 몇 번이고 반복해서 나타날 수 있지 않을까? 신천지의 성경 해석은 올바른 성경 해석의 기본적 원칙을 벗어난다. 성경 해석은 일차적으로 본문에 드러난 저자의 원래 의도를 파악해가는 것이다. 요한계시록에 대한 해석도 예외가 아니다.

(3) 성경적 해석

기본적으로 요한계시록은 기원후 1세기 말 황제를 신으로 숭배하던 로마제국의 박해에 직면한 교회의 상황을 배경으로 기록되었다. 요한계시록 2:13의 "사탄의 위(권좌)가 있는 데"라는 표현은 버가모가 로마제국 황제 숭배의 중심지였다는 사실과 연관된다.

네가 어디 사는 것을 내가 아노니 거기는 사탄의 위가 있는 데라(계 2:13).

성경은 버가모 교회가 니골라당 때문에 사탄의 위로 전락했다고 말하지 않는다. 단지 버가모라는 지역에 이미 사탄의 위가 있다고 말씀한다. 따라서 요한계시록 2:13이 어떤 교회가 사탄의 권좌로 전락했다는 이야기를 하고 있다는 신천지의 주장은 상식적 이해를 벗어난다.

또한 신천지는 발람과 발락의 이야기를 끌어와 일곱 금 촛대 교회의 타락을 설명하지만, 버가모 교회에 발람의 교훈을 지키는 자들처럼 니골라당의 교훈을 지키는 자들이 있었다고 해도, 버가모 교회를 거짓 목자의 지도를 받는 배도한 교회로 치부하는 해석은 성경의 지지를 받을 수 없다. "두어 가지 책망할 것이" 있기 때문에 배도한 것으로 친다면, 어느 교회인들 배도자가 되지 않겠는가? 이런 논리에서는 신천지도 결코 자유로울 수 없다. 요한계시록의 일곱 교회와 마찬가지로 세상의 모든 교회는 하나님의 인정 속에서 위로를 얻고, 책망 속에서 잘못을 바로잡으며 성장해간다.

4. 사데 교회(계 3:1-6)

(1) 신천지 해부

요한계시록 4:1에서 사데 교회는 "네가 살았다 하는 이름은 가졌으나 죽은 자로다"라는 책망을 듣는다. 신천지는 여기서 "죽음"이란 사명을 다하지 못해 죽게 되는 영적인 사망을 뜻한다고 해석한다. 그들은 이 죽음의 원인으로 앞서 등장했던 "니골라당"을 다시 제시한다. 곧 니골라당의 가르침 때문에 무언가 문제가 생겼다는 것이다.

그러므로 사데 교회의 사자가 '살았다 하는 이름은 가졌으나 실상은 죽은 자'라고 한 말은 주의 사자로 불리고 있으나 사실은 영도 죽고 사명도 끝이 난 자라는 뜻이다. '일깨워 남은바 죽게 된 것을 굳게 잡으라'는 말은 자신의 처지를 깨달아 잃어가고 있는 사명을 다하고 죽어가는 영을 살리기 위해 노력하라는 의미다. 본문 사자가 이러한 말을 듣게 된 것은 생명되신 하나님 말씀을 떠나(요 1:1-4) 니골라당의 교훈을 듣고 있기 때문이다.[15]

(2) 문제 제기

신천지는 사데 교회를 2,000년 전에 존재했던 역사적 교회로 이해하는 것이 아니라, 그것을 오늘날 교회에 대입한다. 즉 사데 교회에 대한 책망을 사용해 장막성전과 기성 교회를 비판하는 것이다. 물론 성경은 책망과 회개를 촉구하는 내용을 담고 있으며 많은 교회가 그것에 귀를 기울여야 한다. 하지만 신천지의 해석 방법으로는 본문의 올바른 의미를 전달하기는커녕 기본적인 내용조차 왜곡하는 결과를 불러올 뿐이다.

나아가 모든 교회의 문제 원인을 니골라당의 가르침에서 찾는 신천지의 해석은 어떻게 이해해야 할까? 무언가 "통일성"를 가지고 성경을 통합적으로 해석한다고 우러러보아야 할까? 성경, 특히 요한계시록을 어떤 연결 고리를 가지고 해석하고 싶어 하는 사람이 많은 것 같다. 사실 요한계시록을 포함한 성경은 통합적으로, 긴밀한 상호 연관성 속에서 해석해야 한다. 하지만 그 연결 고리는 역사적·문화적·문학적·신학적 타당성으로 구성된다.

요한계시록을 해석하면서 신천지가 사용하는 연결 고리는 얼마나 타당성을 가지고 있는가? 신천지는 성경적 연결 고리가 아니라 자의적 연결 고리를 강요하고 있지는 않은가? 그들의 해석은 성경을 아름답고도 장엄하게 수놓은 풍성한 상징에 대한 정확한 이해를 배경으로 하고 있는가? 사데 교회를 다루는 성경 본문에는 니골라당에 대한 언급조차 없다. 앞서 서머나 교회의 경우에도 니골라당이 언급되지 않으나 신천지는 "사탄의 회"마저 니골라당을 의미한다고 억지로 꿰맞춘다. 이런 식의 성경 해석은 "해석"이 아니라 견강부회(牽强附會)다.

(3) 성경적 해석

신천지의 해석처럼 "살았다 하나 죽은 자"를 영도 죽고 사명도 끝이 난 상태를 가리킨다고 하여 완전히 절망적인 상태로 보는 것은 적절하지 않다. 그 이유는 "그러나 사데에 그 옷을 더럽히지 아니한 자 몇 명이 네게 있어 흰옷을 입고 나와 함께 다니리니 그들은 합당한 자인 연고라"(계 3:4)라는 본문에서, 사데 교회가 완전히 죽은 상태가 아님을 말씀하기 때문이다. 또한 "너는 일깨워 그 남은바 죽게 된 것을 굳게 하라"(계 3:2)는 말씀은 죽은 상태로부터의 회복을 기대하게 한다. 즉 예수님은 사데 교회를 절망적인 상태로 확정하지 않으시고 회복을 기대하고 권면하신 것이다.

여기서 "살았다"는 것은 "활기차다"라는 의미로, 사데 도시의 분위기가 활기차고 힘이 넘치는 모습을 나타낸다. 사데 교회의 분위기도 그 도시의 영향으로 무언가 활기차 보였지만, 이것은 겉으로 보기에만 그런 것이었다. 내면적으로 볼 때 사데 교회는 죽은 상태였다. 주님은 사데 교회가 활기차 보이는 겉모습과는 다르게 죽어 있는 현실을 통찰하셨다. 그러나 본문에서 사데 교회가 이러한 상태에 빠지게 된 것에 대한 정확한 이유가 제시되지 않으므로 섣부른 판단은 자제할 필요가 있다.

5. 빌라델비아 교회에 보내는 말씀(계 3:7-13)

(1) 신천지 해부

요한계시록 3:7-13에는 빌라델비아 교회에 보내는 말씀이 기록되어 있다. 신천지는 집요하게 니골라당이라는 소재를 끌어와 본문을 해석하려 한다. 즉 10절에 등장하는 온 세상에 임하는 시험의 때란 요한계시록에 "예고한 배도와 멸망의 시기이며", 이 시기는 "니골라당의 출현으로 시작되었다"는 것이다. 그리고 이 내용을 발전시켜 시험을 받는 "땅에 거하는 자들"이란 "니골라당이 미혹하러 들어온 일곱 교회의 성도들"이라며 신천지만의 폐쇄적인 요한계시록 해석으로 일관한다.[16]

또 신천지는 요한계시록 3:11―"내가 속히 임하리니 네가 가진 것을 굳게 잡아 아무나 네 면류관을 빼앗지 못하게 하라"―에 대해서 "네가 가진 것"은 말씀이며 "면류관"은 직분이라는 직관적 해석을 내놓으면서 "말씀을 지켜 직분을 빼앗기지 않도록 분발하라는 뜻"이라고 설명한다.[17]

이어지는 요한계시록 3:12에는 새 예루살렘이 처음 등장하는데, 이를 지상의 대응체인 영계의 실체로 보는 신천지의 설명은 다음과 같다.

하나님의 성 새 예루살렘은 계시록 4장과 21장에 기록한 영계 하나님 나라다. 이 천국을 갈라디아서 4:26에서는 위에 있는 예루살렘이라고 하였다. 그러므로 이기는 자 위에 새 예루살렘 성의 이름을 기록해주는 것은 영계 하나님 나라가 와서 함께한다는 뜻이다.[18]

(2) 문제 제기

신천지가 여기서 니골라당을 또다시 언급하는 것에 대해서는 더 대응할 가치가 없을 것 같다. 단 신천지가 일곱 교회에 보내는 메시지마다 니골라당에 대한 내용을 반복적으로 제시하는 이유는, 신천지가 요한계시록 2-3장을 각각의 교회마다 선포된 말씀으로 간주하지 않고 통으로 "일곱 금 촛대 교회"라는 유재열의 장막성전에 선포된 말씀으로 간주하기 때문이라는 사실만 지적하겠다.

신천지는 새 예루살렘이 영계의 하나님 나라라고 주장한다. 물론 새 예루살렘을 단순히 천국으로 간주하는 그리스도인도 많다. 성경 해석은 날이 갈수록 깊어져야 하는데, 더 이상은 깊어지지 않고 정체되어 단순 반복만 하는 교회의 단순한 해석이 신천지의 왜곡된 성경 해석에 양분을 제공하는 것은 아닐까?

하지만 요한계시록에 등장하는 새 예루살렘과 갈라디아서 4:26에서 "위에 있는 예루살렘"은 단순히 영계의 천국을 의미하지 않는다. 바울은 당시에 지상의 성전 체제를 그대로 유지하기 원하는 옛 언약의 유대 공동체, 즉 "지금 있는 예루살렘"(갈 4:25)에 대응하는 새 언약 공동체인 교회를 가리켜 "하늘에 있는 예루살렘"이라고 말했다.

(3) 성경적 해석

먼저 요한계시록 3:10의 "장차 온 세상에 임하여 땅에 거하는 자들을 시험할 때"라는 문구에 대해 살펴보자. "온 세상"은 시험의 우주적 성격을 보여주고, "시험의 때"는 묵시적 유대 문헌(막 13장; 에스드라2서 5:1-13; 6:11-28; 8:63-9:13; 바룩2서 25:1-17:15; 32:6; 70:1-71:1)에서 공통으로 세상 종말 직전에 있을 심판을 가리킨다. 또 "땅에 거하는 자들"이란 요한계시록에서 사탄에게 속한 자들을 가리키는 단어로 사용된다. 예를 들면, "땅의 임금들의 머리"(1:5), "땅과 바다는 화 있을진저"(12:12), "이 땅에 사는 자들은 다 짐승에게 경배하리라"(13:8), "땅에 거하는 자들로서 창세 이후로 생명책에 녹명되지 못한 자들"(17:8)이라는 표현들이다.

따라서 요한계시록 3:10이 말하는 "때"는 사탄에게 속한 자들에게 임할 종말적 심판의 때를 말한다. 성경에서 이 심판은 예수님의 초림으로 이미 시작되었고 재림으로 완성된다. 이 말씀은 구약성경 다니엘서 12:1, 10을 배경으로 하는데, 다니엘서의 문맥에서 볼 때 "시험의 때를 면하게 하리니"라는 말씀은 시험에서 제외시킨다는 의미가 아니라 시험 가운데에서도 영적으로 보호해준다는 의미다.[19]

그렇다면 빌라델비아 교회가 굳게 잡아야 할 "네가 가진 것"은 무엇을 의미할까? 문맥상으로 볼 때에 그들이 끝까지 굳게 잡아야 할 것은 하나님에 대한 신실한 태도이며, 면류관은 승리에 대한 비유다. 신실함을 잃지 않고 면류관을 지켜내며 이기는 자는 하나님 성전에 기둥이 되고, 하나님의 이름과 새 예루살렘의 이름과 예수님의 새 이름으로 기록함을 받는다. 여기서 새 예루살렘은 "영계의 하나님 나라"나 "내가 본 천국"이 아니라 어린 양의 신부로서 미래에 완성될 교회 공동체를 의미한다. 이는 요한계시록 21:9-10을 다룰 때 더 자세히 살펴보도록 하자.

6. 라오디게아 교회(계 3:14-22)

(1) 신천지 해부

신천지는 라오디게아 교회가 책망받은 "미지근한 신앙"이 오늘날 현대
교회의 상태를 의미한다고 해석한다. 그러면서 교회가 성경에 관심이
없고, 신학교와 교회는 요한계시록을 포함한 성경의 예언을 제대로 풀
지 못한다고 비판한다.

> 오늘날 전 세계 모든 신앙인 가운데서 하나님을 믿는 사람이 가장 많으나
> 신학 교수도 목사도 성도들도 성경을 모르거나 관심이 없으니 이천 년 전
> 예수님의 책망이 이 시대의 모든 성도에게 해당된다 해도 지나친 말이 아니
> 다.…기독교 세계는 거짓 세상이 되었다고 할 수 있다.…신학교에서는, 또
> 교회에서는 계시록을 몇 퍼센트나 가르쳤는가, 신약 사복음서에 기록한 예
> 언조차 풀지 못하는데 하물며 계시록이랴.[20]

또 신천지는 라오디게아 교회가 "부요하다"고 하는 것은 금, 은, 보화
처럼 귀한 하나님의 말씀(잠 16:16)을 많이 알고 있다고 생각하는 것을
말한다고 하면서 그러나 실상 그들은 말씀을 모르는 가난한 자들이었
다고 평가한다. 그와 비슷하게 "눈멀었다"는 것은 일곱 눈이라고도 하
는 보좌 앞의 일곱 등불의 영(계 5:6)이 떠나버렸기에 마음의 눈이 어두
워져 말씀의 실상을 봐도 알지 못하는 상태를 말한다고 가르친다.[21]
나아가 신천지는 금과 흰옷, 안약 등의 의미를 설명하는데, 잠언
20:15; 25:12을 근거로 금은 "말씀"을 뜻하고, 요한계시록 15:3; 19:8을

근거로 흰옷은 "생명수 말씀으로 씻어 깨끗해진 옳은 행실"을 뜻하며, 요한계시록 4:5을 근거로 안약은 "영의 눈을 뜨게 하는 일곱 등불의 영 (계 4:5)이 증거하는 말씀"을 뜻한다고 해석한다.[22]

(2) 문제 제기

신천지는 라오디게아 교회의 미지근한 신앙 상태 및 눈멀고 벌거벗은 부자와 같은 부정적인 이미지가 오늘날의 기성 교회의 문제점을 예언한 것이라고 해석한다. 이러한 해석의 원리들은 다른 교회에 주어진 메시지를 해석하는 경우와 다르지 않다. 신천지는 요한계시록 2-3장의 교회들이 받은 책망을 오늘날 기성 교회의 상황에 적용하는 데 급급하다. 그 이유는 성도들을 전통 교회와 분리하려는 전략 때문이다. 이런 전략에 장시간 노출된 사람은 신천지에 있다가 기성 교회로 돌아온다고 해도 제대로 적응하기가 어려울 수 있다.

하지만 조금만 생각해보면 신천지의 요한계시록 해석에는 많은 오류가 있다는 사실을 알 수 있다. 신천지는 기본적으로 요한계시록 2-3장의 일곱 교회 이야기가 유재열의 장막성전을 예언한 내용인데, 기성 교회가 장막성전에 침입해서 배도와 멸망의 사건이 발생했다고 가르친다. 그런데 라오디게아 교회에 대한 책망에서는 장막성전이 아닌 기성 교회를 비판한다. 일곱 교회가 장막성전을 의미하는지 기성 교회를 의미하는지에 대한 해석이 분명하지 않은 것이다.

일곱 등불의 영이 라오디게아 교회를 떠나서 말씀의 실상을 봐도 알지 못한다는 해석도 문제가 있다. 본문의 내용이 아직 성령이 완전히 떠난 것은 아님을 말해주기 때문이다. 성령이 완전히 떠났다면 어떻게 예수님이 그들을 사랑한다고 말씀하실 수 있으며(계 3:19), 문밖에서 문을 두드리듯이 그들의 마음 문이 열리기를 기다리신다고 할 수 있을까?(계 3:20)

(3) 성경적 해석

버림받은 미지근한 신앙에 대한 경고는 오늘날에 적용하기 전에 일차적으로 요한계시록 기록 당시의 라오디게아 교회를 향한 메시지로 해석해야 한다. 메시지의 수신자인 일곱 교회의 "사자"는 특정한 대상을 가리키는 말이 아니라, 라오디게아 교회라는 지역 교회와 연결된 천상적 대응체로서의 천사를 가리킨다. 즉 교회의 사자에게 선포되는 말씀은 결과적으로 교회 공동체에게 선포되는 말씀이다.

라오디게아의 부요함은 신천지의 해석처럼 말씀의 부요함을 상징한다기보다는 산업 도시였던 라오디게아의 경제적 상황을 빗댄 것이다. 라오디게아는 행정 중심지인 동시에 섬유와 금융, 의료 학교로 유명한 지역이었으며 이러한 환경은 그 도시의 주민들에게 큰 부를 가져다주었다.[23] 따라서 부하지만 벌거벗었다는 말은, 신천지의 말처럼 말씀을 잘 안다고 하면서 실상을 모르는 상태에 관한 것이 아니라, 물질적으로 풍요하지만 그 때문에 도리어 영적으로 궁핍한 상태를 말한다.

금과 흰옷과 안약은 어떻게 이해해야 할까? 신천지의 해석도 무언가 그럴듯하게 보이지만, 해석의 미묘한 차이가 쌓이고 쌓여서 엉뚱한 결론에 이를 수 있다. 성경을 올바르게 해석하려면 기본적으로 성경의 다른 구절은 물론 문맥의 내용을 잘 살펴야 한다. 연단한 금은 죄를 씻음으로 자신의 삶을 정결케 하는 것에 대한 은유적 표현이다(욥 23:10; 잠

27:21; 말 3:2-3). 요한계시록에서 흰옷은 성도의 정체성을 표현해주는 소재로 사용된다. 안약은 눈을 밝게 하는 도구인데, 앞서 라오디게아 교인들의 눈이 멀었다는 책망과 연결되어 자신의 상태를 정확하게 볼 것을 촉구하는 의미로 사용된다.

7. 이기는 자(계 3:21)

(1) 신천지 해부

요한계시록 3:21은 온갖 이단 사이비 종파들이 자신의 교주를 신격화할 목적으로 남용하는 주요 구절 중 하나다. 신천지 역시 이기는 자는 사탄의 조직인 니골라당과 싸워서 이기는 약속한 목자, 오직 한 사람이라고 주장한다. 그들은 다수의 "이기는 자들"과 약속한 목자인 "이기는 자" 한 사람을 구분해야 하며, "영생과 천국을 얻기 위해 성경을 상고하는 성도는 예수님께서 약속하신 이기는 자를 찾아야 한다"고 주장한다.[24]

그렇다면 이기는 자를 어떻게 찾을 수 있다는 말인가? 신천지는 다음과 같이 니골라당, 일곱 금 촛대, 일곱 별, 일곱 사자 등이 단서라고 가르친다.

약속한 목자인 이기는 자를 찾으려면 그가 싸우는 상대인 사탄의 조직 니골라당을 찾아야 하고 니골라당을 찾으려면 그들이 들어가서 멸망시킨 일곱 금 촛대 교회를 찾아야 한다. 일곱 금 촛대 교회는 일곱 별이라고 하는 일곱 사자가 있는 곳이며 사도 요한이 2, 3장의 내용으로 편지한 곳이다.[25]

신천지는 "멸망자-배도자-이기는 자(약속한 목자)"라는 특유의 틀로 요한계시록을 해석하는데, 여기서 니골라당(청지기신학원＝기성 교회)은 멸망자에 해당하고, 일곱 사자(일곱 금 촛대 초대 교회＝장막성전)는 배도자에, 이만희 씨는 이기는 자에 해당한다. 신천지는 요한계시록을 해석하면서 거의 모든 내용을 이 틀에 꿰맞춘다. 그리고 이기는 자를 예수님의 보좌에 함께 앉게 해주시겠다는 말씀을 다음과 같이 해석한다.

예수님께서 하나님과 함께 앉으신 보좌는 영계의 천국에 있다. 요한계시록 4:8에서는 하나님의 나라가 이 땅에 온다 하였고 요한계시록 7:15에서는 하나님께서 영적 새 이스라엘 위에 장막을 친다고 하셨으며 요한계시록 21:1-2에서는 거룩한 성 새 예루살렘이 새 하늘과 새 땅에 내려온다고 하였다. 그러므로 이기는 자가 장차 함께 앉게 될 예수님의 보좌는 영적 새 이스라엘이라고도 하는 새 하늘과 새 땅에 있게 된다. 예수님의 보좌에 이기는 자가 함께 앉으므로 이기는 자 위에는 하나님의 나라 새 예루살렘 성의 이름이 기록된다(12절).[26]

이처럼 신천지는 특유의 해석 틀로 이만희 씨를 "이기는 자"로 둔갑시킨 후, 이기는 자에게 주어진 약속의 말씀을 사용해 신천지와 이만희 씨의 영적-종교적 특권을 주장한다. 이는 요한계시록 말씀이 미래에 일어날 사건을 비유로 기록한 것이라는 신천지의 전제가 어떻게 악용될 수 있는지를 잘 보여주는 사례다.

(2) 문제 제기

이기는 자에 대한 언급은 라오디게아 교회에만 주어진 것이 아니다. 이기는 자에 대한 약속은 다른 교회들을 향한 메시지에도 등장한다. 하지만 신천지는 이전에는 이 말씀을 약속의 목자와 연결하지 않았다. 라오디게아 교회에 주어진 메시지에 와서야 "이긴 자"를 부각한다. 여기서 "보좌"라는 개념을 "이긴 자"와 연결하려는 목적이 엿보인다.

신천지는 이기는 자의 대적을 "니골라당"으로 규정하는데, 이것은 신천지가 왜 지금까지 일관성 있게 모든 문제의 원인으로 "니골라당"을 지목했는지 알려주는 대목이다. 신천지는 니골라당-일곱 금 촛대 교회-일곱 별(일곱 사자)을 함께 묶는다. 신천지가 니골라당과 연결한 항목들을 다음 표에서 정리했다.

구 분	니골라당과 관련한 신천지의 해석
에베소 교회	니골라당: 일곱 금 촛대 교회에 입교하여 사탄의 교리로 교훈하며 당을 지은 거짓 목자. 니골라당으로 인해 일곱 금 촛대 교회가 배도의 길을 가게 되었다.
버가모 교회	사탄의 위: 사탄이 임하여 보좌를 두고 역사하는 니골라당을 가리킨다.
서머나 교회	사탄의 회=니골라당
두아디라 교회	이세벨: 니골라당과 마찬가지로 싸워서 이겨야 하는 대표적 대적에 해당한다.
사데 교회	살았다 하나 죽은 자: 죽음은 사명을 다하지 못한 영적 사망을 말하는데, 이 죽음의 원인은 니골라당의 가르침 때문이다.
빌라델비아 교회	온 세상에 임하는 시험의 때: 이는 배도와 멸망의 시기로서 니골라당의 출현으로 시작된다.
라오디게아 교회	버림받은 미지근한 신앙: 기존 교회의 한계를 보여준다. 니골라당의 교훈, 즉 우상의 제물을 먹으면서 만족해하는 자들에게 돌이키도록 경계와 권고의 말씀이 주어진다.

일곱 교회와 니골라당에 대한 신천지의 해석

"니골라당"에 대한 무리한 해석은 성경을 객관적인 시각으로 보지 않고 특정한 틀에 억지로 꿰맞추려고 할 때 발생하는 현상이다. 본문 어디에도 니골라당이 등장하지 않는데도 굳이 니골라당을 언급하는 태도는 성경보다 자신들의 주장을 우선하는 신천지의 오만함을 보여준다.

신천지의 주장대로 요한계시록 3:21의 "이긴 자"를 12:10-11과 15:2에 등장하는 "이긴 자들"과 구별하는 것이 옳을까? 신천지는 3:21의 "이긴 자"가 다른 두 본문과는 달리 단수로 사용되었다는 근거를 제시한다. 그러나 3:21의 "이긴 자"는 집합명사로 사용된 단수일 가능성이 높으므로 이러한 구별은 성급한 결정이라고 하지 않을 수 없다. 더 나아가 "이긴 자"라는 문구는 각 교회의 경우마다 모두 언급되고 있어서 3:21의 경우만 특별하게 이만희 씨를 가리킨다고 간주하는 것은 형평에 어긋난다고 할 수 있다.

(3) 성경적 해석

요한계시록 2-3장의 "이기는 자"는 어떤 특정한 개인을 가리키는 말이 아니다. 이 단어는 단수지만 집합적 의미로 사용된다. 즉 이기는 자는 소아시아의 일곱 교회에게 주어지는 예언의 메시지에 겸손히 반응함으로써 승리하는 자 모두를 가리킨다. 요한계시록 2-3장에서 회개 및 권면의 메시지와 이기는 자에게 주어지는 보상은 구조적으로 서로 밀접하게 연결되어 있다. 이는 이기는 자의 의미를 이해하려면 요한계시록 2-3장 전체의 맥락을 고려해야 한다는 말이다.

그렇다면 요한계시록 2-3장의 전체 맥락에서 "이긴다"는 말의 의미는 무엇인가? 그것은 예수님의 회개의 요청을 받아들여 신실하게 순종한다는 의미다. 2-3장에는 그렇게 순종함으로써 이기는 자들에게 구원의 은혜를 준다는 사실이 교회의 특성에 따라 다양한 방법으로 표현된다.

나아가 요한계시록 3:21의 이긴 자나 12:10-11과 15:2의 이긴 자들은 같은 대상을 가리킨다. 다만 전자는 문맥의 시점에서 미래의 대상을 지칭하고, 후자들은 문맥의 현시점에서 이긴 상태에 있는 사람들을 지칭한다. 결국 "이기는 자"를 승리하는 다수의 성도와 분리된 특별한 존재(예를 들어 이만희)로 부각시키는 해석은 성경의 지지를 받지 못한다.

【 3장 "일곱 교회에 보내는 메시지" 정리 】

일곱 교회에 보내는 메시지를 기록한 요한계시록 2-3장에 대한 신천지의 해석을 해부하면서 살펴본 주요 내용은 다음과 같다.

① 요한계시록 2-3장의 일곱 교회가 배도한 유재열의 장막성전을 예언한 것이라는 신천지의 해석은 비성경적이다.

② 니골라당의 활동은 에베소 교회와 버가모 교회에 국한해서 언급해야 할 문제다. 니골라당 문제를 일곱 교회 전체의 문제라고 확대해석하고, 그 실상을 장막성전의 해체와 관련이 있다고 해석하는 신천지는 성경과 상관없는 내용을 가르치는 것이다.

③ 요한계시록 2-3장의 일곱 교회 전체를 배도한 교회로 매도할 수 없다. 물론 요한계시록 2-3장에는 여러 가지 책망이 기록되었으나, 일곱 교회가 잘못을 돌이켜 건강한 교회로 성숙해갈 것을 기대하는 권면과 약속은 "배도"나 "멸망"이라는 딱지를 붙일 여지를 허락하지 않는다.

④ 요한계시록 2-3장의 "이긴 자"는 어떤 개인을 가리키는 말이 아니다. 예수님의 권면대로 회개하고 말씀에 순종하여 신실하게 믿음을 지키는 자들이 모두 이기는 자다.

⑤ 요한계시록 2-3장의 주요 내용에 대한 신천지의 주장과 성경적 해석을 다음과 같이 정리할 수 있다(뒷장 참조).

주 제		신천지 주장	성경적 해석
일곱 교회		배도한 일곱 금 촛대 교회, 즉 유재열의 장막성전이다.	저자 요한과 긴밀한 관계에 있던 소아시아의 일곱 교회로서 모든 교회가 경계와 위로의 본으로 삼을 만하다.
계 2-3장의 문학적 특징		배도자에게 보내진 편지	예언적 메시지
에 베 소 교 회	니골라당	계시록 성취 때에 나타나는 '멸망자'로서 사탄의 교리로 교훈하며 당을 지은 거짓 목자를 말한다.	문맥으로 볼 때 자칭 사도라고 하나 아닌 자들(계 2:2)일 가능성이 높다. 또한 2:14-15의 발람과 2:20-23의 이세벨의 가르침과도 관련이 있다. 이 두 가르침의 핵심은 우상 숭배와 부도덕이다.
	처음 사랑을 잃어버림(에베소 교회)	처음 사랑은 예수님이다. 배도의 길을 가고 있음을 말한다.	하나님과 형제에 대한 사랑을 잃어버렸다는 말이다.
	생명나무/낙원	생명나무는 하나님의 낙원에 있다. 이 낙원은 영계의 천국으로서 셋째 하늘을 말한다. 생명나무는 이만희 씨다. 반대로 선악나무는 거짓 목자다.	생명나무는 에덴의 한 요소로, 재림 후 새 창조 안에서 새 예루살렘 교회 공동체가 예수님의 생명으로 충만한 상태임을 시사해준다. 모든 시험을 이기신 예수님으로 말미암아 선악나무는 이제 필요하지 않다.
버 가 모 교 회	사탄의 위	사탄이 임하여 보좌를 두고 역사하는 니골라당이다. 이 니골라당이 일곱 금 촛대 교회에 들어가므로 사탄의 위로 전락했다.	버가모 교회가 있던 버가모가 당시 로마제국 황제 숭배의 중심지라는 의미다.
	발람과 발락	성취의 때에 영적으로 일어나 멸망자와 하나가 되어 일곱 금 촛대로 하여금 배도자가 되게 했다.	모압 왕 발락에게 협조해 이스라엘을 시험에 빠뜨린 발람 선지자(민 22장)를 모델로 하여 버가모 교회에서 활동했던 거짓 선지자의 존재를 책망하는 소재다.

신천지 요한계시록 해석 무엇이 문제인가?

	주 제	신천지 주장	성경적 해석
사대교회	살았다 하나 죽은 자	사명을 다하지 못해 영도 죽고 사명도 끝이 난 자를 말한다.	겉으로는 활기가 있어 보이지만 내면적으로는 죽어 있는 사대 교회의 영적인 상태를 빗댄 표현이다.
빌라델비아 교회	시험의 때	배도와 멸망의 시기로서 니골라당의 출현으로 시작한다.	종말 직전에 임하는, 초림과 재림 사이의 심판의 때를 말한다.
	땅에 거하는 자들	니골라당이 미혹하러 들어온 일곱 교회의 성도들이다.	사탄에게 속한 자들을 지칭하는 표현이다.
	새 예루살렘	영계의 하나님 나라다.	어린 양의 신부로서 교회 공동체를 의미한다(참고. 계 21:9-10).
라오디게아 교회	미지근한 상태	오늘날 현대 교회의 상태를 말한다.	라오디게아 교회의 상태를 말한다.
	눈멀고 벌거벗은 부자	말씀을 많이 알고 있다고 생각하지만 실제로는 말씀을 모르는 자들을 말한다.	부유한 도시 속에서 자신의 영적 모습에 대해 전혀 자각하지 못했던 라오디게아 교회의 모습을 빗대는 말이다.
	연단한 금	하나님의 말씀	죄를 씻음으로써 자신의 삶을 정결하게 하는 것에 대한 은유적 표현으로서 성경에서 종종 사용된다.
	흰옷	생명수 말씀으로 씻어 깨끗해진 옳은 행실을 말한다.	성도의 정체성을 밝혀주는 소재다.
	안약	영의 눈을 뜨게 하는 말씀이다.	앞서 지적된 '눈멂'을 극복할 영적 분별력을 의미한다.
이기는 자		약속한 목자 오직 한 사람(이만희 씨)이다.	소아시아의 일곱 교회 성도 중에 이긴 자들 모두를 말하는 복합명사다.

요한계시록 2-3장 해석 비교

4장

하늘 성전 환상
요한계시록 4-5장 해석 해부하기

I. 영계 하나님의 보좌 형상(계 4:1-3)

(1) 신천지 해부

이만희 씨는『요한계시록의 실상』, 108-110에서 요한계시록 4장의 내용을 다음과 같이 해석한다.

- "이 일 후"는 요한이 일곱 금 촛대 교회의 일곱 사자에게 편지를 보낸 후를 말한다.
- 하늘의 열린 문은 거룩한 성 새 예루살렘의 문이다.
- 나팔 소리 같은 음성은 일곱 교회에 편지하라고 명령하시던 예수님의 음성이다.
- 사도 요한의 영이 하늘로 올라가서 영계 하나님의 나라와 하나님의 보좌를 보았다.
- 사도 요한은 하나님의 보좌를 환상으로 보았을 뿐이지만 계시

록의 성취 때에는 그와 같은 입장으로 오는 목자가 있어 참 하나
님의 보좌 형상을 본다.
- 사도 요한의 위치에 있는 그 목자(=이만희)는 초림 예수님께서 그
랬듯이 하늘 영계에서 자신이 보고 들은 것을 그대로 증거한다.

신천지는 하나님이 영계의 구조대로 육계를 창조하게 하려는 목적
으로 영계의 모습을 요한계시록 4장에 그려놓으셨다고 주장한다. 이는
신천지의 「신천지 고등 과정 교재」, 17에 나오는 다음과 같은 내용에서
도 잘 드러난다.

- 4장은 천국의 설계도다.
- 장차 이 영계가 이 땅에 강림할 것을 요한에게 들려준 것이다(계
4:8).
- 육계의 보좌가 있고 영계의 보좌가 있는데 결국 둘이 이 땅에서
하나 되어 온전한 보좌를 이룸으로 영생이 있게 된다.
- 요한이 본 것은 하나님의 보좌와 계열이며, 들은 것은 이 영계
의 나라가 장차 이 땅에 온다는 것이다. 하나님의 보좌 계열은
하나님과 하나님을 둘러 있는 이십사 장로와 일곱 등불의 영과
유리 바다와 네 생물과 가득한 눈들이다.

(2) 문제 제기

먼저 신천지는 "이 일 후"라는 말이 시간 관계를 나타낸다고 해석하여
요한계시록 2-3장과 4장을 순차적 사건으로 간주한다. 그리고 요한이

본 하늘의 모습이 천국의 설계도라고 하면서 거룩한 성 새 예루살렘의 구조를 설명하고, 이 구조를 그들의 증거장막성전과 관련시키려는 포석을 놓는다.

이런 해석은 새 예루살렘을 "내가 본 천국"으로 곧잘 해석하는 기성 교회의 입장에서는 반박하기 어려운 대목이다. 신천지는 전략적으로 하늘이라는 공간을 영계로 분류하여 신비스러운 영역으로 남겨둔다. 하지만 동시에 요한계시록 4장에서 천국의 구조가 이십사 보좌와 일곱 등불의 영과 유리 바다와 네 생물과 거기 가득한 눈들로 이루어졌다고 확정하고, 그 영계의 구조와 짝을 이룬다는 육계, 즉 신천지 증거장막성전에 주목하게 한다.

신천지의 해석에는 두 가지 큰 문제가 있다. 첫째는 4장의 내용을 "영계"에 대한 묘사라고 규정함으로써 이에 대한 실제적 사고를 사전에 차단한다는 점이다. 둘째는 그러면서도 4장의 내용에 사실적이고 문자적인 접근을 하면서 "천국의 설계도"를 그려낸다는 점이다. 이 두 가지 문제는 서로 어긋나는 듯이 보이지만 신천지는 이를 절묘하게 섞어버린다.

하지만 신천지의 해석에서는 비논리적인 비약이 자주 눈에 띈다. 특히 영육합일설의 기초가 되는, 영계가 육계와 합일을 이룬다는 주장은 성경적 근거를 찾아보기가 힘들다. 설사 영계가 육계와 합일을 이루어야 한다는 주장이 사실이라고 해도, 신천지 증거장막성전만이 영계에 존재하는 천국의 실체가 임한 특별한 집단이라는 주장은 어떻게 받아들일 수 있겠는가?

(3) 성경적 해석

요한계시록 4:1에서 "이 일 후에"라고 번역된 "메타 타우타"(Μετὰ ταῦτα)는 사실 "이후에"라고 번역하는 것이 더 적당하다. 이 그리스어는 앞뒤를 시간적으로 연결할 때 사용하는 것이 아니라, 새로운 문단을 시작할 때 관용적으로 사용한다. 즉 요한계시록 4장은 2-3장과 시간적 순서로 연결된 내용이 아니라는 이야기다.

다음으로 "하늘"에 대해서 생각해보자. 성경에서 하늘은 보통 "하나님의 통치가 실존"한다는 사실을 보여주려는 목적으로 사용하는 소재다. 주기도문의 "뜻이 하늘에서 이루어진 것 같이 땅에서도 이루어지이다"라는 문구에서 볼 수 있듯이, "하늘"은 땅에서 이루어지는 하나님의 뜻이 결정되는 곳이다. 이러한 하늘의 의미는 요한계시록에서도 동일하다.

요한계시록 4장은 하늘에 있는 보좌의 사실적인 묘사라고 보면 안 된다. 요한계시록의 환상은 영적으로나 문자적으로 어떤 의미를 전달하는 것이 아니라, 성도들에게 필요한 중요한 메시지를 이미지를 통해 **상징적으로** 설명한다. 따라서 소위 약속한 목자가 보고 말한다는 실상 계시가 별도로 필요한 것이 아니다. 이 본문을 이해하기 위해 이만희 씨가 보고 들었다는 내용을 확인해야 할 필요는 전혀 없다. 우리는 단지 요한이 보고 들은 것을 기록한 본문을 성실하게 **해석함으로써** 본문의 의미를 정확하게 이해하면 된다.

요한계시록 4장은 천국의 구조적 설계도를 묘사하는 것이 아니라, 하나님의 통치 공간인 하늘의 성격이 어떤지 알려주는 기능을 한다. 요한계시록 4:8을 근거로 영계가 이 땅에 강림할 것이라고 주장하는 해석은 본문의 진의와 전혀 상관이 없다. 4:8은 영계가 강림할 것을 말하지 않는다. 하나님의 이름을 "전에도 계셨고 이제도 계시고 장차 오실 자"라고 표현한 것은 하나님이 역사를 완성하시기 위해 오신다는 것을 의미한다.

2. 이십사 장로(계 4:4-5)

(1) 신천지 해부

요한계시록에 등장하는 존재들을 영적·문자적으로 해석하는 신천지의 경향은 "이십사 장로"에 대한 해석에서도 분명하게 드러난다. 신천지는 『요한계시록의 실상』, 111에서 이십사 장로가 "하나님 나라의 모든 일을 맡아서 주관하는 이십사 영"이며, "이들이 행정을 맡는 문관(文官)이라면 6절의 네 생물은 심판을 담당하는 무관(武官)"이라고 주장한다. 그리고 "이십사 장로가 입은 흰옷은 의로움을, 금 면류관은 영광스러움을 상징한다"고 부연 설명한다.

(2) 문제 제기

신천지는 이십사 장로를 물리적·사실적 존재로 이해한다. 그래서 이십사 장로가 하나님 나라의 모든 일을 맡아 주관하는 이십사 영이라고 주장한다. 그리고 이들이 문관이라면, 6절에 등장한 네 생물은 무관이라고 하여 직접적인 직책의 성격까지도 부여한다. 물론 이러한 해석은 요한계시록 4장이 천국의 설계도라는 주장과 맞물려 있다.

어떻게 보면 신천지의 해석은 아귀가 맞는 어떤 시스템을 소개하는 특별한 해석처럼 보인다. 그러나 이십사 장로에 해당하는 이십사 영이 신천지에 소속된 스물네 명의 특정 계급에 속한 사람들에게 임했다는 신천지의 주장은 상식적으로 봐도 거부반응이 일어날 수밖에 없다. 요한계시록을 바르게 해석하려면 무엇보다 본문의 상징들을 문자적·사실적으로 해석하는 경향에서 먼저 벗어나야 하지 않을까? 그런 경향에서 벗어나지 않는 한 신천지의 요한계시록 해석이 가진 근본적인 문제점을 확실하게 깨닫기란 쉽지 않을 것이다.

이쯤에서 다시 한 번 확인하고 싶다. 요한계시록 4장에 나오는 보좌를 실제적 의자로 보는 것이 올바른 이해인가, 아니면 보좌가 지니는 상징적 의미를 바탕으로 하나님이 어떤 분이신지를 깨닫는 것이 올바른 이해인가? 또 보좌를 둘러선 이십사 장로가 실제로 어떤 자격을 갖춘 분들인지 궁금해하는 것이 올바른 이해인가, 아니면 그들을 묘사한 상징적 이미지를 통해 하나님이 어떤 분이신지를 깨닫는 것이 올바른 이해인가?

(3) 성경적 해석

이십사 장로는 두 개의 "12"로 이루어진 "24"라는 숫자를 통해 **하나님의 모든 백성**을 의미하는 것으로 해석해야 한다. 그 이십사 장로는 하나님이 보좌에 앉아계신 것처럼 스물네 개의 보좌에 앉아 있다. 이는 장로들이 하나님의 통치에 동참하고 있음을 의미한다. 여기에는 성경 전체를 관통하는 주제 중 하나, 곧 하나님의 백성이 하나님의 대리자라는 신학적 명제가 작용한다.

이십사 장로는 면류관을 쓰고 흰옷을 입었다. 이런 모습은 승리자의 모습과 함께 성도로서의 정체성을 드러내 준다. 요한계시록에서 "흰옷"은 일관성 있게 성도의 거룩한 특징을 나타내주기 때문이다. 그 보좌에는 우리보다 특별한 누군가가 앉아야 할 것 같은 느낌과 함께, 승리한 성도가 하나님의 보좌를 에워싼 보좌에 앉는다는 해석이 너무 과분하다고 생각하는 사람들도 있을 것이다. 하지만 성경 전체는 성도의 승리가 그만큼 영광스러우며, 하나님이 당신의 백성을 그처럼 존귀하게 여기신다는 사실을 누누이 언급한다.

3. 네 생물(계 4:6-8)

(1) 신천지 해부

신천지는 요한계시록이 하늘의 구조를 보여준다는 자신들만의 원리를 고수한다. 또한 요한계시록에 나오는 숫자를 사실적인 숫자로 보기 때문에, 특정한 숫자들을 자신들의 조직에 적용하려는 경향이 뚜렷하다. 그들이 목표로 하는 "12지파 144,000신도"가 그 대표적 예다. 또 그들은 "7"이라는 숫자가 동일하다는 이유로 요한계시록 4:5에 등장하는 "일곱 등불", "일곱 영"이 "일곱 천사"라는 해석을 내놓는다. 그리고 4:6-8에 등장하는 "네 생물"은 "네 천사장"이며 천사가 천군이라면 이들은 군대장이라고 주장한다. 『요한계시록의 실상』, 114-115에 게재된 그들의 주장을 살펴보자.

- 네 생물의 네 얼굴: 각기 다른 사명을 뜻한다.
- 밀림의 왕 사자는 하나님의 말씀을 깨닫지 못하는 짐승 같은 사

람을 심판하는 천사장(시 49:20)

- 밭을 가는 송아지는 사람의 마음을 갈고 가라지를 뽑는 천사장
- 만물의 영장인 사람은 지각을 사용하여 참과 거짓을 심판하는 천사장
- 새들의 왕인 독수리는 영을 심판하는 천사장
- 네 생물의 여섯 날개: 천사장을 돕는 여섯 장로. 하나님 보좌를 둘러싼 이십사 장로들이 한 천사장에게 여섯 명씩 배정되어 날개 역할을 하며 돕는다. 그 근거는 계시록에는 네 생물이 있는 곳에 항상 이십사 장로가 있기 때문이다.
- 이십사 장로, 일곱 등불의 영, 네 생물과 천천만만의 눈은 사명과 직위에 따른 구분이며, 하나님의 명령이 보좌에서 점점 아래로 일곱 영, 이십사 장로, 네 생물, 네 생물 주위의 가득한 눈 순으로 전달되고 시행된다.

(2) 문제 제기

신천지는 이십사 장로, 일곱 등불의 영, 네 생물을 일종의 "계급"으로 이해한다. 이는 본문을 문자 그대로, 사실적으로 받아들이는 해석의 결과다. 이런 해석은 어찌 보면 정답을 제시하는 것 같지만, 성경적이라기보다는 인위적이다. 자세히 살펴보면 본문 어디에도 계급의 순위가 존재한다고 기록되지 않았기 때문이다.

요한계시록 5:11－"내가 또 보고 들으매 보좌와 생물들과 장로들을 둘러선 많은 천사의 음성이 있으니 그 수가 만만이요 천천이라"－을 근거로 네 생물을 천사로 보는 관점은 본문을 과도하게 단순화하는 해석

이다. 오히려 5:11은 생물들과 천사들을 분리해서 언급한다. 성경이 분리해놓은 것을 묶어서 단순화하는 해석은 객관적이라기보다 직관적이며, 통찰이 있다기보다는 게으른 해석이다.

(3) 성경적 해석

우리는 요한계시록의 이미지를 상징으로 이해하는 성경적 해석 원칙을 따라, 네 생물 역시 하늘의 속성을 설명해주는 상징적 이미지라고 이해해야 한다. 네 생물의 얼굴이 사람, 사자, 독수리, 소의 모양인 이유는 무엇일까? 이는 성경에서 우주적 의미를 지니는 "4"라는 숫자와 대표성을 갖는 생물의 조합이다. 곧 이 네 생물이 하늘에 존재한다는 사실은 하늘이 하나님의 통치가 발현되는 공간임과 동시에 모든 피조물의 원천임을 설명해준다. 우리는 하나님을 섬기는 이 네 생물의 존재를 통해 만물을 다스리시는 창조주 하나님의 권능과 위엄을 깨닫게 된다.

4. 누가 일곱 인으로 봉한 책의 인을 뗄 것인가?(계 5:1-5)

(1) 신천지 해부

신천지는 요한계시록 5:1-5을 해석하면서 본격적으로 장막성전을 부정하고 신천지의 특권을 주장하기 시작한다. 『요한계시록의 실상』, 123-124에서, 신천지는 요한계시록 5:1에 소개되는 보좌에 앉으신 이의 오른손에 있는 책(두루마리)이 "성취 때까지 '비유'로 감추어둔 요한계시록이며 안팎으로 기록한 것은 계시록 말씀"이라고 해석한다. 그리고 예수님이 "계시록을 성취하시면서 하나님의 보좌 앞 일곱 등불의 영

(계 4:5)을 통해 비유를 풀어주시고, 약 이천 년 동안 그 누구도 해석하지 못했던 계시록을 펼쳐 일곱 금 촛대 교회의 일곱 사자로 하여금 성도들에게 인치게 하셨다"고 주장한다.

신천지가 이처럼 장막성전의 일곱 사자를 인정하는 이유는 그들의 실패를 발판으로 증거장막성전과 이만희 씨를 등장시키기 위함이다. 이와 관련한 그들의 주장은 다음과 같다.

> 그런데 이 책은 개봉이 중단되고 일곱 인으로 다시 봉해져서 본문과 같이 펴거나 보거나 할 이 즉 참뜻을 해석할 자가 없어졌다. 그 이유는 일곱 금 촛대 교회의 일곱 목자가 첫 사랑이신 예수님의 손에서(계 1:20) 떠나(계 2:4-5) 니골라당과 교제하며 그들의 교법을 받아들이자(계 2:14-15, 20) 하나님의 말씀을 밝히 일러주던 일곱 등불의 영이 일곱 사자를 떠났기 때문이다.…그 결과, 기독교 세계를 대표하여 하나님께 택함받은 일곱 사자조차 이사야 29장과 42장 말씀과 같이 영적인 소경이 되어 사람의 계명으로 가르치고 하나님의 책은 봉하여졌으니 어찌 모든 성도에게 생명수 말씀을 구하지 못하는 기갈(암 8:11-12)이 있지 않겠는가. 또 사도 요한이 본문과 같이 크게 울 만하지 않으랴.[1]

신천지가 요한계시록 본문을 소위 "비유"로 푼다는 사실을 모르는 사람들은 이러한 성경 해석이 어떻게 잘못된 것인지를 한눈에 파악하기 어려울 수 있다. 하지만 신천지는 실상을 가르쳐준다면서, 요한계시록 5장의 내용이 유재열의 장막성전과 거기에 있던 일곱 명의 핵심 세력—천사라고 불렸다—의 이야기라고 주장한다. 유재열 일당에 관한

신천지 요한계시록 해석 무엇이 문제인가?

"예언"인 요한계시록이 오늘날 실제로 성취되었다는 것이다. 신천지는 여기서 한 발 나아가 이제 예수님이 마귀와 싸워 이겨 그 인을 떼실 수 있게 되었으며 봉한 책이 먼저 영계에서 열리고 육계에서 펼쳐졌다고 해석한다.

(2) 문제 제기

신천지의 주장을 요약하면, 그 실제 의미를 성취 때까지 "비유"로 감추어둔 요한계시록은 유재열의 장막성전에서 먼저 개봉되었지만, 장막성전의 배도에 의해 잠시 봉함되었다가 다시 펼쳐졌다는 것이다. 그런데 신천지는 이 일이 먼저 영계에서 일어났다고 주장한다.

신천지의 해석은 부정적 의미에서 절묘하다. 분명히 요한계시록 본문은 예수님이 책의 인을 떼신다고 하는데, 신천지는 이것을 굳이 영계에서 일어난 일로 규정해버린다. 그들은 왜 이처럼 영계와 육계를 구분하는 것일까? 만일 예수님이 육계에서 실제로 책의 인을 떼시는 것이라면 육계에서 예수님의 영이 함께한다는 이만희 씨의 역할이 사라지기 때문이다. 바꾸어 말하면 이만희 씨의 역할을 부각하기 위해 영계와 육계를 구분하는 해석을 고수한다는 것이다.

그러나 요한계시록 본문은 소위 영계와 육계를 구분하는가? 요한계시록 5:1-5은 영계와 육계를 구분해서 언급하거나 암시하지 않을뿐더러, 책의 인이 열렸다가 다시 봉함되었다는 어떤 단서도 제공하지 않는다. 신천지의 가설은 오로지 장막성전과 증거장막성전의 관계를 염두에 두고 설정되었을 뿐이다.

장막성전에서 있었던 사건들을 요한계시록에 꿰맞추려는 신천지는

"책"이 어떻게 봉함되었는가에 큰 관심을 보인다. 하지만 이는 성경의 문맥을 완전히 무시하는 처사다. 성경 본문은 책이 어떻게 봉함되었는지의 과정에 관심이 있는 것이 아니라, 누가 책의 인을 뗄 것인지에 집중하고 있다.

(3) 성경적 해석

"누가 책의 인을 뗄 것인가?" 이것이 요한계시록 5장의 이슈다. 여기서 책의 인을 뗀다는 의미가 무엇인지를 알기 위해서는 다니엘 8, 12장을 살펴보아야 한다.

> 17그가 나의 선 곳으로 나아왔는데 그 나아올 때에 내가 두려워서 얼굴을 땅에 대고 엎드리매 그가 내게 이르되 인자야 깨달아 알라. 이 이상은 정한 때 끝에 관한 것이니라. 18그가 내게 말할 때에 내가 얼굴을 땅에 대고 엎드리어 깊이 잠들매 그가 나를 어루만져서 일으켜 세우며 19가로되 진노하시는 때가 마친 후에 될 일을 내가 네게 알게 하리니 이 이상은 정한 때 끝에 관한 일임이니라(단 8:17-19).

> 이미 말한바 주야에 대한 이상이 확실하니 너는 그 이상을 간수하라. 이는 여러 날 후의 일임이니라(단 8:26).

> 다니엘아 마지막 때까지 이 말을 간수하고 이 글을 봉함하라. 많은 사람이 빨리 왕래하며 지식이 더하리라(단 12:4).

신천지 요한계시록 해석 무엇이 문제인가?

그가 가로되 다니엘아 갈지어다. 대저 이 말은 <u>마지막 때까지 간수하고 봉</u>
<u>함할 것임이니라</u>(단 12:9).

다니엘서를 배경으로 요한계시록 5장의 "책을 봉함한다"는 말과 "그
인을 뗀다"는 말의 의미를 살펴보자. 다니엘서가 약속한 하나님 나라의
도래는 정해진 종말의 때까지 성취되지 않는다. 반대로 종말은 하나님
의 모든 뜻과 계획이 성취되어 만천하에 드러나면 도래한다. 그리고 마
지막 때에 도래하는 것은 이 지상의 모든 나라의 권세를 능가하는 영원
한 하나님의 나라다.

요한계시록은 유다 지파의 사자요 다윗의 뿌리인 메시아로서 십자
가에 죽임을 당하신 어린 양 예수를 통해 봉함된 책의 인이 떼어졌다고
기록한다(계 5:5-6). 이는 곧 예수님의 십자가 죽음이 바로 종말적 하나
님 나라의 도래를 가능하게 했다는 것을 의미한다.

5. 어린 양의 일곱 뿔과 일곱 눈(계 5:6)

(1) 신천지 해부

먼저 어린 양과 일곱 뿔, 일곱 눈이 등장하는 요한계시록 5:6을 살펴보자

내가 또 보니 보좌와 네 생물과 장로들 사이에 어린 양이 섰는데 일찍 죽임
을 당한 것 같더라. 일곱 뿔과 일곱 눈이 있으니 이 눈은 온 땅에 보내심을
입은 하나님의 일곱 영이더라(계 5:6).

신천지는 "뿔"이 권세를 뜻한다는 논리를 앞세워 본문의 일곱 뿔이 "예수님께 속한 '일곱 권세자' 즉 일곱 육체를 말한다"고 주장한다. 그리고 "일곱"이라는 숫자를 연결 고리로 사용해 요한계시록 2장에 등장하는 "일곱 별"이 "예수님이 보낸 편지를 받고도 회개하지 않아 직분을 박탈당한 배도한 일곱 사자를 말하는 반면, 본문의 일곱 뿔은 그 일곱 별을 심판하기 위해 세운 일곱 사명자"를 가리킨다고 주장한다.[2]

(2) 문제 제기

신천지는 "배도자와 심판자(멸망자)"라는 구도를 즐겨 사용한다. 그러나 일곱 뿔과 일곱 별이 각각 심판자와 배도자라고 설정할 때, 어떤 근거를 사용하고 있는지 곰곰이 생각해보아야 한다. 본문에서 이 둘의 관계를 규정할 만한 근거는 어디에서도 찾아볼 수 없다. 단지 "일곱"이라는 숫자가 일치한다고 해서 둘의 관계를 긴밀하게 엮는 해석은 정당하지 않다. 신천지의 해석에 동의하려면, 먼저 신천지의 "배도자와 심판자" 교리를 수용해야 하는 상황인데, 이는 순환논증의 오류를 불러온다. 이러한 신천지의 해석 논조는 요한계시록을 해석하는 모든 과정에서 일관성 있게 나타난다.

(3) 성경적 해석

일곱 등불과 일곱 눈이라는 소재는 스가랴 4장을 배경으로 한다. 스가랴 4장에는 "일곱 등잔"과 "일곱 영", "여호와의 눈", "두 감람나무", "다림줄", "큰 산" 등 요한계시록에서 빌려 쓰는 이미지가 많이 등장한다. 일곱 영이라는 주제에 대해 살펴보면, 일곱 등불＝일곱 눈＝일곱 영＝성령을 의미한다는 사실을 어렵지 않게 알 수 있다.

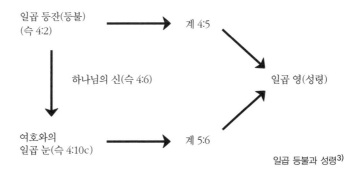

일곱 등불과 성령[3]

어린 양의 일곱 뿔은 에녹1서 90장을 비롯한 유대 문헌에서 승리한 메시아적 왕을 뜻하고, 구약성경에서 "뿔"은 권세와 능력을 나타내는 은유적 표현으로 자주 사용된다(신 33:17; 왕상 22:11; 시 89:17; 단 7:7-8:24 등). 따라서 완전수인 "7"을 사용한 어린 양의 일곱 뿔은 예수님이 완벽한 권세와 능력을 소유하고 완전한 승리를 이루신 분임을 나타내준다.[4]

신천지는 일곱 별이 일곱 명의 지도자를 의미한다고 주장하지만, 신약성경은 "일곱 별"이라는 개념으로 교회 지도자를 표현한 경우가 없다. 오히려 일곱 별은 지상 교회의 천상적 대응체로 해석해야 한다. 이는 교회를 천상적 존재로 간주하는 요한계시록의 교회론과 밀접한 관계가 있다.

6. 금 대접, 거문고, 새 노래(계 5:8-9)

(1) 신천지 해부

신천지는 요한계시록 5:8에 기록된 대로 금 대접에 가득한 향이 성도들의 기도라고 밝힌다. 또 그것을 담은 "금 대접"은 사람을(행 9:15), 그 향을 피우는 "불"은 하나님의 말씀이라고 해석한다. 그러면서 하나님이 사도 바울을 "택한 나의 그릇"이라 칭하신 사도행전 9:15과, 하나님의 말씀을 불이 되게 하겠다고 하신 예레미야 5:14을 근거로 제시한다. 이런 짜맞추기식 성경 해석은 새 노래를 설명하는 다음 단락에서도 분명하게 드러난다.

> 거문고는 성경을 말하며 새 노래는 '계시록을 해석하는 말씀'을 의미한다. 애굽에서 이스라엘을 인도해내실 때 하나님은 친히 노래를 지어 모세로 하여금 가르치게 하셨으며 그 노랫말이 신명기 32장의 말씀이다. 이것을 '모세의 노래'라고 한다면, 예수님이 주신 신약성경의 말씀은 '어린 양의 노래'이며, 본문의 새 노래는 어린 양이 인봉을 떼어 펼치시는 '계시록의 말씀'을 말한다. 새 노래인 이유는 지금껏 들어보지 못한 새 말씀이기 때문이다.[5]

(2) 문제 제기

신천지의 이러한 해석은 마치 성경으로 성경을 해석한다는 원칙에 부합하는 듯이 보인다. 사람에게 그릇이라고 하신 말씀을 통해 금 대접이 사람이라고 주장하고, 하나님의 말씀이 불이라는 구절을 끌어와 향을 피우는 불이 하나님의 말씀이라고 주장한다. 그런데 거문고가 성경을 의미하고 모세의 노래는 구약의 율법을, 어린 양의 노래는 신약성경을 의미하며, 새 노래는 그중에서도 요한계시록이라는 해석에는 별다른 설명이 없다.

이 책 제1장에서는 신천지가 성경을 비유로 푼다면서 빈번하게 말씀의 중요성을 강조한다는 사실을 지적했다. 여기서도 신천지는 거의 모든 소재를 소위 성경, 하나님의 말씀, 구약성경, 신약성경, 그리고 요한계시록의 말씀 등으로 해석한다. 이런 해석들은 신천지가 "말씀"을 강조한다는 인상을 주고자 하는 매우 인위적인 의도가 부자연스럽게 작용한 결과인 듯하다. 그러나 이처럼 성경에 대해 자주 언급한다고 해서 그것이 곧 성경을 사랑하는 것일까? 요한계시록이 지금까지 들어보지 못한 새 노래라는 주장에는, 신천지의 이만희 씨가 해석의 전권을 쥐고 있다는 전제가 깔린 것은 아닐까?

(3) 성경적 해석

한글 성경에서 거문고라고 번역된 "키타라"(κιθάρα)의 정확한 번역은 "하프"이며, 하프와 금 대접을 "가졌다"는 그리스어 동사 "에코"(ἔχω)는 분사형 "에콘테스"(ἔχοντες)로 되어 있다. 따라서 이 부분을 정확하게 번역하면 "네 생물과 이십사 장로들이 각각 거문고와 향이 가득한 금 대접을 가지고 어린 양 앞에 엎드렸다"라고 해야 한다. 노래를 연상시키는 "하프"와 기도를 가리킨다고 명시된 금 대접 위의 "향"은, 엎드리는 동작과 함께 구약에서 성전 예배 봉사를 담당한 레위 지파의 이십사 제사장이 맡은 역할을 암시한다. 즉 금 대접과 하프는 모두 성전 제의와 연결된 요소로 사용되었다.

다음으로 새 노래와 향에 대해 살펴보자. 요한계시록 15:2-3은 모세의 노래와 어린 양의 노래를 서로 견주어 묘사한다. 새 노래는 어린 양의 노래다. 구약의 출애굽 때에 홍해를 건넌 이스라엘 백성들이 구원을 베풀어주신 하나님께 찬양의 노래를 올려드렸던 것처럼, 이제 어린 양 예수를 통해 구원받은 새 이스라엘 곧 교회 공동체는 어린 양의 구속을 노래한다. 여기서 새 노래는 구속에 대한 약속의 성취라는 종말론적인 측면을 부각해주는 역할을 한다고 보아야 한다. 마찬가지로 향이 성도들의 기도라고 명시한 이유는, 이 문맥에서 예수님을 통한 구속의 사건이 성도들의 기도에 대한 응답으로 성취되었다는 것을 보여준다.

7. 하나님의 나라와 제사장(계 5:9-10)

(1) 신천지 해부

요한계시록 5:9-10에 대한 신천지의 해석에서는 신천지가 기성 교회를 어떻게 생각하는지가 잘 드러난다. 우선 신천지는 요한계시록 5:9의 "각 족속과 방언과 백성과 나라 가운데서 사람들을 피로 사서 하나님께 드리시고"라는 문구에서 "각 족속과 방언과 백성과 나라"란 "펼쳐진 계시록을 요한이 받아먹고 그 책에 기록된 예언의 참뜻을 가르치는 곳이며(계 10:10-11), 많은 사람이 죄에 사로잡혀 있는 곳"을 말한다고 주장한다. 또 그들을 "제사장으로 삼으시고 왕노릇하게 하신다는 것은 그들을 교회를 치리하는 목자로 세워주신다는 뜻"이라며 기성 교회를 "치리한다"는 개념을 도입한다.

또한 신천지는 하나님이 "초림 때 범죄한 육적 이스라엘을 끝내시고 영적 이스라엘을 창조하신" 것처럼, 성취 때에는 부패한 영적 이스라엘 (=기성 교회)을 심판하시고(계 6장), 십사만 사천 명을 인쳐서 영적 새 이스라엘을 창조하신다(계 7장)고 주장한다. 그들이 보기에 영적 새 이스라엘은 요한계시록에 약속된 새 나라이며, 하나님의 보좌와 네 생물과 장로들 앞에서 새 노래를 부르는 십사만 사천 명은 새로운 하나님의 제사장 곧 새 목자들이다. 신천지는 여기서 더 나아가 "계시록이 응할 때에는 모든 사람이 영적 새 이스라엘의 목자들에게 배워야 한다"고 주장한다.[6]

(2) 문제 제기

먼저 "각 족속과 방언과 백성과 나라"를 장소적 개념으로 이해하면서, 요한이 그곳에서 가르쳤다는 주장은 근거를 찾기 힘들다. 또한 제사장을 문자 그대로의 제사장으로 이해하여 교회를 치리하는 하나님의 목자로 보는 신천지의 주장은 성경 문맥을 무시하고, 정제되지 않은 구약 개념을 오늘날에 그대로 적용하는 오류를 보여준다. 물론 많은 교회에서 목회자가 마치 구약의 제사장이라도 되는 것처럼 가르치기도 한다. 하지만 그런 가르침은 극복해야 할 목회자 중심적 신앙관에 기초를 둔 가르침이다. 이스라엘을 육적 이스라엘, 부패한 영적 이스라엘, 영적 새 이스라엘로 구분하는 분류법도 어디선가 들어본 듯한 구분이지만, 이런 구분은 성경 어디에서도 찾아볼 수 없다. 어쩌면 이쯤부터 신천지는 "실상"을 소개하는 해석을 지향한다기보다 여기저기에서 조금씩 짜깁기해 자신들의 논리를 강화하는 일방적 주장으로 일관하는지도 모른다.

(3) 성경적 해석

"각 족속과 방언과 백성과 나라 가운데서"라는 표현은 예수님의 십자가 죽음과 그로 인한 구원의 우주적 성격을 보여준다. 그런데 여기서 사용된 전치사 "에크"(ἐκ, 가운데)는 "~로부터"라는 의미다. 이는 모든 사람이 구속을 경험하는 것은 아니라는 사실을 암시한다.

요한계시록 5:10의 "하나님 앞에서 나라와 제사장을 삼으셨으니"라는 구절은 출애굽기 19:6을 배경으로 한다. 출애굽기 19:6에서, 하나님은 출애굽한 이스라엘 백성이 언약을 잘 지키면 하나님께 대하여 제사장 나라와 거룩한 백성이 될 것이라고 말씀하셨다. 이 모티프는 요한계시록에서 그대로 재현된다. 어린 양의 피 값으로 하나님께 드린 바 된(구원받은) 자들은 하나님 앞에서 나라와 제사장으로서 만국에 하나님의 영광을 드러내야 한다.

다음으로 육적 이스라엘, 영적 이스라엘, 새 이스라엘의 관계에 대해 살펴보자. 성경은 육적 이스라엘과 영적 이스라엘의 관계를 **약속과 성취**의 관계로 설명한다. 역사적-혈통적 이스라엘 민족에서 영적 이스라엘 즉 교회로 이어지는 하나님의 구속 역사는 연속성을 가지며, 그리스도의 몸인 교회는 그 구속 역사에서 독보적인 위치를 차지한다. 하나님은 교회 공동체를 심판해버린다고 말씀하신 적이 전혀 없다. 요한계시록은 교회를 지칭하는 어린 양의 신부를 "새 예루살렘"이라고 소개하면서 완성된 교회의 모습을 예고한다. 따라서 "새 이스라엘"이라는 용어를 군이 사용하려면 영적 이스라엘인 교회를 지칭하는 말로 쓰는 것이 옳다.

【 4장 "하늘 성전 환상" 정리 】

① 요한계시록 4장과 5장은 서로 밀접한 관계가 있다. 4장은 하늘에서 통치하시고 모든 만물을 주관하시는 창조주 하나님을 소개하고, 5장은 하나님의 뜻을 이 세상에 이루고 드러내시는 구속주 예수님을 소개한다.

② 신천지는 영계와 육계를 구분한 후 하나님과 예수님의 사역 및 그 결과를 영계에 몰아넣는다. 이를 통해 실제로 성도의 삶에 나타나는 하나님과 예수님의 구속 사역의 결과와 영향력을 차단하고, 육계에서 예수님의 역할을 대신한다는 이만희 씨의 영향력이 강조되는 전략을 구사하는 것이다. 그러나 그런 설정은 전혀 성경적이지 않다. 주기도문에도 기록된 것처럼, 성경은 하나님의 뜻이 하늘에서 이루어진 것처럼 땅에서 이루어진다고 가르친다. 하늘과 땅은 그리스도를 통하여 이미 소통하고 있기 때문에 그리스도 이외의 "목자"나 "영육합일"이 더는 필요하지 않다. 하늘에 있는 것이나 땅에 있는 것이 모두 그리스도 안에서 통일된다(엡 1:10).

③ 다니엘서를 배경으로 해석하면, 요한계시록 5장에서 책의 인을 떼는 장면은 하나님 나라가 종말에 성취되는 것을 나타내는 이미지다. 영계에서는 예수님이 책의 인을 떼고, 육계에서는 이만희 씨가 책의 인을 뗀다는 주장은 성경과 전혀 관계가 없을 뿐만 아니라, 성경을 왜곡·오용한 결과다. 오직 십자가에서 죽임을 당하신 어린 양, 즉 예수님에 의해 책의 인이 떼어진다. 이는 골고다

언덕에서 역사적으로 발생한 사건이지 영계 어딘가에서 일어나는 사건이 아니다. 예수님의 십자가 사건으로 말미암아 하나님의 나라가 이 세상에 도래했다.

④ 요한계시록 4-5장에 대한 신천지의 주장과 성경적 해석을 간략하게 정리하면 다음과 같다.

	주제	신천지 주장	성경적 해석
4장	이 일 후에	3장과의 시간적 관계	장면의 전환
	환상의 형식	요한은 보좌를 환상으로 보았을 뿐, 성취의 때에는 목자가 참 하나님의 보좌 형상을 본다.	요한은 보좌에 대한 환상만을 본 것이 아니라 그 의미를 분명하게 인식하고 독자들에게 전달하고자 한다. 그러므로 요한과 같은 입장에서 실상을 나타내주는 목자의 설명은 필요하지 않다.
	환상의 의미	천국의 설계도	단순한 천국의 설계도가 아니며, 하늘이 하나님의 통치를 나타내는 구약의 성취이자 성전의 본질적인 의미로서 하나님의 통치가 로마 시대에도 실존하고 있다는 것을 보여주려는 목적을 가진다.
	이십사 장로	하나님 나라의 모든 일을 맡아 주관하는 이십사 영	하늘에 있는 교회 공동체
	일곱 등불의 영	하나님의 말씀을 대언하는 일곱 사자	즉 4장을 배경으로 하여 '일곱'이란 숫자가 부여된 성령
	네 생물	네 천사장: 군대장	모든 피조물을 의미하는 것으로 하늘이 모든 피조물의 존재의 근원임을 상징적으로 보여준다.

신천지 요한계시록 해석 무엇이 문제인가?

주제		신천지 주장	성경적 해석
5장	일곱 인으로 봉한책	성취의 때까지 '비유'로 감추어둔 요한계시록	다니엘서를 배경으로 종말(=예수님 초림)에 도래할 하나님 나라에 대한 기대와 약속을 의미하는 상징적 이미지
	일곱 뿔	예수님께 속한 '일곱 권세자'로서 배도한 일곱 사자를 심판하기 위한 일곱 사명자	어린 양 예수님이 완전한 권세와 능력을 소유하고 완전한 승리를 이루신 분이심을 의미
	새 노래	계시록을 해석하는 말씀	모세를 통한 출애굽을 모티브로 어린 양 예수님의 구원에 대한 반응인 예배의 정황을 표현
	거문고	성경	구약의 성전 제의적 요소를 연상시켜 주는 것으로서 새 노래와 함께 어린 양의 구원에 대한 예배의 정황을 연출하는 요소
	각 족속과 방언과 백성과 나라	계시록을 요한이 받아먹고 그 책에 기록된 예언의 참뜻을 가르치는 곳	모든 인간을 의미

요한계시록 4-5장 비교

5장

일곱 인 심판
요한계시록 6장 해석 해부하기

I. 인과 네 생물(계 6:1)

(1) 신천지 해부

요한계시록 6장에는 어린 양이 5장에 등장한 책을 봉해놓은 일곱 인 중에 여섯째 인까지 떼는 장면이 기록되어 있다. 그런데 신천지는 "사람의 귀를 여시고 인치듯 교훈하시나니"라고 기록된 욥기 33:16을 근거로 "하나님의 인"이 "하나님의 말씀"을 가리킨다고 주장한다. 그중에서도 어린 양이 떼시는 일곱 인은 하나님이 비유로 감추어두신 계시록의 말씀이라는 것이다.[1]

또 신천지는 예수님이 인을 떼실 때 마병대를 오라고 하는 네 생물은 요한계시록 4장에 등장한 네 천사장이라고 주장한다. 그들은 이 네 천사장이 하나님 나라를 보호하고 하나님의 뜻을 실행하기 위해 천천만만의 영을 지휘하는데, 여기서는 어린 양의 명령에 따라 배도한 일곱 사자가 있는 일곱 금 촛대 교회를 심판한다고 해석한다.[2]

(2) 문제 제기

신천지는 요한계시록에 등장하는 여러 가지 소재들을 "말씀"으로 해석한다. 신천지는 요한계시록 5장의 책이 "계시록 성취 때까지 '비유'로 감추어둔 요한계시록이며, 안팎으로 기록한 것은 계시록 말씀"이라고 밝힌 바 있다. 그런데 여기서는 그 책을 봉한 일곱 인 역시 하나님이 비유로 감추어두신 계시록의 말씀이라고 주장한다. 신천지는 "책"과 "일곱 인"에 같은 의미를 부여하는데, 과연 책과 일곱 인이 동일시될 수 있는 대상인가? 단순한 연결 관계도 제대로 정리하지 못하는 이런 해석에 동의하기란 어려운 일이다.

그뿐 아니라 신천지는 "교훈의 말씀"으로 그 마음에 인을 친다고 하는데, 봉함된 일곱 "인"과 사람에게 치는 "인"의 구별이 명확하지 않다. 사람에게 치는 인은 요한계시록 7:3-8에서 십사만 사천의 이마에 치는 인이다. 이는 비유를 풀어준다면서 문맥과 상관없이 소릿값이 같은 용어들이 같은 의미라고 주장하는 신천지의 전형적인 성경 해석 방법이 드러나는 대목이다.

신천지는 앞서 네 생물이 네 천사장이라고 밝혔기 때문에, 요한계시록 6장에 나오는 네 생물도 네 천사장이라고 주장한다. 그리고 일곱 인 심판을 "배도한 일곱 교회"에 적용한다. 그러나 본문의 심판 대상이 과연 요한계시록 2-3장에 등장하는 일곱 교회인지, 나아가 요한계시록 6장의 내용이 일곱 교회의 실상인 유재열의 장막성전이 네 천사장에 의해 심판받은 사건을 묘사하는 것인지 한번 짚어봐야 한다. 본문에는 배도한 일곱 교회에 대한 언급이 단 한 마디도 등장하지 않는다.

(3) 성경적 해석

요한계시록 5장에서 책과 인(도장)은 분명히 구별된다. 신천지의 주장대로 책이 하나님의 말씀을 의미한다고 해도, 최소한 도장은 다른 것으로 해석해야 한다는 말이다. 요한계시록 5장에서 어린 양이신 예수님이 취하신 책은, 하나님 나라의 도래를 포함하는 하나님의 구속 계획의 온전한 성취를 담아놓은 소재다. 따라서 이 책이 열리면 하나님의 뜻과 계획은 밝히 드러나게 된다.

그 책을 봉한 "인"은 종말에 이루실 하나님의 구원이 "만세와 만대로부터 감추어졌던 것"(골 1:26)임을 알려준다. 그러나 그 비밀은 아무도 모르게 하기 위한 비밀이 아니다. 신약성경은 이 비밀이 곧 그리스도이심을 증언하기 때문이다. 요한계시록은 책을 열지 못하도록 봉한 "인"의 이미지를 사용하여 하나님이 그리스도를 통해, 하나님이 계획하신 대로, 하나님의 때에 그분의 구속을 이루셨음을 드러낼 뿐이다. 따라서 도장 자체가 하나님의 말씀이라고 볼 수는 없다. 인을 하나씩 뗄 때 심판의 현상이 발생하는 것은 종말에 대한 구약의 묘사와 연관되어 있다. 요한계시록은 구약이 바라본 종말의 때가 예수 그리스도의 사역으로 시작되었다고 보는 것이다.

네 생물은 만물을 대표적으로 상징하는 이미지다(참고. 계 4:6-8). 이 네 생물은 네 마리의 말과 함께 요한계시록 6:1-8의 네 심판을 하나로 묶는 역할을 한다. 여기서 네 심판의 대상은 모든 피조물을 포함하는 이 세상이다. 따라서 피조물을 대표하는 네 생물은 모든 피조물에 대한 심판의 성격을 강화하며 심판 장면을 소개하는 중계자 역할을 한다. 따라서 이 심판의 대상이 일곱 금 촛대 교회라는 신천지의 주장은 성경적 근거를 찾아보기 힘들다.

2. 첫째 인: 백마 탄 자와 활(계 6:2)

(1) 신천지 해부[3]

신천지는 일곱 금 촛대 교회를 중심으로 요한계시록의 심판을 해석하기 위해 온갖 노력을 기울인다. 신천지는 요한계시록 6장에 등장하는 "말"이 붉은 말들, 검은 말들, 흰 말들, 어룽지고 건장한 말들이 끄는 병거를 묘사하는 스가랴 6:1-4을 배경으로 하기에 사실상 복수의 의미를 지니는 집합명사라고 소개한다. 그리고 이 네 가지 말들이 네 천사장을 둘러선 "천천만만의 천사들"이라고 주장한다. 그리고 이 천군 천사는 천사장의 지휘에 따라 움직이는 부대들이라고 부연 설명한다.

이어서 신천지는 "영육합일설"을 기초로 본문을 해석하면서, 영계의 하나님과 예수님이 천사들을 말로 삼아 부리시듯이 육계의 영들은 육체를 말로 삼아 역사한다고 주장한다. 그리고는 엉뚱하게도 이사야 31:3의 "애굽은 사람이요 신이 아니며 그들의 말들은 육체요 영이 아니라"라는 말씀을 근거로 제시한다. "말들은 육체요"라는 문구를 빌려와서 자기의 주장을 정당화하는 것이다.

그렇다면 신천지는 활을 가진 흰 말 탄 자가 이기고 또 이기려 한다는 말씀을 어떻게 해석할까? 그들은 이미 일곱 금 촛대 교회를 심판의 대상으로 규정해놓았기 때문에, 첫째 인 심판의 대상도 일곱 금 촛대 교회라고 해석할 수밖에 없다. 그들은 흰 말 탄 자는 주님이고, 활은 심판하는 말씀이며, 예수님이 "일곱 금 촛대 교회의 성도들에게 원수처럼 활을 당기시는 이유는 그들이 주를 배반하고 사탄의 족속이 되었기 때문"이라고 주장한다.

또한 신천지는 요한계시록에 미완료로 표현된 모든 사건을 가능하면 오늘날로 끌어오려는 시도를 멈추지 않는다. 그들은 "이기고 또 이기려 하더라"(계 6:1)라는 말씀을 해석하면서, 처음에 예수님이 이기신 것은 초림 때 세상을 주관하는 마귀와 싸워 승리하신 것을 말하며, 이기려 한다는 것은 "계시록 성취 때"에도 마귀와 싸워 이기려 한다는 뜻이라고 말한다.

그리고 여기서 신천지는 기성 교회의 해석과 자신들의 해석이 다른 점을 드러내면서 흑백논리로 선택을 강요한다. 성경 해석이 잘못되었으면 반성을 통해 바로잡으면 된다. 그러나 자기들의 해석만이 옳다고 주장하는 신천지는 예수님의 이름을 거들먹거리며 자신들과 해석이 다른 기성 교회를 "마귀", "마귀파"로 몰아세운다.

현 교계에서는 본문의 백마 탄 자를 혹자는 마귀라 하고 혹자는 그리스도라 한다. 그러나 그 탄 자는 살펴본 바와 같이 예수님과 그에게 속한 영들이다. 따라서 백마 탄 자를 마귀라고 주장하는 것은 예수님을 마귀라 하는 것과 같다. 예수님을 마귀라 하는 자도 마귀요 마귀를 예수님이라고도 하는 자도 마귀다. 예수님의 명을 받고 심판하는 네 생물과 탄 자와 말을 마귀라 하는 사람은 마귀를 예수님이라 하는 자와 같은 마귀파가 아닌가.[4]

(2) 문제 제기

신천지는 스가랴 6장을 근거로 요한계시록 6장에 나오는 단수 "말"이 집합명사이며 곧 천천만만의 천사들을 의미한다고 해석의 기초를 놓았다. 하지만 이러한 해석은 본문을 제대로 이해하지 못한 결과다. 스가랴 6장은 병거를 끄는 말들이므로 당연히 복수가 사용되었다. 하지만 요한계시록에서는 "말"을 "탄 자"가 한 사람씩 등장하는 것으로 보아도 전혀 무리가 없다. 만일 어떤 가능성에 의지해 성경을 해석하려면 다른 가능성에 대해서도 열려 있는 것이 올바른 성경 해석의 태도가 아닐까? 신천지의 성경 해석에서 그런 겸손한 태도를 찾아보기는 힘든 것 같다.

또한 요한계시록 6장의 흰 말 탄 자가 예수님을 가리킨다는 주장은 타당할까? 사실 흰 말 탄 자를 예수님이라고 하는 것도 정확하지 않고, 마귀라고 하는 것도 올바른 해석이 아니다. 하지만 신천지는 둘 다 옳지 않은 해석에서 하나를 선택하라고 강요한다. 말 탄 자는 영들을 의미하고 말들은 육체를 의미한다는 주장 또한 영계와 육계를 분리하는 그들의 전략에 꿰맞춘 해석이 아닌지 의구심이 생긴다.

신천지는 "활"을 "심판하시는 말씀"으로 간주하면서, 예수님이 활을 일곱 금 촛대 교회의 성도들을 향해 당기신다고 해석한다. 이 해석에는 두 가지 문제가 있다. 첫째, 성경의 문맥이나 언어 용례에서 활을 "심판하시는 말씀"으로 해석할 수 있는 근거를 찾아보기 힘들다. 둘째, 첫째인 심판을 일곱 금 촛대 교회에 대한 심판으로 볼 수 있는 근거가 전혀 존재하지 않는다. 그럼에도 신천지는 본문과 관계없는 일곱 금 촛대 교회를 해석의 중심에 놓으며, 자신들의 교리를 강화하기 위한 시도를 멈추지 않는다.

(3) 성경적 해석

인을 떼시는 예수 그리스도로 말미암아 도래한 종말은 심판과 구원의 연쇄 작용을 일으킨다. 첫째 인 심판은 전쟁을 통한 심판이라는 모티프를 사용해 세상에 임할 심판을 묘사한다. 스가랴 1장과 6장의 선포를 배경으로 볼 때, 요한계시록 6장의 말을 탄 자들은 심판의 전령으로 간주해야 한다. 흰 말 탄 자도 넷 중 하나일 뿐이므로 특별한 의미를 부여하는 해석에는 신중을 기할 필요가 있다.

요한계시록 19장에 등장하는 백마를 탄 자는 예수님을 나타낸다. 하지만 같은 흰 말이라고 해서 무조건 예수님이라고 보는 것은 성급한 해석이다. 요한계시록 6장의 배경이 되는 스가랴 1장과 6장에 등장하는 여러 가지 색깔의 말들은 각각의 의미를 가지면서도 하나의 묶음으로 특정한 메시지를 형성한다. 요한계시록 6장에서도 "흰 말"에 대해서만 특별한 의미를 부여하기보다는 네 마리 말과 그 탄 자들을 하나의 묶음으로 보고 중심 주제를 해석해야 한다.

흰 말을 탄 자는 활을 가졌다. 이는 당시에 말을 타고 활을 쏘며 전투를 수행하던 파르티아 병사들의 모습을 모델로 사용한 것이다. 당시 파르티아제국은 로마제국을 위협할 정도로 강력한 군사력을 보유하고 있었고, 말을 타고 활을 자유자재로 다루던 파르티아의 궁기병은 파르티아군의 상징 같은 존재였다. 따라서 이 이미지는 전쟁을 통한 하나님의 심판이 임하는 것에 대해 생생한 느낌을 전달한다. 흰 말을 탄 자가 면류관을 받고 이기고 이기려 한다는 것은 이 전쟁의 향방이 하나님의 섭리 가운데 있음을 보여주는 표현이다.

3. 둘째 인: 붉은 말 탄 자가 받은 허락(계 6:3-4)

(1) 신천지 해부

신천지는 붉은 말과 그 탄 자 역시 천사장에 의해 움직이는 영과 육이라고 주장한다. 요한계시록 6:4은 이 붉은 말을 탄 자가 "허락을 받아 땅에서 화평을 제하여버리며 서로 죽이게 하고 또 큰 칼을 받았더라"라고 말씀한다. 그런데 신천지는 이 구절을 또다시 일곱 금 촛대 교회와 연결한다.

> 홍마와 탄 자가 하늘 일 즉 땅에서 화평을 제하고 서로 죽이게 하는 것은 배도한 일곱 금 촛대 교회의 성도들로 하여금 시험에 빠져 서로 미워하게 하고 거짓 목자(니골라당)에게 내어주며(마 24:10), 서로의 영을 해하는 것을 말한다. 본문 사건은 주께서 네 생물을 시켜 배도한 백성들을 스스로 망하게 하는 심판이다.[5]

(2) 문제 제기

앞서도 지적했지만, 요한계시록 6장에 등장하는 말과 그 탄 자를 구별하여 육과 영으로 보는 것은 매우 이상한 해석이다. 성경 본문에서는 그러한 구분에 대한 근거를 전혀 찾아볼 수 없다. 신천지가 제시한 이사야 31:3의 "말들은 육체요"라는 문구가 이런 해석의 근거가 되는 유일한 성경 구절인 듯하다. 신천지의 주장대로라면 이사야 31:3 앞부분에 나오는 대로 "애굽은 사람이요"라는 명제도 성립해야 하는데, 이는 말장난에 불과하다.

신천지는 이 본문에서도 심판의 대상을 배도한 일곱 금 촛대 교회의 성도들이라고 설정하고, 거짓 목자(니골라당)를 다시 등장시킨다. 일곱 금 촛대 교회는 유재열의 장막성전을 의미하고, 니골라당은 기성교회를 의미한다는 사실을 기억하면, 이러한 주장은 성경을 올바로 해석하려는 목적이 아니라, 신천지 신도들로 하여금 적대 세력에 대한 일치된 공감대를 갖게 해 내부적 결속을 도모하려는 목적을 가지고 있다는 사실을 알게 된다.

(3) 성경적 해석

붉은 말과 그 탄 자는 통합된 것으로서 하나님의 심판을 알리는 전령 역할을 한다. 요한계시록 본문은 "땅에서 화평을 제하여버리며 서로 죽이게 하고"라는 말씀을 통해 그 심판의 대상이 "땅"임을 분명하게 한다. 이 심판의 대상은 하나님의 백성이 아닌 보편적 인간 세상이다. 하나님은 인류가 서로 싸우는 전쟁을 심판의 도구로 허락하신다.

하지만 전쟁을 통해 이루어지는 심판은 신적 섭리의 통제하에 일어난다. 하나님은 악을 조장하시는 분이 아니다. 오히려 하나님이 전쟁을 허락하신다는 표현은 인간에게 내재하는 악으로 말미암아 벌어지는 전쟁의 본질을 표현하는 것으로, 인간 스스로 심판을 자초하는 측면을 보여준다. 인간의 악한 본성이 더 악해지지 않도록 제한하지 않았다면 이 세상은 벌써 파멸되었을 것이다. 하나님은 은혜로우셔서 그 악함을 지금까지 제한해오셨지만 종말적 심판의 상황에서는 인간의 악함을 제한하지 않고 인간이 서로 간에 죽이는 상황을 허락하신다.

4. 셋째 인: 검은 말 탄 자와 저울(계 6:5-6)

(1) 신천지 해부

셋째 인 심판에는 손에 저울을 들고 검은 말을 탄 자가 등장한다. 그리고 밀, 보리, 감람유, 포도주 등의 식품이 소재로 등장한다. 신천지는 이 저울이 믿음과 행실을 달아보는 "하나님의 말씀"이라고 해석한다. 물론 그들이 근거로 제시하는 본문들(삼상 2:3; 욥 31:6; 시 62:9; 단 5:27)이 말하는 것처럼 하나님은 사람의 행동, 정직함, 가치, 인품 등을 저울에 달 듯이 평가하시는 분이시다.

그러나 신천지는 이 저울이 하나님의 말씀이라고 명시하면서, 하나님의 말씀이 상황에 따라 활 또는 칼, (본문과 같이) 저울처럼 사용된다고 한다. 그들은 "나의 한 그 말이 마지막 날에 저를 심판하리라"(요 12:48)라는 예수님의 말씀을 끌어와 본문에 심판의 도구로 등장한 저울의 본뜻이 말씀이라는 주장을 강화한다. 그리고 이를 "일곱 금 촛대 장막 성도들의 믿음을 말씀으로 달아본다"라는 주장으로 전환한다.[6]

그렇다면 신천지는 데나리온, 밀 한 되, 보리 석 되는 어떻게 해석할까? 그들은 데나리온 곧 은전이 "변치 않는 주님의 말씀"이며, 밀 한 되와 보리 석 되는 "믿음의 씨"로 남은 성도라고 주장한다. 여기서 "믿음의 씨"라는 개념이 중요하다. 이사야서는 하나님의 심판이 임한 결과를 묘사하면서, 추수하는 자가 이삭을 베고 주운 것 같은 황량한 들판에 비유한다. 하지만 주울 것이 남는데 이는 감람나무를 흔들어 떨어도 두세 개가 남고, 무성한 나무를 떨어도 먼 가지에 네다섯 개가 남는 것 같을 것이라고 말씀한다(사 17:4-6). 신천지는 이 말씀을 끌어와 배도한 장막 가운데서 건진 자들이 밀 한 되와 보리 석 되에 빗댈 정도로 적었고, 그렇게 남은 자들이 새 이스라엘 창조의 씨가 되었다고 주장하는 것이다.

이 소수의 무리는 계시록 7장에 기록한 '새 이스라엘의 창조의 씨'가 된다. 농부가 땅을 개간하여 평평하게 한 다음 씨를 뿌려 농사를 짓듯이 예수님께서는 배도한 선민(땅)을 본문과 같이 심판(개간) 하신 후에 그곳에서 남긴 신실한 성도들을 믿음의 씨앗으로 삼아 하나님의 새 나라를 창조하는 새 농사를 지으신다. 그러므로 모든 성도는 본 장의 예언이 응하였는지 알아보아야 하며, 응하였다면 나는 심판받은 자인지, 믿음의 씨로 남은 자인지, 그도 저도 아닌 자인지 깨달아 알곡 신앙인이 되어야 한다.[7]

이처럼 장막성전에서 이탈한 신천지 초기 구성원의 전력을 포장한 신천지는, 요한계시록 6:6에서 "해치 말라"고 하신 감람유가 "두 증인의 말씀"이며, 포도주는 "예수님의 말씀"을 상징한다고 주장한다. 이를 해치 말라는 명령이 내려진 이유는, 거짓 교리는 없애야 하겠지만 참된 증거의 말씀은 없어져야 할 대상이 아니기 때문이라는 것이다.[8]

(2) 문제 제기

신천지는 설명하기 어려운 소재들에 대해 무조건 "말씀"이라는 이름표를 붙이는 것 같다. 행위와 신앙, 가치와 인품을 달아본다는 말씀을 근거로 어떻게 저울이 하나님의 말씀을 의미한다고 주장하는지 신기할 정도다. 예를 들어 사무엘상 2:3은 하나님이 "행동을 달아보시느니라"라고 말씀하신다. 이 말씀에는 저울이 직접 등장하지는 않지만 "달아보다"라는 동사로 인해 저울을 도구로 상정하고 있다는 사실은 분명하다. 하지만 사무엘상 2:3은 저울이 하나님의 말씀이라는 의미를 제공하지 않는다. 이것을 하나님의 말씀이라고 해석하는 것은 본문을 자신의 의도대로 해석하려는 성급함이 작용한 결과다. 이것은 잘못된 성경 해석의 대표적인 경우라고 할 수 있다.

이처럼 신천지는 비유 풀이라는 명목하에 자신들의 입맛대로 문맥과 관계없는 풍유적 해석을 남발한다. 특별히 다수의 단어나 문구를 "말씀"이라고 해석하는 경향이 있는데 이것은 자신들만이 참된 말씀을 가르치고 있다는 신천지의 주장과 연관이 있으며, 말씀을 강조하는 한국교회의 풍토를 이용해 사람들을 미혹하는 한 방편이다.

밀 한 되와 보리 석 되에 대한 해석도 마찬가지다. 신천지는 밀 한 되와 보리 석 되로 표현된다는 "소수의 무리"를 장막성전의 "멸망"에서 살아남아 "새 이스라엘"의 씨가 되는 존재로 해설하는 기발함을 보여준다. 하지만 이는 신천지의 발생 과정에 맞춰 만들어낸 해석에 불과하다.

신천지는 독자들에게 자신이 심판의 대상인지 아니면 믿음의 씨로 남은 자인지 돌아보는 가운데 알곡 신앙인이 되라고 권면한다. 그들의 문맥에서, 이런 권면은 신천지로 들어와야만 한다는 주장과 다르지 않다. 물론 자신의 신앙을 성찰하는 자세는 중요하다. 하지만 우리가 심판의 대상인지 아닌지를 돌아보려면 성경이 말하는 이 인 심판이 어떤 이유와 목적에서 주어지는지를 제대로 이해할 필요가 있다.

계속되는 신천지의 단어 맞추기식 해석을 살펴보면 그들의 성경 해석에 동의하기가 점점 더 어려워진다. 신천지는 요한계시록 6:6의 "감람유"가 "두 증인의 말씀"이라고 설명하는데, 이는 요한계시록 11:3-4

에서 두 증인을 "감람나무"라고 한 것을 염두에 둔 듯하다. 그러나 각각 다른 문맥 속에서 전혀 다른 주제를 말하는 요한계시록 6장의 감람유 와 11장의 감람나무를 "감람"이라는 요소로 서로 연결하는 해석은 억지 에 가깝다.

예수님이 자신을 포도나무라고 하셨기 때문에 포도주가 예수님의 말 씀을 가리킨다는 주장도 마찬가지다. 감람유와 포도주는 해치 말라는 명령을 말씀이 훼손되어서는 안 된다는 명령으로 이해하는 신천지의 해 석은 이 단락이 심판을 묘사하고 있다는 사실을 무시한 결과다.

(3) 성경적 해석

이 단락에 등장하는 활(2절)이나 큰 칼(4절) 등은 종말의 심판이 전쟁의 정황 속에 있다는 사실을 보여준다. 이와 비슷하게 요한계시록 6:5-6에 서 저울은 밀과 보리의 가격이 폭등하는 것을 보여주기 위해 등장한 측 량 기구다.

또한 데나리온이 변치 않는 주님의 말씀을 가리킨다는 신천지의 해 석도 타당성이 없다. 데나리온은 당시 노동자의 하루 치 임금에 해당하 는데, 한 데나리온에 "밀 한 되"나 "보리 석 되"라는 선언은 심판 때 물 가 폭등으로 인한 고통이 얼마나 심각한지를 묘사한다. 밀 한 되는 당 시 노동자 한 사람의 하루 치 식량이고, 보리 석 되는 당시 한 가족의 하루 치 식량이다. 밀이 보리보다 세 배나 더 비싼데, 이는 당시 밀이 보 리보다 고급스러운 곡식이었기 때문이다. 기근은 인간과 모든 피조물 (동식물 포함)에게 고통스러움을 안겨준다.

감람유와 포도주는 해치지 말라고 한 문구 역시 심판의 심각성을 드러내 준다. 도미티아누스 황제는 기원후 92년에 소아시아의 포도원을 파괴하지 말라는 칙령을 내린 적이 있다. 밀과 보리의 품귀 현상이 일어나자 올리브 농장이나 포도원을 개간해 밀과 보리를 경작하려는 사람들이 많아졌기 때문이었다. 이는 요한계시록의 청중들이 알고 있던 사건을 통해 심판의 심각성을 전달한 경우라고 볼 수 있다.[9]

5. 넷째 인: 청황색 말 탄 자와 음부(계 6:7-8)

(1) 신천지 해부

일곱 금 촛대 교회를 심판의 대상으로 보는 신천지의 해석은 넷째 인 심판에서도 변함이 없다. 신천지는 예루살렘을 향한 잔혹한 심판의 메시지를 기록한 에스겔 9장을 끌어와 "청황색 말과 탄 자"는 "살육하는 기계"를 손에 든 자들과 같은 위치에 있고, 심판받는 일곱 금 촛대 교회는 살육당하는 예루살렘과 같다고 주장한다. 그리고 예루살렘에서 행해진 가증한 일 때문에 탄식하며 우는, 이마에 "표"를 받은 자들에 해당하는 것은 "배도한 장막"에서 신앙의 절개를 지킨 "모범 성도들"이라고 설명한다.[10]

"땅 사분 일의 권세"에 대한 해석도 마찬가지다. 신천지는 이 권세가 "범죄한 일곱 금 촛대 장막 가운데서 사분의 일을 죽이는 권한을 말하며, 그들을 죽이는 검은 심판의 말씀을, 흉년은 말씀이 없는 영적인 빈곤을, 사망은 영을 죽이는 것을 말한다"라고 주장한다.[11] 그리고 8절에 등장하는 "땅의 짐승"에 대해서는 다소 무리한 해석을 내놓는다. 신천지의 주장을 살펴보자.

신천지 요한계시록 해석 무엇이 문제인가?

청황색 말 탄 자가 데려온 '땅의 짐승'은 '음부에 속한 멸망자'를 가리킨다. 이 땅의 짐승은 계시록 13장의 예언대로 바다에서 올라온 짐승과 하나가 되어 일곱 금 촛대 교회를 짓밟고 육백육십육이라는 표를 하게 될 자다. 예수님께서는, 하나님께서 이방 앗수르를 몽둥이로 삼아 범죄한 이스라엘을 치신 것처럼(사 10:5) 땅의 짐승을 몽둥이로 삼아 배도한 일곱 금 촛대 장막 성도들을 심판하신다.[12]

(2) 문제 제기

앞서도 밝혔지만, 요한계시록 2-3장에 등장하는 일곱 교회를 일곱 금 촛대 교회라고 명명해 심판의 대상으로 간주하는 신천지의 해석은 정당하지 않다. 왜냐하면 요한계시록에서 예수님은 일곱 교회를 회복의 대상으로 삼으셨기 때문이다. 따라서 에스겔 9장이 말하는 심판의 대상인 예루살렘과 일곱 교회를 동일시하며, 그 실상이 유재열의 장막성전에 연결된다는 신천지의 주장은 성경의 지지를 받지 못한다. 하지만 신천지는 심판과 관련된 거의 모든 요소를 지속적으로 유재열의 장막성전과 연결함으로써 심판에 대한 왜곡된 입장을 강화할 뿐이다.

신천지는 일곱 금 촛대 교회 성도들이 니골라당의 거짓 목자들과 하나가 되어 배도를 자행했다고 주장한다. 그리고 그 배도의 행위에 대해 울며 탄식한 자들, 곧 신앙의 절개를 지킨 자들이 있었다고 한다. 이러한 설정은 유재열의 장막성전에서 이만희의 신천지 증거장막성전으로 넘어온 자들을 칭송하려는 목적을 가진다.

신천지의 요한계시록 해석에는 특징이 있다. 우선 모든 부정적인 것에 일곱 금 촛대 교회를 대입하고, 비슷하거나 같은 단어를 무조건 동일시하면서 이야기를 억지로 짜 맞추는 것이다. 신천지는 넷째 인 심판에 대한 해석에서도 심판의 대상은 일곱 금 촛대 교회이며, "짐승"은 요한계시록 13장에 등장하는 짐승과 같다고 주장한다.

(3) 성경적 해석

요한계시록 6장의 네 마리 말과 그 탄 자들은 연속으로 등장하는 심판의 전령들이다. 그중 청황색 말과 그 탄 자는 사망을 초래하는 심판을 하는 자다. 그 뒤를 음부가 따르는데, "사망"과 "음부"는 구약성경에서 한 짝으로 붙어 다니는 개념이다. 특별히 70인역에서는 이 두 단어를 거의 동의어처럼 혼용한다(참고. 시 6:6, 48, 14-15; 잠 2:28; 5:5; 아 8:6; 욥 17:13-16; 33:22).[13] 구약의 표현을 염두에 둔 심판의 묘사에서 사망과 음부가 함께 나오는 것은 매우 자연스럽다.

　넷째 인 심판에서 심판의 대상은 요한계시록 2-3장에서 언급된 일곱 교회가 아니라 **세상**이다. 요한계시록 6장은 예수님의 초림으로 세상에 이미 시작된 종말적 심판의 정황을 보여준다. 그런데 "사분의 일"이라는 표현은 이 심판이 매우 제한된 영역에서 이루어질 것을 암시한다. 하나님의 심판은 우주적이면서도 제한적이다. 이는 모순된 표현이지만, 우주적이라 함은 어떤 특정한 대상을 표적으로 삼는 것이 아니라는 의미이고, 제한적이라 함은 모든 창조 세계를 다 멸절하는 것이 아니라는 의미다. 우주를 보호하시려는 하나님의 사랑은 여전히 유효하다. 요한계시록 4:3에 등장한 하늘 보좌를 두른 "무지개"는 심판 중에서도 하나님의 은혜가 끊이지 않는다는 사실을 보여준다.

　심판의 도구로 등장하는 "검과 흉년과 사망과 땅의 짐승"은 "칼과 기근과 사나운 짐승과 온역을 예루살렘에 함께" 내리겠다고 말씀하신 에스겔 14:21을 연상시킨다. 또 기근과 칼, 들짐승 등의 요소는 언약을 배반할 경우에 내려질 재앙들을 기록한 레위기 26:18-28에 뿌리를 두고 있다. 따라서 여기서 짐승은 말 그대로 들짐승이다. 이는 자연 질서의 파괴로 인한 심판의 한 면을 보여준다.

요한계시록 13장의 짐승은 6장의 짐승과는 전혀 다르다. 13장의 짐승은 용과 밀접한 관계가 있는 존재로서 하나님의 백성을 핍박하는 로마제국의 황제를 모델로 한다. 그 짐승은 용이라는 마귀에게 권세를 받아 하나님을 비방하고 하늘에 사는 자들을 비방한다. 그러나 그 짐승의 공격에도 불구하고 하나님의 나라는 흔들림 없이 견고하게 영존할 것이다. 그러므로 짐승을 통한 하나님 백성의 심판은 요한계시록에 나오는 개념이 아니다.

그렇다면 요한계시록 6장에 등장한 짐승의 구속사적 의미는 무엇일까? 하나님은 원래 사람과 짐승이 서로 화목하게 살도록 창조하셨다. 이사야 11:6-9은 종말론적 축복으로서의 에덴동산의 회복을 제시하는데, 그 중심에는 사람과 짐승이 이루는 화목이 자리 잡고 있다. 성경은 아담과 하와가 범죄함으로써 이러한 화목이 깨어졌으며, 인간의 죄가 쌓여가면서 그 최초 범죄의 결과가 확대된다고 말씀한다. 땅의 짐승이 죽음의 도구로 등장하는 넷째 인 심판은 앞의 세 개의 심판보다도 훨씬 강도가 세고 구체화되었음을 알 수 있다.

나아가 네 번째 인 심판은 앞의 세 심판을 요약하는 역할을 한다. 첫째와 둘째 심판은 전쟁을 다루고 셋째 심판은 기근을 다루지만, 네 번째 심판은 전쟁과 기근을 한꺼번에 언급한다. 이는 요한계시록 6:1-8에 기록된 네 개의 인 심판이 시간적 순서가 아니라는 사실을 확증해준다.

6. 다섯째 인: 순교한 영혼들의 피의 신원(계 6:9-11)

(1) 신천지 해부[14]

신천지는 요한계시록의 문맥보다는 자신들이 관심을 둔 주제를 언급할 수 있는 요소들을 설명하는 데 더 열심인 것 같다. 그래서 그들은 요한계시록 6:9-11을 해석할 때, "죽임을 당한 영혼들"(9절)이 모인 제단 아래가 "하나님의 보좌 앞 네 생물이 있는 곳"을 말하며, 그들이 심판하여 달라고 하는 "땅에 거하는 자들"(10절)은 "계시록 성취 때 사탄이 함께하는 사람들을 가리킨다"는 설명을 내놓는다.

또한 신천지는 여기에서 순교자들을 죽인 자들은 사탄이 들어간 멸망자들인데, 순교자들이 그들을 심판해달라고 하는 이유가 "사탄이 들어 쓴 사람을 심판하여 사탄의 정체를 드러내면 자신들을 죽인 사탄을 심판하는 것과 같기 때문"이라며 "영이 육을 들어 쓴다"는 자신들의 교리를 내세운다.

나아가 신천지는 죽임을 받으리라고 기록된 "동무 종들과 형제들"(11절)이 "배도한 일곱 금 촛대 교회(장막)의 목자들과 성도들을 가리킨다"고 주장한다. 그 이유는 이들이 하나님의 말씀으로 나서 하나가 된 자들이기 때문이라는 것이다. 신천지의 이어지는 해석을 살펴보자.

그러나 배도한 자들이 죽임을 당하는 이유는 순교자들과는 다르다. 순교자는 하나님과 예수님의 말씀을 전하다가 그 육신이 영광스러운 죽임을 당했

신천지 요한계시록 해석 무엇이 문제인가?

으나 본문의 배도자들은 2, 3장에 지적한 죄를 짓고도 회개치 아니하여 그 영이 수치스러운 죽임을 당한다. 그들이 8, 9장에 기록된 대로 멸망자들의 손에서 삼분의 일씩 모두 죽게 되면 주께서 말씀하신 수가 채워진다.…범죄한 성도들의 영을 모두 죽인 후에는 땅에 거하는 멸망자들을 심판하여 순교자들의 피를 신원해주는 일만 남는다. 그것은 진노의 일곱 대접(계 16장)과 백마 탄 자의 입에서 나오는 검으로 멸망자와 원수 마귀를 심판하므로(계 19장) 매듭지어진다. 즉, 계시록 16-19장이 응하여야 순교자들이 기다리던 신원의 때가 온다.[15]

(2) 문제 제기

신천지는 요한계시록의 실상을 알려준다면서 요한계시록에 등장하는 개념들을 오늘날의 사건과 연결하는 수법을 즐겨 사용한다. 하지만 여기서 "순교자의 실상"은 밝히지 않는다. 왜냐하면 이 하늘의 순교자들과 신천지의 십사만 사천이 "영육합일"을 이루어야 하는데, 순교자들의 실상이 오늘날 실제로 존재한다면 영육합일이 불가능해지기 때문이다.

그렇지만 신천지는 본문에 나오는 "땅에 거하는 자들"과 "동무 종들과 형제들"에 대해서는 유재열의 장막성전과 연결해 실상을 밝히는 해석을 시도한다. 순교자들을 죽인 자들은 멸망자들이고, 이 멸망자들은 "사탄이 들어 쓴 사람"이라는 해석은 기성 교회를 멸망자로 설정한 신천지의 해석과 맞물려 기성 교회를 사탄의 도구로 단정해버리는 해석이다.

이 본문에서 순교자 외에 죽임을 당해야 하는 그들의 동무 종들과 형제들을 요한계시록 2-3장의 일곱 금 촛대 교회로 보는 신천지의 해석은 흥미롭기까지 하다. 하지만 그들이 죽임을 당해야 하는 이유가 회개하지 않았기 때문이라는 설명은 요한계시록의 문맥과 어울리지 않는다. "멸망자"인 기성 교회의 목회자들이 "동무 종들과 형제들"인 장막성전의 신도들을 죽이는 사건이 하나님의 구속사에서 상당히 중요한 사건이라는 주장을 어떻게 받아들일 수 있다는 말인가?

신천지는 "순교자"들과 그 "동무 종들과 형제들"을 대조적인 관계로 이해한다. 그러면 순교자들은 어디에 속한 자들인가? 신천지는 이것에 대해 제대로 설명하지 않는다. 하지만 본문의 "저희 동무 종들과 형제들"이라는 표현은 그들이 순교자와 같은 성격의 집단이라는 사실을 알려준다. 신천지의 해석대로 그 동무 종들과 형제들이 일곱 금 촛대 교회에 속했다면, 순교자들 또한 유재열의 장막성전에 속했다고 해야 하는데 이는 분명히 어색한 해석이다.

(3) 성경적 해석

요한계시록의 문맥에서 순교자들을 죽인 자들은 로마제국(바벨론)이다. 순교자들은 "하나님의 말씀과 저희의 가진 증거" 때문에 죽임을 당한 자들이다. 실제로 당시 그리스도인들은 로마제국의 황제 숭배를 거부하고 하나님의 말씀에 순종하여 하나님만 예배하는 삶을 살겠다는 신앙으로 인해 죽임을 당하기도 했다. 그러므로 순교자들의 신원을 구하는 기도는 로마제국의 심판과 연관된다.

여기서 순교자들의 동무 종들과 형제들은 순교자들과 대조되는 대상이 아니라 그들과 같은 처지에 있는 자들이다. 순교자들의 기도대로 심판이 이루어지고 하나님의 나라가 완성되기까지는 그들처럼 고난받는 자들이 필연적으로 생겨날 수밖에 없다. 이것이 죽임을 당하는 동무 종들과 형제들의 수가 차야 함을 언급하는 이유다. 다만 이 수는 물리적이거나 특정한 수를 의미하지 않는다.

7. 여섯째 인: 진노의 큰 날(계 6:12-17)

(1) 신천지 해부

신천지는 요한계시록 6:12-17이 묘사하는 진노의 큰 날이 유재열의 장막성전에 임한 심판을 묘사한다고 해석한다. 그들은 요한계시록 13:6의 "장막 곧 하늘"이라는 문구를 중심으로 "일곱 별"(천사)이 있었던 유재열의 장막성전이 성경에서 말하는 첫째 장막이라고 주장한다. 그리고 그 주장을 기반으로 요한계시록 6:12-13에 등장하는 해, 달, 별은 "계시록 성취 때 하늘이라 칭하는 하나님의 일곱 금 촛대 장막(계 13:6)의 목자와 전도자와 성도들을 가리킨다"고 해석한다. 『요한계시록의 실상』에 기록된 다음과 같은 단락들은, 신천지가 요한계시록을 해석하면서 얼마나 "배도한 장막성전"에 집착하는지를 잘 보여준다.

> 본문의 해가 총담 즉 검은 천과 같이 검어진다는 말은 장막 목자의 심령이 밤같이 어두워져 빛과 같은 하나님의 말씀이 더 이상 나오지 않는다는 뜻이요, 달이 피같이 된다는 것은 전도자의 사명이 죽어 말씀의 빛을 발하지 못한다는 의미다. 그리고 별들이 대풍에 흔들리며 무화과가 선 과실이 떨어지듯이 땅에 떨어진다는 말은 배도한 선민의 대부분이 한꺼번에 하나님의 소속에서 육체뿐인 이방 소속이 된다는 뜻이다(렘 17:13).[16]

하나님과 어린 양의 진노의 큰 날이 이르렀으니 산과 바위에게 자신을 가려 달라고 하는 땅의 임금들과 왕족들과 장군들과 부자들과 강한 자들과 각 종 과 자주자는 목자에서 성도에 이르기까지 성령으로 시작하여 육으로 돌아 간 장막 사람들을 말한다.

　　하나님과 어린 양의 진노의 큰 날은 배도한 선민을 심판하는 멸망의 때를 말한다. 범죄한 이들은 자신들의 허물을 깨닫기는커녕 도피처를 하나님 이 아닌 엉뚱한 곳으로 정하였다.[17]

배도한 장막 목자와 성도가 숨는 굴은 빛(말씀)이 없는 음부 곧 무저갱을 뜻 하고(사 2:19) 산은 용(사탄)의 일곱 머리를 말한다(계 17:9). 용의 일곱 머리 는 일곱 왕이라 하였으니 각자 교회를 가지고 있는 거짓 목자 일곱 명을 말 하며 나아가 그들이 몸담은 이방 교단을 가리킨다. 그들에게 소속된 목자들 은 본문에서는 바위라고 비유하였다(신 32:31). 그러므로 굴과 산, 바위틈에 숨는 것은 음부의 조직인 이방 교단과 목자의 소속이 되는 것을 말한다(참 고. 사 2:19; 계 17:9; 신 32:31).[18]

이와 같이 예수님께서 함께하시던 일곱 금 촛대 교회(계 1:13, 20; 2:1)의 성 도들이 쫓겨나서 이방의 소굴로 들어가게 된 원인은 하나님과의 언약을 아 담 같이 여기고(호 6:7), 이방 신을 섬겼기 때문이다(렘 22:8-9; 사 2:6). 그러 나 쫓겨난 성도들이 회개하지 아니하고 도리어 이방 멸망자들에게 속하여 하나님과 어린 양의 진노에서 자기들을 가려달라고 부탁하는 것을 보면 이 들의 신앙이 얼마나 부패했는지를 알 수 있다(사 28:15). 배도자들의 생령은 자신들이 택한 멸망자들의 교단에서 8, 9, 12장과 같이 삼분의 일씩 일찍 죽

　　　　　　　　신천지 요한계시록 해석 무엇이 문제인가?

게 된다.[19]

(2) 문제 제기

이 본문에 대한 신천지의 해석에서도 심판의 대상은 유재열의 장막성전이다. 신천지는 장막성전의 신도들이 기성 교회의 교육을 받고 기성 교단에 속하게 된 사건을 두고 그들이 배도했다고 매도한다. 그리고 장막성전이 멸망하는 때가 곧 진노의 큰 날이라고 주장한다. 이는 신천지가 자기를 중심으로 우주가 돌아간다고 믿는 자기도취적 상태에 빠져 있다는 사실을 보여준다. 신천지는 자기중심적인 좁은 시각으로 요한계시록을 해석한다. 하지만 하나님의 우주적 구원과 우주적 심판을 다루는 요한계시록의 관심은 절대로 유재열의 장막성전이나 신천지 증거 장막성전에 머물지 않는다.

해, 달, 별, 굴, 산, 바위 등에 대한 해석은 신천지가 자신들의 상황에 함몰된 풍유적이며 자의적인 해석으로 일관한다는 사실을 다시 한 번 보여준다. 왜 신천지는 요한계시록의 많은 부분을 유재열의 장막성전에 초점을 맞추어 해석하는 것일까? 그것은 신천지가 스스로 자신들이 유재열의 장막성전의 후신이라고 밝히기 때문이다. 장막성전이 긍정되었다가 부정되는 추락의 폭이 크면 클수록 신천지는 더욱더 조명을 받게 된다. 하지만 이는 자신들만의 이야깃거리를 만들기 위해 성경을 악용하는 사례라고 하지 않을 수 없다.

(3) 성경적 해석

요한계시록 6:12-13에서 해, 달, 별에 문제가 생긴다는 표현들은 종말의 심판이 포괄적이며 우주적인 성격임을 보여준다. 여기서 요한이 심판을 묘사하는 데 사용한 것은 구약성경에서 자주 활용되는 우주적 붕괴 언어(cosmic dissolution language)다(참고. 사 29:6; 겔 32:7; 사 34:4 등). 창조세계의 와해는 성경에 등장하는 심판의 가장 극단적인 형태이며 해, 달, 별은 하나님의 창조 세계에서 핵심적인 위치를 차지한다. 따라서 해, 달, 별에 생긴 문제들은 종말의 심판이 얼마나 심각한 것인지를 드러낸다.

이 심판의 대상이 누구인지에 대해서도 분명히 알아야 한다. 요한계시록 6:15에 언급된 "땅"에 속한 자들은 바로 "세상"에 속한 자들을 의미한다. 곧 요한계시록 기록 당시 로마 황제를 숭배하며 살아가는 모든 계층의 사람들이 이 심판의 대상이다. 그들은 자신들의 생래적 특성 때문에 어린 양의 심판에 대해 회개하고 돌아서는 것은 꿈에도 생각지 못하고 하나님과 어린 양의 낯을 피하는 일시적 도피만을 바랄 뿐이다. 여기서 굴과 산, 바위 등은 심판을 당하는 자들이 하나님의 우주적 심판에 대해 갖는 공포심을 이미지화하기 위한 소재들이다.

요한계시록 6:12-17의 여섯째 인 심판은 하나님의 심판이 얼마나 극렬한지를 보여준다. 진노의 큰 날이 이르면 아무도 그 앞에 설 수 없다. 그러나 세상에 대한 심판의 극렬함은 이 땅의 견고한 체제 속에서 핍박과 억압으로 고난받는 하나님의 백성들에게 하나님이 이 세상을 주관하신다는 확고한 신념을 선물해준다.

【 5장 "일곱 인 심판" 정리 】

① 신천지는 요한계시록 2-3장처럼 여기서도 오로지 일곱 금 촛대 교회를 심판의 대상으로 설정한다. 그리고 일곱 금 촛대 교회에 대한 심판을 전제 삼아 기성 교회의 몰락을 기정사실처럼 다룬다. 하지만 이는 요한계시록을 자기 상황에 꿰맞추어 극도로 좁은 시야에서 왜곡하기 때문에 발생하는 오류일 뿐이다.

② 요한계시록에서 심판의 대상은 세상과 세상을 장악하고 있는 사탄이다. 요한계시록의 시대 상황에서 살펴보면 세상은 하나님을 대적하고 교회를 핍박하는 로마제국과 제국의 황제를 의미한다.

③ 요한계시록 6장에 묘사된 인 심판에 대한 해석을 도표를 통해 간단하게 정리해보자.

	주제	신천지 주장	성경적 해석
첫째 인 심판	인	하나님의 말씀	책을 봉합하고 있는 상징적 이미지
	일곱 인	비유로 감추어두신 계시록의 말씀	
	네 마리 말	네 천사장을 둘러선 천천 만만의 천사들	즉 1, 6장을 배경으로 하는 심판의 전령들
	활	심판하는 말씀	파르티아의 궁기병을 연상시키며 전쟁의 정황을 연출
	백마 탄 자	예수님	말 탄 네 명 중 하나일 뿐

	주제	신천지 주장	성경적 해석
둘째 인 심판	홍마와 그 탄 자	육과 영	단순히 심판의 전령에 대한 이미지다.
	화평을 제하다	배도한 일곱 금 촛대 교회가 시험에 빠져 거짓 목자에게 내어주며 서로의 영을 해하게 되는 경우	전쟁이 종말적 심판의 방법이 됨을 보여주는 표현
셋째 인 심판	검은 말과 그 탄 자	육과 영	심판의 전령 중 하나
	저울	행실을 달아보는 말씀	기근의 정황을 표현하기 동원된 소재
	한 데나리온	변치 않는 주님의 말씀	기근이 심하게 일어났음을 보여주는 표현: 한 데나리온은 노동자의 하루 치 임금이고 보리 석 되는 한 가족의 하루 치 식량
	밀 한 되와 보리 석 되	믿음의 씨로 남은 성도	
	감람유	두 증인의 말씀	기근이 심했을 때 감람유와 포도주 산업을 보호하고자 한 황제의 칙령을 반영하는 표현들
	포도주	예수님의 말씀	
	감람유와 포도주를 해치 말라	없애야 할 것은 거짓 교리이지 참된 증거의 말씀이 아니다.	
넷째 인 심판	청황색 말과 그 탄 자	육과 영	심판의 전령 중 하나
	땅 사분의 일	범죄한 일곱 금 촛대 장막 가운데 사분의 일을 죽이는 권한	심판의 대상은 우주적이지만 그 영역은 제한적이다.
	땅의 짐승	계 13장의 짐승이며 일곱 금 촛대 교회를 심판하는 몽둥이	들짐승을 의미하며 종말적 심판을 설명하기 위한 상징적 이미지

신천지 요한계시록 해석 무엇이 문제인가?

	주제	신천지 주장	성경적 해석
다섯째 인 심판	순교자들	배도의 길에서 벗어나 말씀을 잘 따르는 유재열의 장막 성도	하나님의 말씀과 증거를 가지고 황제 숭배를 거부하다가 로마제국에 의해 죽임을 당한 성도들
	동무 종들과 형제들	배도한 일곱 금 촛대 교회의 목자들과 성도들	순교자들과 같은 처지의 성도들: 언젠가는 죽임을 당할 수도 있는 잠재적 순교자들
	수의 참	계 8-9장이 말하는 대로 멸망자들의 손에 삼분의 일씩 모두 죽게 되면 그 수가 채워진다.	물리적인 수를 의미하는 것이 아니라 하나님의 뜻이 이루어지기까지 성도들의 순교와 고난은 필연적이라는 의미
여섯째 인 심판	큰 지진과 해, 달, 별	유재열의 장막성전의 목자와 전도자와 성도들(영적 자녀들)	우주적 붕괴를 표현하기 위해 동원된 언어들
	땅의 임금들과 왕족들	성령으로 시작하여 육으로 돌아간 장막 사람들	세상에 속한 사람들: 요한계시록 기록 당시 로마 황제를 숭배하며 살아가는 모든 계층의 사람
	하나님의 진노의 날	유재열의 장막성전이 멸망하는 날	예수님의 초림으로 도래한 종말적 심판의 시대
	굴과 산과 바위틈	굴: 무저갱; 산: 용의 일곱 머리(이방 교단); 바위: 그 교단에 소속된 목자들	심판에 대해 괴로워하는 자들의 모습을 묘사하기 위해 동원된 이미지들
	굴과 산과 바위틈에 숨는 것	음부의 조직인 이방 교단과 목자의 소속이 되는 것	불신자들이 심판을 받을 때 하나님 앞에 나아오기보다는 부끄럽고 두려워서 숨는 모습

요한계시록 6장 해석 비교

6장

십사만 사천과 셀 수 없는 큰 무리

요한계시록 7장 해석 해부하기

I. 요한계시록 7장의 문맥

(1) 신천지 해부

신천지는 요한계시록 7:1의 "이 일 후에"라는 문구가 시간의 전후를 알려준다고 해석하면서 7장의 내용이 6장의 일곱 장막 교회의 심판 뒤에 일어난 일들에 관한 것이라고 주장한다. 그리고 7장에 묘사된 인맞은 자 십사만 사천이 "영적 새 이스라엘"인 신천지 증거장막성전의 등장을 예언한 것이라고 본다. 이어서 그들은 요한계시록 7:9의 "이 일 후에"라는 문구도 시간의 전후를 알려준다고 해석하여 십사만 사천의 인침은 만백성의 구원으로 이어진다고 가르친다.[1]

그렇다면 신천지는 요한계시록 8-9장에 이어지는 나팔 재앙에 대해서는 어떻게 해석할까? 그들이 보기에 요한계시록 6장에서 심판받아 멸망의 소굴(굴, 산, 바위)로 도망간 자들은 마흔두 달 동안 삼분의 일씩 서서히 죽어가는데, 이에 대한 기록이 바로 8-9장의 내용이다.[2]

(2) 문제 제기

신천지는 요한계시록 6장과 7:1-8, 그리고 7:9-17이 연속되는 시간의 과정을 나타내주는 것으로 이해한다. 하지만 성경 본문을 자세히 살펴보면 이 사건들을 시간적 순서로 연결하기는 쉽지 않다. 요한계시록 7장은 "하나님의 종들의 이마에 인치기까지"라는 조건절을 사용하여 세상에 대한 심판을 보류할 것을 말씀하지만, 6장에서는 이미 땅에 대한 심판이 시행되었기 때문이다. 그리고 앞서 4:1에 대한 해석에도 살펴보았지만, "이 일 후에"라고 번역된 그리스어 "메타 타우타"(Μετὰ ταῦτα)는 시간 순서를 알려주는 기능이 아니라 새로운 문단을 시작하는 기능을 할 뿐이다.

(3) 성경적 해석

그리스어 "메타 투토"(Μετὰ τοῦτο) 혹은 "메타 타우타"(Μετὰ ταῦτα)는 요한계시록의 여러 곳에서 시간의 흐름이 아니라 장면의 전환을 나타내는 용법으로 사용된다(계 1:19; 4:1; 7:9; 9:12; 15:5; 18:1; 19:1; 20:3). 따라서 이 어휘를 근거로 요한계시록 7장을 6장의 심판이 끝난 뒤에 일어나는 일의 기록으로 보면 안 된다. 마찬가지로 요한계시록 7:9 이하의 내용을 십사만 사천의 인침이 완료된 후에 일어나는 사건으로 보는 것도 올바른 해석이 아니다.

요한계시록은 요한이 본 환상을 단순히 시간적 순서대로 나열한 것이 아니다. 요한계시록은 요한이 분명한 목적과 의도를 가지고 치밀하게 구성한 일종의 문학작품에 가깝다. 따라서 요한계시록을 시간 순서대로 이해하려는 시도는 결국 여러 가지 해석적 오류를 가져올 수밖에 없다.

요한계시록 7장은 여섯 번째와 일곱 번째 인 심판 사이에 삽입된 내용으로서, 6:17의 "진노의 큰 날이 이르렀으니 누가 능히 서리요"라는 물음에 대한 대답으로 주어진다. 이는 심판 중에도 임하는 구원의 은혜를 극적으로 보여준다. 즉 요한계시록 7장의 위치는 교회 공동체가 심판 중에도 보호받는다는 사실을 효과적으로 강조한다.

결국 요한계시록 7장은 신천지의 해석처럼 배도한 장막교회가 모두 심판을 받아 멸망당했기에 새로운 하나님 백성을 만드는 장면이 아니라, 온 땅 위에 임하는 큰 심판의 한가운데에서도 구원받는 하나님의 백성들이 있다는 사실을 드러낸다. 따라서 7장이 하나님의 구원을 묘사한다는 신천지의 주장은 맞지만, 이것이 온 세상을 향한 구원의 과정을 순차적으로 보여준다는 주장은 성경적 지지를 받기 어렵다.

2. 네 천사와 십사만 사천 명(계 7:1-8)

(1) 신천지 해부

신천지는 요한계시록 7장의 십사만 사천에게 인을 치는 사건이 6장의 심판 뒤에 벌어진다고 해석한다. 그들에게 6장의 심판 대상은 당연히 장막성전이다. 그들은 이 전제에 맞추어 7장의 여러 요소에 대한 해석을 시도한다. 먼저 신천지는 요한계시록 7:1의 "땅의 사방"이 "일곱 장막 교회(6장에서 멸망한)를 중심으로 한 사방"을 말하며, "바람"은 스가랴 6:2-5에 나오는 말들, 즉 네 천사장에게 속한 "수많은 영들"이며, 바람을 붙잡고 불지 못하게 하는 것은 "일곱 장막 교회에 대한 심판이 끝났

기 때문"이라고 주장한다.[3]

신천지는 이어서 바람이 부는 것은 심판을 뜻하는데, "바람이 잠간 불지 못하게 한 땅"은 범죄한 선민 장막을, "바다"는 세상을, 각 "나무"는 각 교단 성도들을, "땅"은 흙으로 지음받은 사람을 뜻한다고 주장한다. 그리고 십사만 사천에 대한 인침이 끝나면 "이 바람(환난)은 다시 불게 된다"고 하면서 요한계시록 8-9장 해석에 대한 단서를 제시한다.[4]

여기서 특이한 것은 한 천사가 "해 돋는 데"로부터 올라온다는 내용에 대해 신천지가 무리한 해석을 시도한다는 점이다. 그들은 "해 돋는 곳"이라는 개념으로부터 이 말씀이 "아시아에 있는 장막에서 응하며, 아시아의 동방(해 돋는 곳)에서 실상의 복음이 전파"된다는 해석을 이끌어낸다. 그리고 황당하게도 십사만 사천 명이 모이는 것은 아시아 동방의 땅끝 모퉁이인 나라(즉 한국)에서 성취될 가능성이 크다는 주장을 내놓는다.[5]

신천지는 십사만 사천이 인침 받는다는 요한계시록 7장의 내용을, 오늘날 우리나라의 사건으로 끌어오려는 시도를 멈추지 않는다. 그들은 요한계시록 7:3에 등장하는 "우리"에 "펼쳐놓은 책을 받아먹은 목자와 영적 새 이스라엘의 열두 지파장이 포함"된다고 주장한다. 여기서 열두 지파장은 "말씀을 받아먹은 목자가 직접 말씀을 가르쳐준 제자들"인데, "재림 때"에는 이들이 하나님의 인을 치는 역할을 한다는 것이다.[6]

그렇다면 신천지는 인침을 받은 십사만 사천은 누구라고 주장할까? 신천지의 주장에 따르면 요한계시록 7장에 등장하는 십사만 사천은 "영적 새 이스라엘 열두 지파"인데, 이는 육적 이스라엘(구약 백성)이 멸망하고 이천 년간 존속한 기독교 세계(영적 이스라엘)를 끝내신 하나님이 세우신 영적 새 이스라엘이라는 것이다. 또 그들은 이스라엘 열두 지파에서 단이 빠지고 므낫세가 한 지파를 대신했으며, 예수님의 열두 제자에서 가룟 유다가 빠지고 맛디아가 대신한 것처럼, "계시록 성취 때에는 영적 새 이스라엘 열두 지파장 중 하나가 탈락하고 새 인물이 지파장으로 세움을 받게 된다"고 주장한다.[7]

(2) 문제 제기

신천지는 계속해서 장막성전과 신천지, 책을 받아먹은 (약속된) 목자 등을 중심으로 요한계시록을 해석하며 요한계시록 6장의 "심판"이 일곱 장막 교회를 중심에 둔 "사방"에 일어난 심판이라고 주장한다. 이어서 7장의 "십사만 사천"은 신천지의 "열두 지파"를 말하고, 신천지의 "목자와 열두 지파장"은 십사만 사천의 인을 치는 역할을 한다고 해석한다. 그들은 실상이라는 권위의 수단을 만들어 요한계시록을 자의적으로 해석하지만, 이런 성경 해석은 신천지의 자아도취적 망상이라고밖에 할 수 없을 것 같다.

우리는 요한계시록을 해석하는 데 있어서 저자의 의도를 파악하는 일이 매우 중요하다는 사실을 잊으면 안 된다. 신천지는 "해 돋는 곳"이라는 문구에서 동방의 땅끝 모퉁이 나라를 추출해 요한계시록의 사건이 우리나라를 배경으로 벌어진다고 주장한다. 그러나 과연 이런 해석이 저자 요한의 의도와 얼마나 상관성을 가지고 있을까?

인침을 받은 십사만 사천이 기존 기독교 공동체를 대신할 새로운 하나님의 백성이라는 신천지의 주장은 다른 모든 교회 공동체의 존재를 부정하고 오직 신천지만이 하나님의 백성으로 그 정당성을 갖게 된다는 것을 의미한다. 신천지는 이에 대한 근거로 열두 지파에 단 대신 므낫세 지파가, 열두 제자에 가룟 유다 대신 맛디아가 세움을 받은 것처럼, 열두 지파장 한 명이 대체된다고 이야기한다. 하지만 성경의 사건을 현재의 사건과 평행적 관계로 해석하는 것 역시 환상계시와 실상계시로 나누어 생각하는 그들의 계시론에 근거한 오류다.

(3) 성경적 해석

요한계시록 7:1-4은 십사만 사천이 심판 중에도 하나님의 소유된 백성으로서 하나님의 보호 가운데 있다는 사실을 입증해 보이려는 목적으로 기록되었다. 본문에서 "인"은 소유권과 구원의 의미를 가진다. 가인은 보호의 의미로 이마에 표를 받았다(창 4:15). 또 이마에 표 있는 자를 죽이지 못하게 하는 장면이 기록된 에스겔서 말씀과(겔 9:4-6), 문설주의 피(출 12:1-28) 등은 "인침"이 심판으로부터의 구원과 관련 있음을 보여준다.

신천지는 십사만 사천을 실제적인 수로 이해한다. 하지만 십사만 사천은 12×12×1,000으로서 열두 지파로 대표되는 구약 백성과 열두 사도로 대표되는 신약 백성의 수(12×12)에 군대 조직의 기본 단위로 쓰이는 1,000(민 31:4; 대상 27:1-5)을 곱한 수다. 따라서 십사만 사천은 이 땅에서 하나님의 소유이자 하나님의 보호를 받는 "전투하는 하나님의 백성", 즉 교회 공동체를 의미한다. 성경에서는 십사만 사천이 기존 교회를 대체한다는 어떤 암시도 찾아볼 수 없다.

따라서 인을 치는 다른 "천사"는 십사만 사천에게 인을 치는 상황을 설정하기 위해 등장했을 뿐이지, 신천지의 주장처럼 마지막 때에 실제로 등장할 누군가를 가리키는 말은 아니다. 또한 그들이 근거로 제시한 요한계시록 7:3의 "우리"라는 단어는 심판을 시행하는 천사와 그의 협력자들을 나타내는 것으로 이해할 수 있다.[8] 여기서 중요한 것은 하나님의 백성을 보호하고 구원하는 주체는, 인간이 아니라 천사를 부리는 하나님이시라는 사실이다.

마지막으로 단 지파의 생략에는 아무 특별한 의미가 없다. 구약성경도 열두 지파의 이름을 다양한 방식으로 거론한다. 므낫세가 빠지는 경우도 있고 납달리나 시므온이 빠지는 경우도 있으며 갓이 빠지는 경우도 있다. 따라서 이것에 지나친 의미를 부여할 필요는 없다(참고. 민 1:20-43; 신 33장; 삿 5장). 신천지는 자신들의 조직 체계의 형성 과정을 정당화하기 위해 단 지파의 탈락에 특별한 의미를 부여하는 것으로 보인다.

3. 아무라도 능히 셀 수 없는 큰 무리(계 7:9-12)

(1) 신천지 해부

신천지는 요한계시록 7:9에 등장하는 "각 나라와 족속과 백성과 방언에서" 나아온 "아무라도 능히 셀 수 없는 큰 무리"에 대해 다음과 같이 설명한다.

> 본문의 각 나라와 족속과 백성과 방언은 각각 교회와 교단과 교인과 교리를 가리킨다. 하나님의 목자를 왕과 같다고 하면(벧전 2:9) 그가 치리하는 교회는 나라라 할 수 있고 성도는 백성이라 할 수 있다. 그리고 교회들이 모여서 이룬 교단은 족속이라고 할 수 있으며 교단마다 다른 교리는 방언으로

비유할 수 있다. 그러므로 각 나라와 족속과 백성과 방언에서 흰 무리가 나오는 것은 셀 수 없이 많은 교인들이 모든 교회와 교단에서 나온다는 뜻이다.…모든 교회와 교단이 음녀에게 미혹을 받아 귀신과 행음했음을 알 수 있다. 그러나 십사만 사천인을 모으면 그들에게도 실상의 복음이 전해져서 본문과 같이 구원받을 많은 무리가 나오게 된다.[9]

신천지는 신천지 신도들이 인 맞은 십사만 사천 명이라면 그 외에 신천지로 모여드는 사람들이 본문의 "큰 무리"라고 주장한다. 이어서 그들은 자신들이 소수일 때는 사람들이 이단이라고 정죄하며 경계하지만, "십사만 사천 명을 모으면 각 교단 목자와 교인들이 이 진리를 깨닫고 너도나도 모여들어 큰 무리를 이루게 될 것"이라고 선수를 친다.[10]

또 신천지는 요한계시록의 구원 순서가 "사도 요한의 입장에 있는 목자→사데 교회에서 나온 흰옷 입은 몇 명→인 맞은 십사만 사천 명→흰옷 입은 큰 무리"인데 이는 "아담→생육 번성→만민 구원"으로 이어지는 "창조의 질서를 따른 것"이라고 주장한다.[11] 신천지의 주장에 따르면 십사만 사천과 큰 무리는 모두 구원은 받지만, "십사만 사천 명은 왕 같은 제사장으로 다스리고, 큰 무리는 일반 백성으로서 다스림을 받는다."[12]

(2) 문제 제기

신천지는 각 나라와 족속과 백성과 방언으로부터 온 큰 무리를 이 시대의 기성 교단 교인들로 해석한다. 이러한 해석 방식의 근본적인 문제점은 무엇일까? 그것은 신천지가 자신들의 매우 편협한 세계관을

신천지 요한계시록 해석 무엇이 문제인가?

요한계시록에 그대로 대입한다는 것이다. 신천지는 마치 이 세상에 자신들과 전통적인 기성 교회 외에는 아무도 존재하지 않는 것처럼 세계를 바라본다. 그래서 하나님의 통치를 받아들여야 하는 우주적 대상으로서 "세상"이 들어가야 할 지점—심판이든 구원이든—에 항상 "교회"를 대입한다.

신천지는 셀 수 없는 큰 무리와 십사만 사천 명을 다스림을 받는 자와 다스리는 자로 구분한다. 그리고 다스리는 자, 곧 십사만 사천 명을 신천지 집단으로 간주한다. 이러한 입장은 절대로 성경의 지지를 받을 수 없다. 성경 전체가 누누이 강조하는 주제 중 하나는 어떤 인간적인 소속이나 자격이 특권을 보장하지 않는다는 것이다.

(3) 성경적 해석

각 나라와 족속과 백성과 방언으로부터 온 셀 수 없는 큰 무리는 십사만 사천과 똑같이 **교회 공동체**를 의미한다. 여기서 "아무라도 능히 셀 수 없는 큰 무리"라는 문구는 아브라함에게 무수한 자손을 주시겠다던 약속(창 13:16; 15:5; 32:12)의 성취를 염두에 둔 표현으로서, 신약 시대에 믿음을 통해 아브라함의 자손으로 인정된 교회 공동체를 지칭한다.

내가 네 자손으로 땅의 티끌 같게 하리니 사람이 땅의 티끌을 능히 셀 수 있을진대 네 자손도 세리라(창 13:16).

그를 이끌고 밖으로 나가 가라사대 하늘을 우러러 뭇별을 셀 수 있나 보라. 또 그에게 이르시되 네 자손이 이와 같으리라(창 15:5).

주께서 말씀하시기를 내가 정녕 네게 은혜를 베풀어 네 씨로 바다의 셀 수 없는 모래와 같이 많게 하리라 하셨나이다(창 32:12).

각 나라와 족속과 백성과 방언으로부터 온 셀 수 없는 큰 무리가 하나님의 보좌 앞에서 종려 가지를 들고 있다는 것은, 이들이 승리한 천상적 교회의 정체성을 가지고 있다는 사실을 나타낸다. 즉 "셀 수 없는 큰 무리"는 십사만 사천을 다른 각도에서 조명한 표현이다.

【 6장 "십사만 사천과 셀 수 없는 큰 무리" 정리 】

요한계시록 7장에 대한 신천지의 해석과 성경적 해석을 다음과 같이 간단하게 요약 및 정리할 수 있다.

주 제	신천지 주장	성경적 해석
계 6장과 7장의 관계	시간적 관계	논리적 관계
계 7:1-8과 7:9-17의 관계	시간적 관계	논리적 관계
십사만 사천과 셀 수 없는 큰 무리의 관계	지배와 피지배의 관계	동일하게 교회 공동체를 의미함
십사만 사천	영적 새 이스라엘=신천지	약속으로서의 구약의 백성과 그 성취로서 신약의 백성: 지상에서 전투하는 교회 공동체
모든 나라와 족속과 방언과 나라로부터 나온 셀 수 없는 큰 무리	셀 수 없이 많은 교인들이 모든 교회와 교단에서 나온다는 뜻: 신천지에 의해 전도된 사람들	모든 사람으로부터 부르심받은 하나님의 백성들: 천상의 승리한 공동체

요한계시록 7장 해석 비교

신천지 요한계시록 해석 무엇이 문제인가?

7장

나팔소리
요한계시록 8-9장 해석 해부하기

I. 요한계시록 8-9장의 개요

(1) 신천지 해부

신천지는 요한계시록 6장의 일곱 봉인에 담긴 심판이 유재열의 장막성전, 즉 일곱 금 촛대 교회에 내려진 심판을 이야기한다고 주장한다. 그리고 7장의 순교자 십사만 사천 명을 유재열의 장막성전이 붕괴할 때 생겨났다는 자신들과 연결한다. 8장부터는 일곱째 인을 떼자 시작되는 일곱 나팔 재앙이 시작되는데, 신천지는 이를 다시 유재열의 장막성전에 적용한다.

신천지는 이 8-9장의 사건이 벌어지는 현장이 일곱 금 촛대 교회의 선민들이 숨은 이방의 굴, 산에 있는 바위틈이라고 소개한다. 그리고 여기에 등장하는 존재들을 "영계"와 "육계"로 나누어 설명한다. 신천지에 따르면 영계에서는 하나님과 하나님을 떠난 범죄한 천사(영계 하늘에서 떨어진 별)들의 배도 사건이 있고, 육계에서는 사도 요한과 일곱 금 촛대 교회에 속한 목자, 전도자, 성도 삼분의 일의 배도 사건이 있는데, 이 삼분의 일은 일곱 금 촛대 교회에서 이탈해서 "이방 목사"가 된 자라고 낙인을 찍는다. 즉 일곱 나팔의 재앙이 장막성전에서 쫓겨나 이방에 속한 "선민"에게 임한다고 주장하는 것이다. 그 결과 배도한 선민의 영은 삼분의 일씩 죽게 된다고 한다.[1]

(2) 문제 제기

신천지의 요한계시록 8-9장 해석에는 세 가지 특징이 있다. 첫째, 신천지는 6장의 인 심판과 8장의 나팔 심판의 관계를 시간적 순서로 간주한다. 둘째, 인 심판에서 말과 그 말 탄 자를 영과 육으로 설정한 것처럼, 8-9장의 사건들도 영계와 육계를 구분하는 이원론적 프레임으로 이해한다. 셋째, 인과 나팔 심판의 대상을 일곱 금 촛대 교회의 "배도한" 선민으로 간주한다.

그러나 요한계시록 6장의 인 심판과 8-9장의 나팔 심판을 시간적 순서로 간주하는 것은 정당할까? 또 영계와 육계를 나누는 그들의 해석은 과연 성경적인 근거를 가지고 있을까? 나아가 신천지의 전신이라고 할 수 있는 유재열의 장막성전을 의미한다는 일곱 금 촛대 교회를 요한계시록 해석의 중심에 놓는 것은 상식적으로 이해할 만한 해석의 원칙인지 의구심이 생긴다.

(3) 성경적 해석

요한계시록 6장의 인 심판과 8-9장의 나팔 심판은 서로 시간적 전후관계에 있는 것이 아니다. 요한계시록은 초림부터 재림 사이의 기간을

신천지 요한계시록 해석 무엇이 문제인가?

심판의 시대로 규정한다. 요한계시록에 등장하는 다양한 심판의 이미지들은 이 종말 시대의 특징을 반복·전환 기법을 사용하여 깊이 각인시킬 뿐이다.

또한 요한계시록은 영계와 육계의 이원론적 구도로 종말의 시대를 설명하지 않는다. 요한계시록을 포함한 신약성경 전체는 성육신하시고 부활·승천하신 예수님으로 말미암아 하늘과 땅이 서로 통합되었다는 세계관을 견지한다. 하늘에서 정해진 하나님의 뜻은 땅에서도 이루어지는 것이다.

이런 요한계시록의 통합된 세계관 속에서 심판의 대상은 특정한 집단이나 사람들이라기보다는 하나님을 떠나 있는 세상 그 자체다. 이는 심판이 반복해서 "삼분의 일"의 대상에게 임한다는 사실에서도 확인할 수 있는데, 삼분의 일은 산술적 의미로 사용된 것이 아니라 심판 가운데서도 회복의 가능성을 열어두시는 하나님의 심판 선언을 연상시키는 어휘다(참고. 겔 5:2, 12; 슥 13:8-9).[2)]

2. 첫째 나팔 재앙: 피 섞인 우박과 불타는 땅과 초목(계 8:7)

(1) 신천지 해부

신천지는 첫째 나팔 재앙을 다룬 요한계시록 8:7을 다루면서 "피 섞인 우박"을 "핵폭탄"이라고 추정한 세대주의적 요한계시록 해석을 비판한다. 그들은 요한계시록 11:19의 하나님의 성전 안에 우박이 있다고 한 구절을 근거로 제시하면서, 우박은 "하나님의 진노가 담긴 말씀"이며, 특별히 피 섞인 우박은 피 흘려 돌아가신 예수님이 증거하신 진노의 말씀 및 그 말씀을 받은 목자를 가리킨다고 주장한다.

그렇다면 땅의 삼분의 일이 불에 탄다는 것은 무슨 의미일까? 신천
지는 여기서 불이란 "심판하는 말씀"으로서 불 심판의 대상은 배도한
장막 성도들이고, 땅과 수목이 각각 삼분의 일씩 타서 사윈다는 것은
배도한 성도들 삼분의 일이 진노의 말씀으로 심령에 상처를 입는다는
의미라고 주장한다. 그러면서 "나의 말로 불이 되게 하고 이 백성으로
나무가 되게 하리니 그 불이 그들을 사르리라"라고 말씀하신 예레미야
5:14 말씀을 그 근거로 제시한다.[3]

(2) 문제 제기

사실 기성 교회에서 우박을 핵폭탄이라고 해석하는 경우가 종종 있었
다. 물론 그런 해석은 전형적인 세대주의적 해석의 결과였다고 할 수
있다. 성경적 근거보다는 나름의 상상력에 기반을 둔 세대주의적 요한
계시록 해석은 신천지처럼 요한계시록 해석에 대해 특수한 권위를 주
장하는 집단의 표적이 되기 쉽다.

어떻게 보면 우박과 불이 "말씀"을 의미한다고 넘겨짚는 신천지의
해석이나 요한계시록의 말씀에서 오늘날의 사건을 대응적으로 추출하
려는 세대주의적 해석이나 오십보백보다. 신천지의 요한계시록 해석이
위험한 만큼 세대주의적 성경 해석도 위험할 수 있다. 그래서 세대주의
에 대한 경계심을 늦출 수 없다. 특별히 온갖 이단 사이비가 난무하는
우리나라의 상황 속에서 그리스도인들은 그동안 자극적인 세대주의적
요한계시록 해석에 대해 무비판적인 자세로 일관하지 않았는지 철저하
게 점검해보아야 할 것이다.

(3) 성경적 해석

요한계시록 8:7에 나오는 "피 섞인 우박"은 출애굽기 9:22-25을 배경으로 하는 소재다. 출애굽 당시 애굽에는 우박이 불과 함께 떨어졌다. 요한계시록에 등장하는 우박은 핵폭탄도 아니고, 그렇다고 신천지가 주장하듯이 하나님의 진노가 담긴 말씀을 의미하는 것도 아니다. 단지 그것은 출애굽기에 기록된 열 가지 재앙 이야기를 모티프로 하여 심판의 정황을 설명할 뿐이다. "피 섞인"이라는 어휘는 우박과 불을 연결함으로써 심판의 이미지를 강조한다.

출애굽기와 요한계시록에서 가장 두드러진 차이점은 심판의 영역이다. 출애굽기에서 심판 영역은 "애굽"에, 요한계시록에서는 심판의 대상이 "삼분의 일"에 국한된다. 신천지는 이 심판의 대상이 일곱 금 촛대 교회인 장막성전이라고 주장하지만, 요한계시록이 말하는 심판 대상은 하나님을 대적하는 세력인 "세상"이다.[4]

3. 둘째 나팔 재앙: 불붙는 큰 산과 피가 된 바다(계 8:8-9)

(1) 신천지 해부

요한계시록 8:8-9은 둘째 나팔 재앙을 다루는 말씀이다. 신천지는 이 말씀이 재림의 길을 예비한다는 금 촛대 교회가 예수님 안에 있을 때와 바다 같은 세상에 버림받았을 때 각기 그 상황이 어떻게 달라지는가를 보여주는 말씀으로, 이는 하나님의 성읍이 이방인에게 파괴되고 멸망한다는 말씀을 기록한 이사야 1장과 같은 내용이라고 주장한다. 이와 관련된 신천지의 해석을 정리하면 다음과 같다.[5]

- 산의 의미
  - 흙이 높이 쌓인 육적인 산을 비유한 영적인 산
  - 지음받은 성도들이 많이 모인 교회 또는 조직으로서 그중에서도 배도한 일곱 금 촛대 교회(겔 36:4)
- 이 산에 불이 붙었다: 진노의 하나님 말씀으로 심판받았다는 뜻 (렘 5:14)
- 바다에 던져졌다: 세상으로 버림받았다는 것(사 1:7-8)
- 불붙는 산이 바다에 던져지므로 바다의 삼분의 일이 피가 됨
  - 심판받은 일곱 금 촛대 교회가 세상에 속하게 되자 그곳에서 나오는 말씀 삼분의 일에 멸망자(니골라당)의 교훈이 섞여서 죽은 교리가 된다는 뜻
  - 하나님의 말씀에 거짓 교리가 섞였으니 식수가 마시지 못할 짐승의 피처럼 된 것과 다름이 없음
- 바다 가운데 피조물의 삼분의 일이 죽는다는 것
  - 바다에 있는 생물은 세상 가운데 사는 사람을 말하며(합 1:14), 그중에서도 심판받는 바다 생물은 일곱 금 촛대 장막의 지교회 성도들
  - 생명의 말씀이 아닌 멸망자의 교리를 듣고 그 영이 죽게 됨
- 바다 가운데서 고기를 잡는 배
  - 세상은 바다로 비유할 수 있음(단 7:17)
  - 배는 성도를 전도하는 "교회"를 의미함
  - 본문의 깨어지는 배는 배도한 일곱 금 촛대 장막의 지교회를 의미

- 배들의 삼분의 일이 깨어짐: 본부 교회(불붙는 큰 산과 같은 것)가 심판을 받아 세상에 속하게 되자 지교회 삼분의 일도 세상에 속하여 무너진다는 의미

(2) 문제 제기

신천지는 여기서도 여지없이 "배도"했다는 일곱 금 촛대 교회를 중심으로 요한계시록을 해석한다. 그들은 본문의 큰 산이 교회 조직을 의미한다면서, "큰 산과 같은 것이 바다에 던져졌다"는 말씀은 일곱 금 촛대 교회가 세상으로 버림받았음을 말씀한다고 주장한다. 그리고 여기에 일곱 금 촛대 교회의 지교회 성도들까지 언급하면서 본문의 심판을 철저하게 일곱 금 촛대 교회 중심으로 해석한다.

하지만 이런 해석은 신천지 중심의 주관적인 성경 "왜곡"이 아닐 수 없다. 특히 큰 산과 바다 생물의 관계가 본 교회와 지교회의 관계라는 해석은 서로 연관성이 없는 것을 억지로 갖다 붙인 것 같은 느낌이 든다. 신천지는 말씀에 그때그때 의미를 부여하려다 보니 논리적으로 일관성이 없는 주장을 무리하게 내놓게 되는 것이 아닐까? 본부 교회와 지교회의 구분은 유재열의 장막성전의 체계를 잘 아는 사람만 이해할 수 있는 내용인데, 요한계시록을 유재열의 장막성전에서 일어난 사건의 세세한 기록이라고 보기에는 넘어야 할 장애물이 너무 많다. 이는 세뇌 수준의 주입이 아니라면 받아들일 수 없는 망상적 해석이 아닐까?

(3) 성경적 해석

요한계시록 8:8의 큰 산이 바다로 던져진다는 내용은 예레미야서의 말

씀을 배경으로 한다. 예레미야 51:25에서 "큰 산"은 강력한 국력을 지닌 세상 나라에 대한 은유적 표현이다. 요한계시록에는 구약을 배경으로 하는 구절이 자주 등장하는데, 이는 문자적 혹은 풍유적으로 해석하기 보다는 시대적 특징을 설명하기 위해 빌려 온 상징적·문학적 장치로서 이해해야 한다. 여기서도 큰 산이 바다로 던져진다는 표현은 예레미야 서의 심판 선언을 배경으로 예수님의 초림으로 시작된 종말적 심판의 시대가 도래했음을 드러낸다.

바다가 피로 변하는 장면의 구약 배경은 출애굽기의 열 재앙 중 첫 번째 재앙이다(출 7:17-21). 요한이 여기서 열 가지 재앙에 대한 표현을 사용하는 이유는, 심판이 열 가지 재앙의 특징대로 하나님의 백성이 아닌 세상을 대상으로 시행된다는 사실을 확증하기 위함이다.

첫째 천사가 나팔을 불 때 시행된 자연계에 대한 심판은 필연적으로 인간에 대한 심판으로 이어진다. 여기서 인간에 대한 심판은 인간이 사용하는 "배"의 깨어짐을 통해 드러난다. 이러한 심판은 단지 유재열의 장막성전을 의미한다는 일곱 금 촛대 교회에만 해당하는 것이 아니다. 하나님을 대적하는 세력, 혹은 "세상"에 해당하는 존재들은 모두 이런 심판의 대상이 될 수 있다.

4. 셋째 나팔 재앙: 하늘에서 떨어진 큰 별(계 8:10-11)

(1) 신천지 해부[6]

신천지는 요한계시록 8:10-11에 기록된 셋째 나팔 재앙 역시 일곱 금 촛대 교회를 중심으로 해석한다. 그들은 이 본문을 일곱 금 촛대 교회

신천지 요한계시록 해석 무엇이 문제인가?

와 연결하기 위해 "하늘"에 있는 "별"을 주요 소재로 활용한다. 신천지는 요한계시록 1:20의 일곱 별을 해석하면서 유재열의 장막성전이 "일곱 별 교회"이자 "일곱 금 촛대 교회"라고 주장한 바 있다. 그리고 여기서 "하늘에서 떨어진 별"은 일곱 금 촛대 교회 출신으로서 멸망자들과 하나가 되어 당을 지은 육체라고 주장한다. 그 사람은 멸망자들의 교법과 교리로 요한계시록 2, 3장과 같이 장막성전의 신도들을 미혹하여 우상의 제물을 먹이고 행음하게 한 장본인이라는 것이다.

여기에는 영과 육을 분리하여 영은 육체 속에 들어가 역사하고 육은 영의 지배를 받는 것으로 보는 신천지의 전제가 작용한다. 그들은 영계에서 일어난 일은 육계에서도 반드시 나타난다고 강조하면서 영계의 범죄한 천사들이 악령이 되어 아담 때에는 뱀에게, 야곱 때에는 아들 단에게(창 49:17), 예수님 초림 때에는 제자 가룟 유다에게(눅 10:18; 22:3) 들어가 역사했다고 주장한다.

그리고 이 프레임을 "계시록 성취 때"에 그대로 적용해 악령이 "하늘 장막이라고도 하는 일곱 금 촛대 교회를 삼킨 멸망자에게 들어갔다"는 해석을 내놓는다. 또 별의 이름을 쑥이라고 한 이유는 "쑥처럼 쓴 비진리를 뱉어내기 때문"이라고 설명한다. 결국 본문의 "쑥물로 죽은 사람들"은 당연히 "일곱 금 촛대 교회의 성도들"을 지칭하는 말이 된다.

(2) 문제 제기

신천지는 영계에서 일어난 일은 육계에서도 반드시 일어난다고 주장한다. 곧 영계에서 천사들이 타락했으니 육계에서도 반드시 타락하는 일이 발생한다는 논리다. 그들은 이 논리를 앞세워 일곱 금 촛대 교회가 해체되어 기성 교회의 정화 교육을 받은 사건이 성경에 미리 기록되었다고 주장한다. 그리고 별, 하늘, 장막, 일곱 등을 실제 인물이나 단체로 해석하는 "비유 풀이"를 통해 요한계시록의 심판 대상이 유재열의 장막성전임을 증명하려고 한다.

하지만 신천지의 이런 시도에는 최소한 두 가지 문제가 있다. 첫째, 영계에서 일어난 일들을 누가, 어떻게 확정할 수 있느냐 하는 것이다. 신천지가 영계의 사건을 결정하면 모두가 그것을 따라야 하는가? 신천지는 모든 그리스도인이 따라야 할 가치가 있을 만큼 권위가 있는 단체인가? 그렇지 않다고 확언할 수 있다. 둘째, 신천지는 주장의 타당성을 자신들이 세운 가설이나 주장을 근거로 증명하는 오류에 빠져 있다. 그들은 소위 육계에서 일어났다는 사건을 해석하는 근거를 영계의 사건에서 찾지만, 그 영계 또한 그들이 자기들 나름대로 설정한 공간일 뿐이다.

(3) 성경적 해석

다른 요한계시록 본문들과 마찬가지로 이 본문도 제대로 해석하기 위해서는 저자 요한이 염두에 두었을 구약성경을 파악해야 한다. 별이 하늘에서 떨어지는 장면은 이사야 34:4을 배경으로 하고, 독한 물을 마시게 되었다는 것은 예레미야 9:15과 23:15의 말씀을 배경으로 한다.[7] 여기서 별이 하늘에서 떨어지는 것과 독한 물을 마시게 된다는 것은 종말적 심판의 정황을 설명하는 표현이다.

몇몇 성경학자 중에도 본문의 별을 요한계시록 9:1과 연결해 타락한 천사라고 해석하는 경우가 있다. 그러나 본문은 땅, 바다, 해, 달, 별, 강물, 샘 등 자연계에 대한 심판이 이어지는 흐름 가운데 있다. 굳이 별을 따로 떼어 무리한 해석을 할 필요는 없어 보인다. 본문에서 별의 이름을 쑥이라 한 것은 별 자체가 쑥이라거나 쑥이 되었다는 뜻은 아니다. 이는 일종의 은유적 표현으로서 별이 쑥처럼 물을 쓰게 만드는 역할을 한다는 뜻이다.[8]

5. 다섯째 나팔 재앙(1): 땅에 떨어진 별, 무저갱의 열쇠(계 9:1-2)

(1) 신천지 해부[9]

신천지는 요한계시록 9:1의 "하늘에서 땅에 떨어진 별"을 8장의 셋째 나팔 심판에서 하늘에서 떨어진 (이름이 쑥인) 별과 같은 것이라고 본다. 그리고 그 실상은 일곱 금 촛대 교회 출신의 배도한 거짓 목자라고 주장한다. 그리고 "무저갱"은 "사탄이 들어가 처소로 삼고 사는 사람 또는 조직"인데, 요한계시록 9:1의 무저갱은 "배도한 장막을 무너뜨린 멸망자들의 활동 본부를 가리킨다"고 주장한다.

그렇다면 무저갱의 열쇠는 어떻게 설명할까? 신천지는 그 열쇠가 "영계의 마귀와 육계의 지옥 사자를 나오게 하고 들어가게도 하는 지혜(교리)를 말한다"면서, 요한계시록 1:18에서 보듯이 그것은 원래 예수님이 가지고 계셨지만 "배도한 장막 성도를 지옥 사자들에게 붙여 벌하시려고 하늘에서 떨어진 별에게 주신 것"이라고 주장한다. 나아가 그들은 이런 큰 틀에 맞추어서 무저갱에서 나는 "연기"는 "지옥 사자 마귀들이 거짓 목자의 입을 벌려 외치는 사탄의 교리"이고, "무저갱 연기로 어두워지는 해"는 "일곱 금 촛대 교회의 목자들"이며, "공기"란 "성도들의 지각"이라고 정리한다.

(2) 문제 제기

다섯째 나팔 재앙에 대한 신천지의 해석을 살펴보면 신천지가 일곱 금촛대 교회를 심판의 대상으로 만들기 위해 얼마나 세심한 노력을 기울이는지 알 수 있다. 하지만 신천지는 "실상"을 밝히는 방법을 통해 유재열의 장막성전과 신천지를 중심에 두고 요한계시록을 무리하게 해석하다 보니 그때그때 상황에 맞추어 말을 조금씩 바꾸는 모습을 보인다.

예를 들어 신천지는 요한계시록 9:1의 "별"이 8:10에 나오는 "별"과 같다고 주장한다. 자신들이 "별의 실상"을 알고 있다는 전제를 부정할 수 없기 때문이다. 하지만 요한계시록 8장을 해석할 때는 이 별이 영계의 타락한 "천사"로서 멸망자에게 들어가 잘못된 교리로 배도하게 하는 역할을 한다고 소개하고, 9장을 해석할 때는 "일곱 금 촛대 교회의 배도한 거짓 목자"라고 한다. 이러한 동일시가 정당할까? 신천지는 이런 암묵적인 동일시를 통해 예수님의 영이 임했다는 이만희씨를 예수님으로 여기는 것이 아닌가?

실상계시를 가르쳐준다는 신천지는 실재하지 않는 소재들을 실재 개념으로 무리하게 설명한다. 그러나 그들이 멸망자들의 활동 본부로 간주하는 "무저갱"은 실재하는 공간이 아니다. 무저갱의 열쇠가 "교리"를 뜻한다는 해석도 근거가 희박하다. 이 열쇠를 요한계시록 1:18의 사망과 음부의 열쇠와 관련시키는 해석은 과연 정당할까?

신천지가 하나님이 특별히 선택하신 마지막 단체라는 전제를 받아들인 사람은 신천지의 요한계시록 해석이 톱니바퀴처럼 맞아 들어간다

신천지 요한계시록 해석 무엇이 문제인가?

고 생각할 것이다. 하지만 상식적인 판단력을 잃지 않은 사람이라면 신천지의 요한계시록 해석을 절대로 받아들일 수 없을 것이다. 왜냐하면 그들은 성경의 문맥이나 다른 성경과의 연관성을 무시한 채 자기 집단만의 전제 위에서 자기 정당성을 강화하기 위해 성경 본문을 인위적으로 조작하기 때문이다.

(3) 성경적 해석

먼저 하늘에서 땅에 떨어진 별(계 9:1)에 대해 살펴보자. 이 별이 "하늘에서 땅에 떨어졌다"는 수식어가 해석의 실마리를 제공한다. 이는 바벨론 왕의 심판을 묘사한 이사야 14:12-14을 배경으로 한다. 이 이사야서 말씀은 제2성전기를 거치면서 새롭게 해석되었는데, 그 해석에 따르면 하늘에서 떨어진 계명성(별)은 사탄 혹은 사탄을 추종하는 악한 천사를 가리킨다. 이 해석은 신약 시대에도 종종 활용되었고, 예수님도 누가복음 10:18에서 "사탄이 하늘로서 번개같이 떨어지는 것"을 보셨다고 말씀하셨다. 따라서 요한계시록 9:1의 별은 "일곱 금 촛대 교회 출신의 배도한 거짓 목자"가 아니라 사탄을 상징하는 것으로 해석해야 한다.[10]

다음으로 무저갱의 의미에 대해 살펴보자. 요한계시록에 등장하는 무저갱은 우주 가운데 실재하는 문자적·물리적 공간이 아니다. 사실 그리스어 "아뷔소스"(ἄβυσσος)를 "무저갱"이라고 번역하는 것은 적절하지 않다. 아뷔소스라는 단어는 창세기 1:2의 "깊음"—이는 히브리어의 "테홈"(חהום)에 대한 70인역의 번역이다—에서 왔다(참고. 창 7:11; 8:2; 시 105:9; 107:26). 시편 42:7이나 이사야 51:10에서는 이를 "깊은 바다" 혹은 "깊은 물"이라고 번역했다. 시편 63:9과 71:20에서 아뷔소스는 "땅 깊은 곳"으로서 죽은 자들이 존재하는 장소이며, 에녹1서 18:14; 86:1-2; 88:1-3; 90:23-26에서 "아뷔소스"는 타락한 천사들이 갇혀 있는 "웅 덩이"(pit) 혹은 "감옥"(prison)을 의미하는 단어로 사용된다. 이는 로마서 10:7에 번역된 음부(죽은 자들이 존재하는 장소), 즉 스올과 동일한 의미다. 개역한글성경은 누가복음 8:31의 아뷔소스를 무저갱이라고 번역했지 만 이는 어떤 실제적 공간을 의미하는 것이 아니었다. 누가복음 8:31의 병행구절인 마태복음 8:31에는 아예 아뷔소스라는 단어가 등장하지 않 는다. 즉 "아뷔소스"는 복음서나 신약성경에서 실재하는 대상을 가리키 는 분명한 용어가 아니라 상징적으로 사용되는 용어였다.[11]

그렇다면 사탄이 아뷔소스의 열쇠를 받았다는 것은 무엇을 의미할 까? 열쇠를 가졌다는 것은 그에 대한 통제권을 가지고 있다는 의미다. 즉 여기서 무저갱은 사탄의 거처를 상징하는 이미지로 사용되었다. 무 저갱의 열쇠를 받은(에도테, ἐδόθη)—신적 수동태 동사다—사탄이 무저갱 을 열자 심판이 시작되는데, 이는 이 심판이 하나님의 통제 아래 시행 되고 있으며, 이 심판의 대상이 세상임을 알게 해준다.

"연기가 올라오매 해와 공기가 그 구멍의 연기로 인하여 어두워지 며"라는 요한계시록 9:2의 말씀은 이 문맥이 세상에 대한 심판을 기술 하고 있다는 사실을 알려준다. 연기가 올라오는 이미지는 소돔과 고모 라의 심판을 연상케 하며(창 19:28), 심판의 상징인 연기가 너무 짙어 해 와 공기가 어두워졌다는 표현은 심판이 얼마나 심각한지를 강조한다.[12] 이 본문에서 어두워지는 해가 일곱 금 촛대 교회를 가리키고 있다는 흔 적을 찾기는 힘들다.

6. 다섯째 나팔 재앙(2): 황충(계 9:3, 11)

(1) 신천지 해부

신천지는 무저갱에서 올라오는 황충을 해석하기 위해 팟종이, 메뚜기, 황충 등이 등장하는 요엘 1:2-7의 말씀을 제시한다. 하지만 이내 일곱 금 촛대 교회에 대한 이야기로 돌아간다. 요엘서가 이스라엘 족속을 망하게 하는 이방 민족 즉 "멸망자"를 황충으로 비유했으니, 요한계시록의 황충도 멸망자이고 이는 요한계시록 2장의 니골라당과 12, 13, 17장의 붉은 용이라고도 하는 마귀에게 속한 일곱 머리와 열 뿔 가진 짐승과 같다는 것이다. 결국 신천지는 "무저갱 연기 가운데서 황충들이 땅으로 나왔다는 말씀은 멸망자들이 거짓 교리를 외치면서 자신들의 활동 본거지에서 배도한 일곱 금 촛대 교회로 들어갔다는 뜻"이라는 해석을 내놓는다.[13]

이어서 신천지는 황충이 받은 "전갈의 권세와 같은 권세"는 "전갈의 독침과도 같은 사탄의 교리로 사람의 영을 죽이는 교권을 의미한다"면서, 하나님이 이를 "범죄한 선민을 벌하기 위해" 거짓 목자들에게 주셨다고 주장한다. 또 요한계시록 9:11에 등장하는 황충들의 임금은 "거짓 목자들을 총지휘하는 머리된 목자"를 말한다고 해석한다. 신천지는 이 황충들의 임금이 일곱 금 촛대 교회를 무너뜨린 멸망자이므로 성경이 "그의 이름을 히브리어로는 아바돈, 헬라어로는 아볼루온이라고 했다"면서 아바돈은 "멸망", 아볼루온은 "파괴"라는 뜻이라고 설명한다. 그리고 이 멸망자를 요한계시록 17:5에 등장하는 "일곱 머리와 열 뿔 가진 짐승을 타고 있는 음녀"와 동일시한다.[14]

(2) 문제 제기

신천지는 요엘서의 말씀을 본문의 배경으로 지목했지만 요엘서의 문맥을 충분히 고려하지 않고 있다. 황충을 요한계시록 2장의 니골라당과 연결하는 해석은 성경의 문맥을 무시한 논리적 비약이다. 신천지는 "악의 세력"으로 지목할 만한 내용이 나오기만 하면 니골라당(=기성 교회)과 연결하려고 한다. 이는 신천지가 가지고 있는 전제가 성경 해석에 지나친 영향을 끼치고 있다는 사실을 보여준다.

아바돈, 아볼루온이 과연 거짓 목자를 총지휘하는 지도자를 가리킬까? 요한계시록은 과연 무저갱의 사자인 황충들의 임금이 일곱 금 촛대 교회를 무너뜨린 멸망자라는 사실을 알려주기 위해 히브리어와 헬라어를 동원했을까?

(3) 성경적 해석

요엘서에는 황충들이 떼를 지어 날아오듯이 바벨론 군대가 이스라엘을 침공하게 될 것이라는 심판의 말씀이 주어진다(욜 1:3-6; 2:1-11). 아모스 7:1-2도 이와 비슷한 맥락에서 황충 곧 메뚜기의 역할을 소개한다. 그리고 이는 예언자들이 출애굽기 10:1-20의 메뚜기 재앙을 염두에 두고 기록한 말씀들이다. 요한은 바로 이러한 구약의 말씀들을 배경으로 황충의 무자비한 이미지를 사용하여 극렬한 심판의 정황을 묘사한다. 또 출애굽기의 열 가지 재앙을 모티프로 사용함으로써 이 심판의 대상이 세상임을 드러낸다. 요한계시록 9:4은 "하나님의 인 맞지 아니한 사람들만 해하라"는 명령을 통해 이 황충 심판의 대상이 세상임을 다시 한 번 확증해준다.

황충을 묘사하는 마귀적 이미지는 세상을 향한 심판이 마귀적 세력에 의해 지배당하고 있음을 알려준다. 이 황충은 "전갈의 권세와 같은 권세"를 받았는데, 성경에서 전갈은 인간에게 적대적이고 위험하며 고통을 주는 혐오의 대상이다(참고. 신 8:15; 왕상 12:11; 겔 2:6; 마 7:9; 눅 11:12). 누가복음 10:19에서 예수님은 "원수의 모든 능력을 제어할 권세를 준다"는 것과 "뱀과 전갈을 밟는다"는 것을 동일시하셨다. 인간에게 적대적인 뱀과 전갈은 원수의 모든 능력을 나타내는 상징이다.[15]

그렇다면 요한계시록 9:11에 등장한 황충들의 왕은 누구일까? 본문을 자세히 살펴보면 황충들의 왕과 무저갱의 사자가 서로 동격이라는 사실을 알 수 있다. 황충들의 왕은 곧 무저갱의 사자인데, 여기서 "사자"는 "천사"라고 번역하는 것이 옳다(NIV, NKJV, NRSV가 이 번역을 따른다). 즉 이 "무저갱의 천사"는 요한계시록 9:1에서 무저갱의 열쇠를 받은 "하늘에서 떨어진 별"을 가리킨다고 할 수 있다.[16]

그런데 요한계시록은 특별히 이 무저갱의 사자의 이름을 밝힌다. 이 사자의 이름은 히브리 음으로 말하면 "아바돈"이고 헬라 음으로 말하면 "아볼루온"으로서 동일하게 "파괴자"라는 의미인데, 이러한 이름을 하늘에서 떨어진 별, 즉 사탄에게 부여하는 것은 매우 자연스럽다. 그런데 히브리어를 헬라어로 번역한 70인역에서는 "아바돈"이 한 번도 "아폴류온"(아볼루온)으로 번역되지 않았다. 이는 요한이 어떤 목적을 가지고 "아볼루온"이라는 단어를 사용했다는 사실을 알려준다.[17]

어떤 학자들은 이런 특별한 단어의 사용이 고대 그리스 신 중 하나인 "아폴론"(Apollon)을 의식한 결과라고 본다.[18] "아폴류온"과 "아폴론"은 거의 발음이 같고, 아폴론을 연상시키는 상징 중 하나가 바로 메뚜

기이기 때문이다. 그런데 로마 황제 도미티아누스는 자신이 아폴론의 현신이라고 간주했다. 즉 요한계시록 9:11의 아볼루온은 요한계시록에서 사탄적 세력의 한 축을 형성하는 로마 황제를 배경으로 등장했다고 볼 수 있다.[19]

7. 여섯째 나팔 재앙: 유브라데 강과 그 연월일시(계 9:13-15)

(1) 신천지 해부[20]

여섯째 나팔 재앙은 정해진 연월일시에 사람 삼분의 일을 죽이기로 예비한 네 천사를 결박에서 풀어주는 장면으로 시작한다. 신천지는 이 네 천사가 유다서 1:6이 언급하는 범죄한 천사들이라고 본다. 그들이 볼 때 이 천사들은 여섯째 천사가 나팔을 분 후에 배도한 선민을 죽이는 역할을 한다. 그리고 신천지는 이 천사들이 에스겔 38:14-17에서는 "곡과 마곡의 일곱 족속"으로 기록되었다며 이후 해석을 위한 복선을 깔아 놓는다.

그리고 신천지는 네 천사가 결박당한 유브라데 강은 지옥을 의미하는 말인데, 이를 "문자에 매여 본문의 일이 실제 중동 지역에서 일어난다고 주장하는 목회자들은 모두 거짓 목자"라고 매도한다. 신천지는 여섯째 나팔 재앙의 사건이 벌어지는 시기가 영적으로 아담의 때와 같기에 요한계시록에 에덴동산에서 흘러나오는 네 강 중 하나인 유브라데 강으로 비유되었는데, 기성 교회가 이를 문자적으로 해석한다고 지적하는 것이다. 그러면서 다음과 같이 요한계시록 해석의 특권을 주장한다.

계시록의 사건은 영적인 것이므로 사람의 눈으로 바라보면 깨닫기 힘들다. 그러므로 성도는 말씀으로 깨어 있어야 예언대로 실상이 나타날 때 알아볼 수 있다. 결박한 네 천사가 들어 쓴 거짓 목자들과 본문의 연월일시에 관해서는 사건의 현장을 직접 본 증인에게 증거받기 바란다. 그는 바로 계시록의 모든 사건을 보고 천사에게 설명 들은 '사도 요한의 입장으로 오는 목자'다.[21]

이처럼 신천지는 요한계시록의 모든 사건을 보고 천사의 설명을 들었다는 이만희 씨를 소위 "거짓 목자"들과 구별한다. 그리고는 이 여섯째 나팔 재앙이 지구촌 모든 사람에게 내리는 것이 아니라 "이방의 소굴"로 들어간 일곱 금 촛대 교회의 성도들에게 응한다고 주장한다.

(2) 문제 제기

신천지는 요한계시록 9:14의 네 천사가 범죄한 천사들로서 이들은 배도한 선민(유재열의 장막성전 신도들)을 죽이는 역할을 한다고 주장한다. 이런 주장은 유재열의 장막성전과 신천지를 중심으로 요한계시록을 해석하는 패턴에서 조금도 나아진 것이 없다. 신천지는 유브라데 강이 "지옥"이라고 주장하면서 이 여섯째 나팔 재앙이 실제 중동 지역에서 일어난다고 가르치는 기성 교회를 비판한다. 세대주의적 종말론으로 말미암아 기성 교회가 신천지에게 이와 같은 비판의 빌미를 주는 것은 안타까운 일이 아닐 수 없다. 하지만 신천지의 주장도 성경적 근거가 전혀 없다. 유브라데 강을 에덴동산과 연결하는 해석은 심판의 정황을 이야기하는 본문의 문맥과 별로 상관이 없는 꿰맞추기식 해석일 뿐이다.

신천지는 요한계시록의 사건이 영적이어서 사람의 눈으로 바라보면 깨닫기 힘들다고 주장한다. 그리고는 말씀으로 깨어 있어야 나타나는 실상을 알아볼 수 있다고 하면서 "그 연월일시"에 대한 것은 "사도 요한의 입장으로 오는 목자"인 이만희 씨에게 확인을 받으라고 한다. 하지만 요한계시록은 훈련된 해석 방법과 적절한 배경지식, 냉철한 이성과 논리를 가지고 분석하면 누구든지 본문을 이해하는 데 큰 어려움이 없다. 요한계시록 해석의 주체를 특권화하는 것은 상당한 부작용을 초래할 수 있다.

여섯째 나팔 재앙으로 인한 심판의 범위를 일곱 금 촛대 교회로 축소하는 신천지의 해석은 올바른 해석일까? 유재열의 장막성전의 성쇠가 기독교 종말론에서 그렇게 중요한 위치를 차지할까? 신천지는 "실상"을 계시해준다는 이만희 씨의 가르침을 받아들여야만 그 실상을 알수 있게 된다고 주장하지만, 종말의 실상은 이미 예수님의 초림으로 성취되어 나타났으며 또한 재림으로 온전히 완성될 것이다. 예수님 이외에 그 누가 성경의 실상을 성취하거나 완성할 수 있다는 말인가?

(3) 성경적 해석

요한계시록 9:14의 "네 천사"의 성격에 대해서는 두 가지 의견이 존재한다. 이 네 천사를 타락한 천사로 보는 입장에서는 "결박당한"이라는 단어가 타락한 천사에게 적용될 수 있다는 점을 지적한다. 하지만 요한계시록은 전체적으로 천사를 하나님의 명령에 따라 심판의 시행을 수종하는 존재로 보기 때문에 이 천사들 또한 하나님께 예속된 존재로 봐야 한다는 주장도 설득력이 있다.

　　　　　　　　　신천지 요한계시록 해석 무엇이 문제인가?

사실 이 네 천사가 타락한 천사인지 아니면 하나님에 의해 보냄받은 천사인지가 본문의 문맥을 이해하는 데 결정적 변화를 주는 것은 아니다. 네 천사를 타락한 천사로 이해하는 입장도 많은 학자의 옹호를 받고 있으므로 이에 대해 유연한 태도로 접근하는 것이 중요하다.[22]

단지 본문의 "결박당하다"라는 동사는 신적 수동태로, 네 천사가 하나님에 의해 제어를 받고 하나님의 정하신 시점에 하나님의 명령을 수행하기 위해 기다리는 존재임은 분명하다.[23] 결국 "결박당한"이라는 표현은 사실적이라기보다 은유적으로 사용된 것으로서, 이 네 천사는 요한계시록 7:1-3에서 땅 네 모퉁이에 서 있는 것으로 나오는 네 천사와 매우 유사한 상황에 있다고 볼 수 있다. 물론 이 네 천사를 요한계시록 7:1-3의 네 천사와 동일시하는 것은 신중해야 하는데, 어떤 학자는 요한계시록 9:14의 "네 천사" 앞에 붙은 정관사를 근거로 이 네 천사가 7장에 등장했던 천사들이라고 보기도 한다.[24]

구약성경에서 유브라데 강은 약속의 땅인 가나안의 동쪽 경계다(참고. 창 15:18; 수 1:4). 앗수르, 바벨론, 페르시아와 같은 제국들은 이스라엘을 침공할 때 유브라데 강을 건넜다(사 7:20; 8:5-8). 이런 역사적 배경 때문에 구약의 예언서에는 북쪽으로부터 오는 적에 대한 경고가 많이 등장한다(사 14:31; 렘 1:14; 6:1, 22; 10:22; 겔 26:7; 38:6 등). 이 구약의 경고가 요한계시록에도 반영되었다고 볼 수 있는데, 당시 사람들에게 유브라데 강은 파르티아제국과 로마제국의 국경선이었다.

여섯째 나팔 재앙은 문자적으로 이해하기 힘든 이미지들로 묘사된다. 이는 구약성경과 당대의 정황을 배경으로 종말의 때에 임한 심판의 의미를 설명하기 때문이다. 이 심판의 대상은 전 우주적이며, 죽임을 당하는 사람들의 삼분의 일은 심판의 정황을 보여주기 위한 일종의 상징적 표본이라고 할 수 있다.

이 우주적 심판은 모든 일이 하나님의 미리 정하신 계획(predetermined plan) 안에서 발생한다고 보는 묵시 문학의 결정론적 세계관(deterministic worldview)을 통해 조명된다. 따라서 "그 연월일시"를 언급하는 이유는 미래의 어떤 구체적인 시간표를 제시하는 것이 아니라 하나님의 뜻을 이루고자 하는 명백한 의지를 보여주는 것으로서 그러한 심판의 전개가 하나님의 통제하에 있다는 표현이다.[25]

【 7장 "나팔소리" 정리 】

① 요한계시록 8-9장의 나팔 심판에 대한 신천지의 해석에서 가장 두드러진 특징은 심판의 메시지에 등장할 수 있는 모든 부정적인 내용들을 일곱 금 촛대 교회와 연관해 해석한다는 것이다. 신천지는 심판의 대상을 세상이 아닌 일곱 금 촛대 교회 및 기성 교회와 교단으로 설정한다. 이러한 해석은 요한계시록의 고유한 문맥과 배경에 대해서는 눈을 가리고 오직 신천지의 의도와 목적만을 본문에 투영하는 해석이다. 이런 자기중심적 해석은 요한계시록이 보여주는 광대한 시야를 매우 협소하게 만들어버린다.

② 요한계시록 8-9장의 나팔 심판은 구약성경과 당대의 정황을 배경으로 기록되었다. 이에 대한 올바른 해석은 어떤 개인이나 집단만 누릴 수 있는 특권이 아니다. 누구든지 건강한 신학과 배경 지식, 합리적 사고를 통해 요한계시록을 올바로 해석할 수 있다.

신천지 요한계시록 해석 무엇이 문제인가?

③ 요한계시록 8-9장에 대한 신천지의 주장과 성경적 해석을 정리하면 다음과 같다.

주 제		신천지 주장	성경적 해석
개요	사건 현장	일곱 금 촛대 교회 선민들이 숨은 이방의 굴, 산 바위틈	세상
	성취 시기	여섯째 인이 떨어진 후	인 심판과 나팔 재앙은 논리적 관계
첫째 나팔 재앙	피 섞인 우박	하나님의 진노가 담긴 말씀	출애굽 때의 열 가지 재앙 중 하나 (출 9:22-25)로서 심판의 이미지를 강조하는 표현
	불	심판하는 말씀	심판의 이미지
	심판의 대상	일곱 금 촛대 교회의 배도한 성도들	세상
둘째 나팔 재앙	큰 산	성도들이 많이 모인 교회 또는 조직으로서 그중에서 배도한 일곱 금 촛대 교회	자연적 존재로서 렘 51:25을 배경으로 심판의 정황을 설명하는 상징적 이미지
	바다에 던져짐	세상으로 버림받음	
	삼분의 일이 피가 되다.	일곱 금 촛대 교회가 세상에 속하여 그곳에서 나오는 말씀 삼분의 일에 멸망자의 교훈이 섞여서 죽은 교리가 된다.	출 7:17-21에 기록된 첫 번째 재앙을 배경으로 사용하여 종말적 심판을 설명한다.
	바다 피조물 삼분의 일이 죽음	바다에 사는 생물로서 일곱 금 촛대 교회를 의미하며 생명의 말씀이 아닌 멸망자의 교리를 듣고 멸망한다.	피조물 삼분의 일의 죽음은 삼분의 일이 피가 된 것에 상응하는 결과일 뿐

주 제		신천지 주장	성경적 해석
셋째 나팔 재앙	하늘에서 떨어진 별	일곱 금 촛대 교회 출신의 당을 지은 육체로서 계 2-3장의 장막 성도들을 우상숭배와 행음하게 한 장본인	사 34:4을 배경으로 한다. 타락한 천사를 가리킨다고 볼 수도 있다.
	별의 이름이 쑥이 된 이유	쑥처럼 쓴 비진리를 뱉어내기 때문	일종의 은유적 표현으로 쑥과 같은 역할을 하여 물이 쓰게 되었다는 의미
	쑥물로 죽은 사람들	일곱 금 촛대 성도들	렘 9:15; 23:15을 배경으로 하여 심판의 정황을 표현
넷째 나팔 재앙	해, 달, 별	침노를 당한 일곱 교회의 사람들	천체 변화(우주적 붕괴 언어)를 포함한 어둠 심판(출 10:22의 열 재앙 중 아홉 번째)의 현상을 묘사: 천체의 변화에 의한 어둠의 출현은 빛과 어둠을 창조하신 하나님의 주권 아래 있음
	해	계 2-3장의 일곱 교회에 속한 지교회 목자들	
	달	목자들에게 말씀을 받아 전하는 전도자들	
	별	그 성도들	
9장 개요	사건 현장	이방에 소속된 장막과 유브라데	세상
	성취 시기	넷째 천사가 나팔을 분 후	특정한 시기를 논할 수 없음: 초림부터 재림 사이 전체가 심판의 특징을 가짐
다섯째 나팔 재앙	땅에 떨어진 별	셋째 나팔 심판의 떨어진 별과 동일: 일곱 금 촛대 교회 출신의 배도한 거짓 목자	사 14:12-14을 배경으로 사탄으로 추정
	무저갱	사탄이 들어가 처소로 삼고 사는 사람 또는 조직	사탄의 처소
	무저갱의 열쇠	영계의 마귀와 육계의 지옥 사자를 나오게 하고 들어가게도 하는 지혜(교리)	무저갱이 사탄의 처소라는 것을 확인해주는 장치

주 제		신천지 주장	성경적 해석
다섯째 나팔 재앙	연기	사탄의 교리	구약에서 심판의 상징으로 사용(창 19:28 등): 연기로 해와 공기가 어두워지는 것은 연기의 양이 얼마나 많은지를 보여주고 심판의 심각성을 시사한다.
	연기로 어두워지는 해와 공기	성도들의 지각	
	황충	계 2장의 니골라당: 마귀에게 속한 일곱 머리와 열 뿔 가진 짐승	황충은 구약에서 심판의 도구로 사용된다(출 10:1-20; 욜 1:3-6; 2:1-11; 암 7:1-2 등).
	황충들의 임금	거짓 목자들을 총지휘하는 머리된 목자	무저갱의 천사: 계 9:1의 하늘에서 떨어진 별과 동일한 사탄을 의미
여섯째 나팔 재앙	큰 강 유브라데	지옥	파르티아제국과 로마제국의 국경선으로서 심판의 긴장감을 나타내는 효과를 위해 사용된 지명
	네 천사	큰 날의 심판까지 결박하여 흑암에 가두어둔 범죄한 천사들(유 1:6)	타락한 천사나 하나님으로부터 보냄받은 천사 두 가지 해석이 모두 가능하나 어느 경우든 본문의 이해에 큰 영향을 주지 않는다.
	그 연월 일시	이만희 씨에 의한 실상계시의 때	구체적인 날짜를 제시하려는 것이 아니라 하나님의 심판에 대한 의지를 보여줌: 묵시문학의 결정론적 세계관
	마병대	사탄의 군대	로마제국과 전쟁을 일으키는 파르티아제국 군대의 모습을 형상화하여 심판의 심각성을 강조
	회개하지 않는 자들	장막성전의 신도들	세상의 사람들: 인간의 완악함과 하나님의 심판의 정당성을 나타내준다.

요한계시록 8-9장 해석 비교

8장

하늘에서 온 천사와 열린 책

요한계시록 10장 해석 해부하기

I. 하늘에서 온 힘센 천사(계 10:1-7)

(1) 신천지 해부[1)]

신천지는 요한계시록이 사건을 시간 순서대로 기록하고 있다는 전제를 가지고, 요한계시록 10장의 천사가 여섯째 나팔 재앙 뒤에 등장한다고 해석한다. 그들은 요한계시록 10장에 등장하는 천사가 손에 든 책과 5장에서 보좌에 앉으신 이의 오른손에 있는 책을 같은 책으로 간주하면서, 이 천사의 모습이 "하나님과 예수님의 모습"과 같다고 주장한다. 그 이유는 구름을 입고 얼굴은 해 같으며 그 발은 불기둥 같고 작은 책을 손에 든 이 천사의 특이한 모습이 에스겔 1:27에 나오는 하나님의 모습이나, 요한계시록 1:15이 묘사하는 예수님의 모습과 닮았기 때문이다.

이어서 신천지는 이 천사를 특별한 위치에 올려놓는다. 신천지에 따르면 요한계시록 6, 8, 9, 16장에 나오는 천사들은 심판의 사명을 받았지만, 본문의 천사는 예수님의 계시를 보여주는 역할을 한다. 따라서 이 천사가 바로 "예수님으로부터 계시를 받아 요한에게 전해주기로 약속한 천사(계 1:1)이며 '진리의 성령 보혜사'의 입장에 있는 자"라고 한다. 그러면서 요한계시록 22:16에서 이 천사를 예수님이 교회들을 위해 보내는 사자라고 했기 때문에 요한계시록 10장의 천사도 예수님이 보내시는 보혜사 성령이라고 주장한다. 그런데 신천지는 여기서 멈추지 않고 다음과 같은 무리한 해석으로 나아간다.

> 이 천사가 보혜사 성령이면 그가 함께하는(요 14:17) 사도 요한과 같은 목자도 보혜사라 부를 수 있을 것이다.[2]

신천지는 이런 논리로 아무런 거리낌 없이 이만희 씨를 "보혜사"라고 지칭한다.

(2) 문제 제기

요한계시록 10장의 책과 5장의 책을 같은 책으로 간주하는 것은 적절하다. 그러나 여기에 등장한 천사를 요한계시록 1장의 천사, 22:16의 사자, 나아가 보혜사 성령과 동일시하고 그것도 모자라 사도 요한과 같은 목자도 보혜사라고 부를 수 있다는 주장은 작위적인 설정의 연속일 뿐이다. 신천지의 「신천지 고등 과정 교재」, 36에는 이 천사를 "예수님께서 보내는 대언의 영"이라고 하는데, 이러한 동일시의 목적이 무엇인지 궁금하다. 사실 이 부분은 신천지의 교주 이만희 씨가 보혜사 성령이라고 말하는 설정이 등장하는 최초 지점이다. 그러나 과연 "사도 요한과 같은 목자"를 "보혜사"라고 부르는 것이 성경적일까?

(3) 성경적 해석

"힘센 천사"는 요한계시록에 세 번 등장하는데(계 5:2; 10:1; 18:21), 10장에서는 "다른"이란 수식어가 첨가되어 힘센 천사가 여럿임을 알게 해준다. 이 힘센 천사의 여러 가지 특징은 다음과 같은 의미가 있다.

- 구름을 입었다: 성경에서 구름은 신적 운송 수단으로 등장하며 (단 7:13; 시 68:4; 104:3; 행 1:9; 살전 4:17; 계 11:12; 14:14), 영광스런 신적 임재를 의미한다(출 16:10; 레 16:2; 왕상 8:10; 겔 10:4).
- 머리 위의 무지개: 요한계시록 4:3과 마찬가지로 무지개는 하나님의 속성을 상기시킨다(참고. 겔 1:28).
- 그 얼굴은 해 같다: 예수님의 얼굴이 "해가 힘 있게 비취는 것" 같다고 기록한 요한계시록 1:16과 병행하는 표현이다. 그리스도의 광채가 천사에게 반영되고 있다.
- 발이 불기둥 같다: "그의 발은 풀무에 단련한 빛난 주석 같고"라고 기록한 요한계시록 1:15과 유사하다. "구름"과 "불"은 광야 여행 중 이스라엘에 대한 하나님의 임재를 표시했던 "불과 구름 기둥"을 연상케 한다.[3]

이 "힘센 다른 천사"를 묘사하는 여러 가지 모습의 의미를 통해 우리는 이 천사가 하나님의 메시지를 전하기 위해 등장한 그 어떤 천사보다 의미 있는 역할을 맡았다는 사실을 알 수 있다.

이 힘센 천사가 들고 있는 책은 요한계시록 5장에서 "일곱 인으로 봉해진" 것으로 소개된 후 어린 양이 인을 떼시어 펴놓은 책이다. 앞서도 살펴보았지만, 이는 다니엘서를 배경으로 볼 때 예수 그리스도의 사역을 통해 종말 곧 하나님 나라가 도래하였음을 의미한다. 요한은 이 책을 천사에게 받아서 먹고 다시 예언하라는 이야기를 듣는데, 이는 하나님 뜻의 종말적 성취와 완성을 소개하는 사역의 특별한 성격을 보여준다.

요한계시록 10장의 힘이 센 다른 천사나 22:16의 사자가 특별한 누군가를 나타낸다고 보기는 어렵다. 요한계시록 전체에서 천사들은 예수님의 계시를 요한과 성도들에게 알려주는 역할을 한다. 특히 요한계시록 22:16의 사자는 요한계시록에 등장한 모든 천사를 대표하는 집합적 단수라고 볼 수 있다.[4] 그러므로 요한계시록 1:1이나 10:1; 22:16의 천사가 이만희 씨를 가리킨다고 주장할 성경적 근거는 전혀 없다.

2. 사도 요한의 사명(계 10:8-11)

(1) 신천지 해부[5)]

신천지는 요한계시록 5장과 이어지는 10장에 등장하는 책이 요한계시록을 가리킨다고 본다. 그리고 사도 요한이 이 책을 먹고 예언의 사명을 받은 것처럼, 이만희 씨도 책을 받아먹고 요한계시록의 실상을 증거하는 사람이 되었다고 주장한다. 신천지는 책을 받아먹은 요한이 "걸어 다니는 성경"이 되고 "새 언약의 말씀인 계시록을 새긴 언약의 사자"가 되며 "살아 움직이는 하나님의 인"이 된다고 하면서 이 모든 호칭을 이만희 씨에게도 적용한다. 다음과 같은 내용을 살펴보면 신천지가 요한계시록 10장의 해석을 통해 어떤 궤변을 펼치는지 알 수 있다.

신천지 요한계시록 해석 무엇이 문제인가?

본 장은 예수님께서 약속하신 목자 한 사람을 우리에게 알리는 내용이다. 그는 바로 사도 요한의 입장으로 와서 하늘에서 온 열린 책을 받아먹고 통달한 자요, 보혜사 성령의 위치에 있는 본 장의 천사가 함께하는 예수님의 대언자다. 계시록 성취 때에는 사도 요한과 같은 입장으로 오는 한 목자가 계시록 전장 예언과 그 실상을 전하지, 이미 죽고 없는 요한이 그 일을 감당하지 않는다.…성경의 예언이 봉해진 채 사람의 교훈으로만 가르치고 있는 이때에 펼쳐진 성경을 받아먹은 한 목자가 나타나 다시 예언하고 있다고 생각해보자. 그의 말을 듣고 믿을 사람이 세상에 과연 몇 명이나 있겠는가. 대부분 사람들은 자신의 지식 없음은 생각지 아니하고 그를 이단이라 할지 모른다. 그러나 하나님과 예수님께서는 사도 요한의 입장으로 오는 목자에게 말씀을 열어주시기로 약 이천 년 전에 본 장에 미리 정해두셨다.[6]

신천지는 자기만의 논리로 하나님이 "사도 요한의 입장으로 오는 목자"에 대해 약속하셨다는 결론을 내린다. 신천지의 교육을 받고 이 결론을 받아들이게 되면 그때부터는 "요한도 길이요 진리요 생명이 된다"라든가, "사도 요한이 예수님의 신부가 된다"는 주장에 대해서도 별다른 이의를 제기할 수 없게 되어버린다.

(2) 문제 제기

요한계시록 5장에서 어린 양이 받아 6-8장에 걸쳐 인을 떼는 책, 천사가 요한에게 먹으라고 한 그 책이 다름 아닌 요한계시록이라는 신천지의 주장은 성경적으로 합당한가? 신천지는 인을 뗄 때마다 벌어지는 사건들은 물론 요한계시록에 기록된 모든 말씀이 유재열의 장막성전과 신천지에 관해 기록되었다고 주장한다. 그들의 주장대로라면 하나님의 심판과 구원은 우주적인 사건이라고 보기 어렵다. 신천지의 주장은 전 세계에서 요한계시록을 읽으며 하나님의 뜻을 발견하는 수많은 그리스도인이 모두 거짓된 가르침에 빠져 있다는 단정과 다르지 않다. 그러나 그 수많은 그리스도인이 요한계시록에서 발견하는 하나님의 뜻은 성경 전체의 주제와 모순되지 않지만, 신천지가 알려주는 요한계시록의 실상은 성경이 말하는 하나님 나라와 별 상관이 없어 보인다.

요한이 길과 진리와 생명이 되고, 예수님의 신부가 된다고 주장하는 신천지의 논리는 결국 신천지와 이만희 씨의 특권을 강화하는 역할을 하는데, 성경을 이렇게 자기중심적으로 사용하는 집단이 과연 올바른 신앙관을 가졌다고 말할 수 있는지 궁금하다. 원래 계시를 받은 사도 요한이 죽고 없어져 요한계시록의 본뜻을 설명해줄 다른 사람이 필요하다고 주장하는 신천지는 과연 성경을 하나님의 말씀으로 인정하는 자들일까? 성경 어디에도 이만희 씨가 감당한다는 그런 역할을 하는 사람이 필요하다는 이야기는 적혀 있지 않다.

요한계시록이 특수한 성경이기는 하지만 요한계시록 홀로 성경을 구성하는 것은 아니다. 요한계시록은 다른 성경과 마찬가지로 성경에 전혀 없는 완전히 새로운 이야기를 전달하지는 않는다. 요한계시록을 통해 우리는 예수 그리스도가 초래한 종말의 성격이 어떠한지, 종말의 때에 교회가 견지해야 할 신앙과 태도는 어떠한지를 생생한 묵시적 언어로 전해 들을 수 있다. 이런 요한계시록의 메시지를 제대로 이해하는 데 필요한 것은 요한계시록을 하나님의 말씀으로 인정하고 겸손하게 연구하는 태도이지 특별 계시를 받았다는 누군가가 아니다.

(3) 성경적 해석

요한계시록 5장에서 일곱 인으로 봉해진 "책"은 하나님 나라의 종말적 성취를 알리는 상징적 이미지로 사용되었다. 요한계시록 10장은 5장과 문학적 고리로 연결되어 있다. 즉 요한계시록 10장은 5장의 배경을 염두에 두어야 제대로 이해할 수 있다는 말이다. 이 두 본문은 예언자의 사명을 받는 에스겔과 요한을 평행적 관계에 놓는데, 이를 자세히 살펴보려면 다음과 같은 도표가 필요하다.

[A] 계 5:1	내가 보매 보좌에 앉으신 이의 오른손에 책이 있으니 안팎으로 썼고 일곱인으로 봉하였더라	[A´] 겔 2:10	그가 그것을 내 앞에 펴시니 그 안팎에 글이 있는데 애가와 애곡과 재앙의 말이 기록되었더라
[B] 계 10:10-11	…내가 천사의 손에서 작은 책을 갖다 먹어버리니 내 입에는 꿀같이 다나 먹은 후에 내 배에서는 쓰게 되더라…예언하여야 하리라 하더라	[B´] 겔 3:1-3	…이 두루마리를 먹고 가서 이스라엘 족속에게 고하라 하시기로…내가 먹으니 그것이 내 입에서 달기가 꿀 같더라

요한계시록 5장과 10장의 연결 고리

여기서 [A]는 [A´]를 배경으로 하고 [B]는 [B´]를 배경으로 한다. 그런데 [A´]와 [B´]는 이어지는 하나의 본문이다. 하나의 본문을 배경으로 하는 [A]와 [B]도 역시 연결된 내용이므로 요한계시록 5장의 봉인된 책과 10장의 펼쳐진 책은 같은 책이라고 볼 수 있다. 후자가 펼쳐진 이유는 요한계시록 6-8장에서 어린 양이 책의 인을 모두 떼었기 때문이다.

그렇다면 에스겔이 책을 먹었다는 표현은 어떤 의미일까? 누군가 하나님이 주시는 책을 받아먹는 것은 그가 하나님의 말씀을 대언하는 예언자로 부름 받았음을 확인하는 일종의 의식이라고 볼 수 있다. 즉 요한계시록은 요한이 에스겔서의 전통을 따라 하나님의 말씀을 대언하는 예언자의 소명을 받아 그것에 대해 응답하고 있음을 보여준다.

요한을 대신할 누군가는 필요하지 않다. 요한은 예수님으로부터 듣고 본 계시의 말씀을 완벽하게 이해하고 요한계시록을 기록했으며, 그의 독자들인 소아시아 일곱 교회의 성도들에게 황제 숭배를 거부하고 하나님만을 예배하는 삶을 살도록 권면하고 있다. 이러한 요한의 예언 사역은 2,000년 후 특정한 실상 계시자에 의해 보충되어야 할 이유가 전혀 없다. 요한의 사역을 계승해 요한계시록의 메시지를 증언해야 할 주체가 있다면 그것은 바로 요한계시록 11장에서 "두 증인"으로 상징되는 **교회**다.

【 8장 "하늘에서 온 천사와 열린 책" 정리 】

① 요한계시록 10장의 천사가 들고 있는 책은 요한계시록 5장에서 "일곱 인으로 봉해진" 것으로 소개된 후 어린 양이 인을 뗀 책으로서 예수 그리스도를 통한 종말의 도래를 알려주는 상징이지, 요한계시록 자체를 의미하는 것이 아니다.

② 요한계시록 10장에서 책을 들고 있는 천사는 특별한 모습을 하고 있지만, 이는 이 천사가 특별한 누군가를 지칭한다는 근거가 될 수 없다. 오히려 천사의 특이한 모습은 이 천사를 통해 요한이 맡게 된 구속의 종말론적 성취와 완성을 소개하는 사역의 특별한

신천지 요한계시록 해석 무엇이 문제인가?

성격을 드러내는 역할을 한다.

③ 신천지는 책을 받아먹었다는 이만희 씨의 개인적인 신비체험을 바탕으로 이만희 씨를 요한과 동격에 놓으려고 하지만, 요한의 사역은 별다른 보충이 필요하지 않다. 요한은 하나님 나라의 종말적 도래의 성취와 완성을 기록한 요한계시록을 독자인 일곱 교회 성도들에게 선포함으로써 자신의 사역을 온전히 감당했다. 요한계시록 11장은 요한의 예언 사역이 교회 공동체 전체에게 전가되고 계승된다는 사실을 보여준다.

④ 이상의 내용을 도표로 정리하면 다음과 같다.

주 제	신천지 주장	성경적 해석
하늘에서 온 힘센 천사	진리의 성령인 보혜사의 입장에서 있는 자=예수님이 보내시는 보혜사 성령=계 22:16의 예수님이 교회들을 위해 보내는 사자	하나님의 뜻과 계획을 요한에게 알려주는 메신저
계 10장의 책	계 5장의 책과 동일하게 요한계시록을 의미	계 5장의 책과 마찬가지로 종말의 도래가 담겨 있는 상징: 6장에서 어린 양이 이 책의 인을 뗀 것은 예수 그리스도를 통해 종말이 도래했음을 의미
책을 받아먹었다는 것의 의미	요한이 걸어 다니는 성경이 되고 새 언약의 말씀인 계시록을 새긴 언약의 사자가 되며 살아 움직이는 하나님의 인이 된다는 의미	겔 3:1-3에서 에스겔이 경험한 예언 사역으로의 부르심에 관한 일종의 의식으로서 요한도 예언의 사명을 받았다는 의미
요한의 역할	요한의 입장으로 오는 목자[이만희 씨]를 예시: 성취의 때에 요한의 역할을 할 사람이 다시 필요하다.	요한은 구약의 말씀이 예수님을 통해 어떻게 성취되었고 완성될 것인지를 전하는 역할을 온전히 감당했다.

요한계시록 10장 해석 비교

9장

두 증인

요한계시록 11장 해석 해부하기

I. 성전 척량(계 11:1-2)

(1) 신천지 해부

요한계시록 11:1-2에서 요한은 "성전과 제단과 그 안에서 경배하는 자들을 척량"하라는 명령을 받는다. 신천지는 이 말씀을 "배도 사건"과 연결해 다음과 같이 해석한다.

> 계시록 성취 때 본문과 같이 척량하는 하나님의 성전과 제단의 실상은 그곳이 산이든 들이든 계시록의 배도 사건 후에 알곡 성도를 추수하여 모은 곳을 가리키며(계 3, 6, 7장; 마 24:31; 계 15:2) 그 안에서 경배하는 자들은 배도와 멸망의 사건을 피해 나와 하나님께 예배드리는 자들을 말한다.[1)]

신천지는 요한계시록 11장에서 짓밟히는 성전 바깥 마당이 오늘날의 배도한 일곱 금 촛대 장막을 말한다고 주장한다. 그리고 이 성을 거룩한 성(계 11:2)이라고 지칭한 이유에 대해서는 요한계시록 1:13과 2:1을 근거로 장막성전이 배도하기 전에는 예수님이 그곳에 왕래하셨기 때문이라고 설명한다. 그리고 이 말씀이 장막성전과 신천지의 분열을 예기한 것이라고 주장하는데, 본문이 성전을 두 영역으로 구분해서 설명하기 때문이다.

> 결국 배도한 일곱 금 촛대 교회는 본문과 같이 둘로 갈라진다. 이방이 침노한 성전 밖 마당은 무너지는 첫 장막이 되고 주를 모신 요한 쪽은 재창조하는 하나님의 성전 즉 둘째 장막이 된다. 이는 초림 때 세례 요한의 제단이 서기관과 바리새인에게 짓밟힌 첫 장막이 되고(마 11:11-13) 거기에서 나온 예수님(마 3:15)의 성전이 둘째 장막이 된 것과 같다.[2)]

(2) 문제 제기

신천지는 요한계시록 11:1의 "하나님의 성전과 제단"의 실상이 "알곡 성도를 추수하여 모은 곳"이라고 주장한다. 그리고 이방인에 의해 짓밟히는 성전 바깥 마당은 배도한 일곱 금 촛대 장막으로 간주한다. 여기에 신천지가 내세우는 장막 교리를 더하면 무너지는 첫 장막은 유재열의 장막성전이 되고, 재창조하는 둘째 장막은 신천지 증거장막성전이 된다. 결국 신천지는 자신들이 알곡 성도라고 주장하는 것이다.

신천지는 늘 그렇듯이 본문의 문맥이나 저자의 의도와는 상관없이 오직 신천지의 상황을 본문에 꿰맞추는 데만 집중한다. 한 가지 예를 들면, 신천지는 이 본문에서 "알곡 성도" 운운하지만, 여기에는 "알곡 성도"라는 주제가 끼어들 여지가 존재하지 않는다. 그럼에도 신천지는 자신들이 유재열의 장막성전보다 비교우위를 점한다는 주장을 하기 위해 본문을 왜곡하는 것이다.

(3) 성경적 해석

먼저 본문의 문맥을 살펴보자. 요한계시록 11:1-2의 본문은 10:8-11과 11:3 이하의 내용과 연결되는 내용을 담고 있다. 요한계시록 10:8-11은 요한이 예언 사역으로 부름 받는 내용을 기록하고 있고, 11:3 이하는 두 증인의 예언 사역에 대해 기록하고 있다. 즉 이 문맥은 예언 사역이라는 주제로 연결되는 흐름 가운데 있다. 특별히 요한계시록 11:2에서 성전 바깥 마당이 짓밟히는 마흔두 달의 기간과 11:3에서 일천이백육십일 동안 두 증인이 예언 사역을 하는 기간이 일치한다는 점은 이 사실을 분명하게 해준다.

본문은 신천지가 주장하는 것처럼 "성전 바깥 마당"이 배도한 일곱 금 촛대 교회와 같은 부정적인 요소라고 말하지 않는다. 오히려 "성전 안"이나 "성전 바깥 마당"은 모두 교회 공동체를 의미한다. 신약성경에서 성전은 종종 교회 공동체를 지칭하는 상징으로 사용된다(참고. 고전 3:16). 여기서 "성전과 제단과 그 안에서 경배하는 자들"을 척량하는 행위는 교회 공동체에 대한 하나님의 보호를 나타내고, 척량하지 않고 이방인에게 주어지는 "성소 바깥 마당"은 고난받는 교회의 외적인 모습을 상징적으로 보여준다고 할 수 있다.[3]

결국 요한계시록 11:1-2은 교회 공동체가 예언의 사역을 감당할 때 어떤 현실에 직면하게 되는가를 이야기한다. 증인으로서 교회는 내부적으로 하나님의 보호하심 가운데 있지만, 외부적으로는 세상의 저항으로 인한 고난을 경험한다.

2. 두 증인과 일천이백육십 일(계 11:1-14)

(1) 신천지 해부

신천지는 요한계시록에 등장하는 인물과 상징들을 오늘날의 집단이나 사건, 인물로 해석하면서 자신들이 요한계시록의 실상을 밝혀준다고 주장한다. 그들은 요한계시록 11장에 등장하는 두 증인, 두 감람나무, 두 촛대에 대해서도 실상을 밝히는 해석을 시도하면서 두 증인이 신천지를 세운 핵심 인물 두 사람이라고 주장한다. 그런데 재미있는 것은 요한계시록 11:1의 "지팡이 같은 갈대"가 사람을 가리키는 것이라고 주장하면서, 두 증인 중 "성령으로부터 직접 말씀을 받아 역사하는 자는 사도 요한의 입장에 있는 목자"이고 다른 하나는 "지팡이 같은 갈대로 비유한 육체"라고 해석하는 것이다.[4]

신천지는 두 감람나무가 등장하는 스가랴 4:11-14를 끌어와 두 감람나무는 "주를 모시도록 기름 부어 성별한 두 사람"이고 감람유는 "두 증인이 증거하는 말"이라고 주장한다. 앞서도 살펴보았지만, 그들의 논리는 예수님을 포도나무로 비유하고 그 입에서 나오는 말씀을 포도주로 비유한 것과 같이(눅 5:37-38), 감람나무도 사람이고 거기서 나오는 감람유도 사람이 하는 말을 비유한다는 것이다. 그리고 거기에 덧붙여 "두 증인을 감람나무로 비유한 까닭은 영적인 말씀의 등(시 119:105)을 켜는 영적인 감람 기름을 흘리기 때문(출 27:20)"이라고 설명하기도 한다. 신천지는 이 두 증인의 사역이 회개와 연관되어 있다고 밝히는데, 그 회

개 사역의 대상은 다름 아닌 "배도자들"이라고 주장한다.[5]

(2) 문제 제기

신천지는 요한계시록 11장의 두 증인 중 한 명은 "지팡이 같은 갈대"이고 다른 한 명은 "사도 요한의 입장에 있는 목자"라고 주장한다. 그리고 두 증인이 굵은 베옷을 입고 하는 예언은 이방인에게 짓밟히고 있는 배도자들에게 회개를 촉구하는 것이라고 해석한다.

신천지는 요한계시록의 실상을 밝혀준다면서 여러 가지 주제어를 엉뚱한 대상과 연결하고는 한다. 그런데 그들은 특정한 숫자는 비유로 해석하지 않고 실제 숫자로 보면서 무리한 해석도 서슴지 않는다. 그 대표적인 예가 바로 요한계시록 11장의 두 증인에 대한 해석이다. 두 증인이 한 사람을 가리킨다고 해석하면, 이만희 씨를 제외한 다른 누군가를 끌어들이지 않아도 된다. 하지만 신천지는 두 증인이 실제로 두 사람이라고 해석하면서, 이만희 씨와 홍종효 씨를 지목했다. 그런데 나중에 홍종효 씨는 신천지를 이탈했고, 이 때문에 신천지는 요한계시록 11장 해석을 누더기처럼 고쳐 쓰는 수고를 해야 했다.[6]

두 증인, 두 감람나무, 두 촛대를 두 사람이라고 해석하는 신천지의 접근은 과연 정당할까? 두 증인 중 한 사람은 지팡이 같은 갈대이고 다른 한 사람은 사도 요한의 입장에 있는 목자라는 신천지의 주장은 지나치게 주관적이다. 신천지는 장막성전과 신천지, 이만희 씨와 연관시킬 수 있는 것은 문맥이나 주제와 별 상관이 없어도 해석의 중심에 놓으려고 하지만, 연관시키기 어려운 것은 아예 설명하려는 시도조차 하지 않는다. 신천지는 요한계시록 11장에 대한 해석에서도 두 촛대, 두 감람나무, 두 증인이 어떤 맥락에서 연결되는지에 대해서는 별로 관심이 없다. 신천지는 요한계시록의 실상을 알려준다고 하지만 그들의 해석은 요한계시록을 악의적으로 왜곡·도용하면서 특정 단체와 특정 인물을 특권화하는 말장난에 가깝다고 할 수 있다.

(3) 성경적 해석

우리는 먼저 두 증인을 두 촛대라고 하는 점에서 두 증인의 성경적 해석을 추적할 수 있다. 요한계시록 1:20은 일곱 촛대가 일곱 교회라고 기록하며 촛대가 교회 공동체를 상징한다는 사실을 알려준다. 그렇다면 촛대를 수식하는 "두"(2)라는 수관형사는 어떤 의미일까? "2"라는 수는 성경 문화에서 증인의 자격을 충족시키는 최소 조건이다(민 35:30; 신 17:6; 요 8:17). 그러므로 성경에서 증인 앞에 붙는 "두"라는 수관형사는 매우 자연스럽다. 이 "두 증인"은 베옷을 입었는데, 베옷은 회개와 밀접한 관련이 있는 소재로서 두 증인이 감당하는 사역의 속성을 나타내준다. 이런 관찰을 통해 우리는 두 증인이 세상을 향하여 회개를 촉구하는 소명을 받은 교회 공동체를 의미한다는 사실을 확인할 수 있다.

다음으로 스가랴 4:11-14에서 두 감람나무는 기름 부음 받은 왕 스룹바벨과 제사장 여호수아를 의미한다. 이 둘은 "온 세상의 주 앞에 모셔 섰는 자"로서 당대에 성전 재건 사역을 온전히 감당했다. 요한계시록 11장의 두 증인 역시 온 세상에 증인의 사역을 온전히 감당하도록 부르심을 받는다. 요한은 스가랴서의 두 감람나무를 두 증인에게 적용함으로써 두 증인에 의해 상징되는 교회 공동체가 왕적이고 제사장적인 신분을 가진다는 사실을 보여주는 것이다(벧전 2:9; 참고. 계 1:6; 5:10).

3. 하늘을 닫는 권세와 물을 피 되게 하는 권세(계 11:5-6)

(1) 신천지 해부[7]

요한계시록 11:5-6은 두 증인을 해하고자 하는 자들은 두 증인의 입에서 나오는 불에 의해 소멸되며, 두 증인이 하늘을 닫아 비가 오지 않게 하고 물을 피로 바꾸는 권세를 가질 것이라고 말씀한다. 이에 대해 신천지는 하늘과 비는 영적인 것을 자연계에 비유한 것이며 물이 피가 되게 하는 것도 비유로 말씀하신 것이라며 비유 풀이를 시도한다.

신천지는 "하늘"이라는 단어가 등장하면 자동으로 "하늘 장막"이라는 개념을 도입해 장막 교리로 설명한다. 그래서 요한계시록 11:6의 하늘도 "선민 장막"이라고 해석한다. 또 "비"는 "말씀"이라고 해석하는데, 그 근거로 "나의 교훈은 내리는 비요 나의 말은 맺히는 이슬이요 연한 풀 위에 가는 비요 채소 위에 단 비로다"라고 기록된 신명기 32:2을 제시한다.

그렇다면 두 증인이 하늘을 닫아 비가 오지 못하게 하는 것은 어떻게 해석할까? 신천지는 이 말씀이 "두 증인이 자신들에게 속한 성도들로 하여금 하나님의 말씀을 전하지 못하게 한다는 뜻"으로서, "두 증인이 있는 곳에는 말씀의 비를 내리고 멸망 받는 장막에는 말씀의 비가 중단된다"고 주장한다. 그리고 이어서 물이 피 되게 하는 권세에 대해서는 다음과 같이 주장한다.

모세는 지팡이로 애굽의 물이 피가 되게 하였지만 두 증인은 예수님께서 펼치신 책의 말씀(계 10장)으로 멸망자(짐승)의 교리가 비진리임을 드러낸다.[8]

(2) 문제 제기

여기서도 신천지는 증거장막성전과 유재열의 장막성전이라는 이원론적 세계관을 기본으로 하는 자신만의 해석에서 크게 벗어나지 않는다. 하지만 "하늘"과 "비"가 각각 새 장막과 말씀이라고 보는 해석은 정당할까? 신천지는 본문을 해석하면서 출애굽기의 재앙이 배경으로 사용된 것은 인정하지만, 엘리야의 사역에 대해서는 언급하지 않는다. 신천지가 이 본문이 엘리야의 저주를 배경으로 한다는 사실을 모를 리 없지만, 그것을 연결할 만한 마땅한 대상을 찾지 못한 것은 아닌지 의구심이 생긴다.

두 증인의 사역에 대한 신천지의 해석은 그들의 비유 풀이가 다른 모든 것은 뒤로하고 장막성전과 신천지에만 초점을 맞춘다는 사실을 여지없이 드러내 준다. 신천지가 말하는 두 증인의 실상인 이만희 씨가 이렇게 요한계시록에 기록된 수많은 사건을 경험하는 동안 전 세계의 그리스도인들은 그 사실을 전혀 알지 못하고 성경과 상관없는 신앙생활을 하고 있었다는 신천지의 주장은 자기 분수를 알지 못하는 너무 오만한 주장이 아닐까?

(3) 성경적 해석

요한계시록 11:5-6의 이적과 기사에 대한 말씀은 모세와 엘리야의 모델을 따르고 있다. 요한은 왜 이 두 인물을 두 증인과 관련시키는 것일까? 모세와 엘리야는 구약에서 예언 사역을 하는 예언자들의 대표격이다. 예언자들은 하나님의 통치를 드러내는 역할을 감당하는데, 신약에서 이 예언 사역은 교회 공동체에 의해 계승된다. 곧 교회가 예언 사역을 계속 이어가도록 부르심을 받은 것이다.

　모세와 엘리야의 예언 사역에는 상당한 저항이 뒤따랐다. 모세는 애굽의 바로, 엘리야는 아합 왕이라는 당대의 최고 권력가와 정면으로 맞서야 했다. 따라서 요한계시록 11:5-6을 읽는 독자들은 자연스레 모세와 엘리야가 하나님의 말씀을 예언하기 위해 감당했어야 할 위험과 그 위험 속에서 그들을 지키신 하나님에 대해 생각하게 되었을 것이다. 즉 본문이 염두에 둔 모세와 엘리야라는 두 모델은 "두 증인"인 교회가 예언 사역을 감당할 때 적대적 세력과 필연적으로 직면할 수밖에 없다는 사실을 보여주기 위한 목적을 가진다. 여기서 하늘과 비는 엘리야 시대에 일어났던 사건을 묘사하기 위해 사용된 소재이지 하나하나가 특별한 의미를 가진다고 보기 어렵다.

4. 다시 생기 받은 두 증인(계 11:7-13)

(1) 신천지 해부

신천지는 요한계시록 9장을 해석하면서 무저갱이 사탄이 들어가 처소로 삼고 사는 사람 또는 조직이라고 주장한 바 있다. 신천지는 이 주장을 바탕으로 요한계시록 11장에 등장하는 "무저갱으로부터 올라오는 짐승"이 "거짓 목자"를 의미한다고 해석한다. 그리고 이를 앞서 말한 "두 증인"과 연결해, "이 짐승은 일곱 금 촛대 장막에 행한 일을 성경에 예언한 멸망의 일이라고 증거하는 것이 싫어 두 증인을 죽인다"라고 주장하면서 두 증인의 죽음은 영적인 죽음이며 주께 받은 교권을 박탈당하는 것을 의미한다고 해석한다.[9]

두 증인을 무덤에 장사하지 않은 이유에 대해서 신천지는 예수님이 외식하는 서기관과 바리새인들을 회칠한 무덤 같다고 책망하신 마태복음 23:27을 끌어온다. 즉 요한계시록 11:9의 "무덤"은 영적인 의미로서 회칠한 것처럼 거룩해 보이는 교리와 교법으로 꾸민 멸망자의 무덤이므로 두 증인을 무덤에 장사지낼 수 없다는 것이다. 또 두 증인의 시체를 무덤에 장사하지 않고 구경하는 것은 두 증인을 자기 교단에 가입시키지는 않으면서 이들이 증거나 예언을 못 하게 된 것을 조롱하며 보게 된다는 뜻이라고 주장한다.[10]

요한계시록은 이 두 증인이 죽임을 당한 후 삼 일 반 후에 하나님으로부터 생기를 받아 다시 일어섰다고 기록한다. 신천지는 이 이야기를 오늘날 "두 증인"의 말씀(?) 전파가 중단되었던 사건과 연결한다. 그래서 신천지는 생기란 하나님의 말씀을 의미하며, 삼 일 반은 "문자 그대로의 기간으로서 다니엘 9:24-27에 기록된 칠십 이레 중 마지막 한 이레의 절반을 의미한다"고 주장한다. 그러면서 "칠십 이레"의 구체적인 기간을 밝히는데, 이 칠십 이레는 1절의 "예언이 응하여 성전과 제단을 척량하라 즉 성전을 중건하라는 명령이 날 때"로부터 시작해 "하나님의 장막이 이방 멸망자에게 짓밟히는 삼 년 반이 끝나는 때"에 마쳐진다는 것이다. 즉 신천지의 주장에 따르면 "두 증인의 말씀 전파가 중단되었던 칠십째 이레의 삼 일 반이 끝나고 나머지 삼 일 반이 지나면 칠십 이레가 끝나는 동시에 형벌의 기간인 삼 년 반도 끝나게 된다."[11]

그렇다면 신천지는 두 증인이 구름을 타고 하늘로 올라갔다는 말씀은 어떻게 해석할까? 여기서 다시 "하늘"이 중요한 열쇠 역할을 하는데, "하늘"을 늘 장막성전과 연결하는 신천지는 두 증인이 하늘로 올라갔다는 말씀은 두 증인이 배도한 일곱 금 촛대 교회로 간다는 의미라고 주장한다. 여기에 덧붙여 하늘에는 영계 하나님 나라의 의미도 있다면서, "부활하신 예수님께서 영계 하나님께로 올라가셨다가 제자들에게 나타나신 것처럼 두 증인도 생기 받고 살아난 후에 먼저 하나님께서 계신 영계로 올라갔다가 배도한 선민에게 가게 된다"라고 주장한다.[12]

(2) 문제 제기

유재열의 장막성전과 신천지 증거장막성전에서 있었던 사건들, 이만희 씨의 개인적인 경험들을 요한계시록의 실상이라고 주장하는 신천지의 성경 해석은 합당한 해석일까? 요한계시록 본문은 분명히 전달하고자 하는 나름의 주제를 가지고 있는데, 그것과는 전혀 상관없이 자신들의 입장에서 본문의 의미를 재구성하는 신천지의 해석 방법은 성경적이지 않을뿐더러 상식적으로도 용납하기 힘들다.

신천지는 두 증인이 이만희 씨와 홍종효 씨라는 실제 인물이라는 전제를 설정해놓고, 그것에 맞추어 요한계시록 본문을 해석한다. 하지만 논리적인 순서를 뒤집어서 생각하면 신천지의 요한계시록 해석이 억지라는 사실이 드러난다. 즉 하나님이 요한계시록의 말씀을 통해 이만희 씨와 홍종효 씨가 하나님의 구원 역사에서 중요한 역할을 담당한다는 사실을 알려주기 원하셨다면 지금처럼 요한계시록을 기록하게 하셨을까를 생각해보아야 한다는 말이다. 성도들의 구원을 기뻐하시는 하나님은 요한계시록을 묵상하는 성도들이 엉뚱한 해석의 위험에 빠지지 않도록 분명한 단서를 달아놓으셨을 것이며, 다른 성경들도 그 단서와 갈등을 일으키지 않는 내용으로 구성되었을 것이다.

이는 우리가 요한계시록을 포함한 성경을 해석할 때 주의해야 할 점 중 하나다. 자신이 내린 결론을 합리화하기 위해 성경 구절을 짜깁기하는 해석은 분명히 올바른 성경 해석이 아니다. 나아가 특수한 본문에 대한 해석을 절대화하여 다른 본문을 그 해석에 종속시키는 것도 올바른 해석 방법이 아니다. 성경 본문을 대할 때 우리는 본문의 섬세한 변화에 촉각을 곤두세우고 저자의 의도를 파악하는 동시에, 다른 성경과의 관계 속에서 본문이 강조하는 점이 무엇인지를 신중하게 연구하는 노력을 기울여야 한다.

그런 의미에서 성경에서 안 좋은 것은 무조건 기성 교회와 장막성전에 대입하고, 좋은 것은 신천지와 이만희 씨에게 갖다 붙이고 보는 신천지의 요한계시록 해석은 나쁜 성경 해석의 전형이라고 할 수 있다. 신천지는 두 증인, 무저갱, 짐승, 무덤, 삼 일 반, 생기, 하늘, 구름 등에 대한 단편적인 해석들을 모자이크처럼 잇고 붙여 자신들의 영광을 드러낸다. 그러나 요한계시록이 드러내고자 하는 것이 과연 신천지라는 일개 집단의 영광일까?

(3) 성경적 해석

요한계시록 9장의 해석을 다룰 때 살펴본 것처럼 무저갱은 사탄의 거처로 설정된 상징이다. 요한계시록 11장에 등장하는 무저갱의 짐승은 네로 황제를 모델로 그려진, 대표적 악의 세력 중 하나다. 이에 대한 내용은 요한계시록 13장의 해석을 다룰 때 좀 더 자세하게 살펴보자.

요한계시록 11장에서 두 증인은 충성스런 참 증인이신 예수님의 길을 따라가는 제자로서의 교회 공동체를 의미한다. 이 두 증인이 짐승에 의해 죽임을 당하는 것은 교회 공동체가 세상을 향하여 회개를 촉구하는 증언 사역을 감당할 때 필연적으로 악한 세력의 저항을 받게 된다는 사실을 죽음이라는 극단적 상황을 통해 묘사한 것이다.

신천지는 본문의 "생기"가 말씀을 의미한다고 해석하지만, 본문의 배경인 창세기 2:7과 에스겔 37:10, 그리고 본문과 평행 관계인 요한복음 20:22을 고려할 때 "생기"의 의미는 "말씀"이라고 할 수 없다.

창 2:7	겔 37:10	요 20:22	계 11:11
여호와 하나님이 흙으로 사람을 지으시고 <u>생기</u>를 그 코에 불어넣으시니(ἐνεφύσησεν εἰς τὸ πρόσωπον αὐτοῦ <u>πνοὴν ζωῆς</u>) 사람이 생령이 된지라(창 2:7)	이에 내가 그 명령대로 대언하였더니 <u>생기</u>가 그들에게 들어가매(εἰσῆλθεν εἰς αὐτοὺς τὸ <u>πνεῦμα</u>) 그들이 곧 살아나서 <u>일어나 서는데</u>(ἔστησαν ἐπὶ τῶν ποδῶν αὐτῶν) 극히 큰 군대더라(겔 37:10)	이 말씀을 하시고 그들을 향하사 숨을 내쉬며(ἐνεφύσησεν) 이르시되 성령을 받으라(Λάβετε πνεῦμα ἅγιον)(요 20:22)	삼 일 반 후에 하나님께로부터 <u>생기</u>가 그들 속에 들어가매 (<u>πνεῦμα ζωῆς</u> ἐκ τοῦ θεοῦ εἰσῆλθεν ἐν αὐτοῖς) <u>그들이 발로 일어서니</u>(ἔστησαν ἐπὶ τοὺς πόδας αὐτῶν) (계 11:11)

생기와 관련된 구절 비교

이 구절들에서 "생기"로 번역된 그리스어 프뉴마(πνεῦμα)는 성령을 의미하는 단어로 사용되기도 한다. 다만 창세기 2:7은 생명의 "숨결"(프노엔, πνοήν)—이 단어는 "바람"이란 의미로도 사용된다—이라는 단어를 사용하는데, 사실 프노엔도 다른 세 개의 경우와 크게 다르지 않다. 왜냐하면 창세기 2:7과 요한복음 20:22이 "불어넣다" 혹은 "숨을 내쉬다"라는 뜻을 가진 에네푸세센(ἐνεφύσησεν)이라는 동사를 똑같이 사용하기 때문이다.

성경에 "생기"가 처음 등장하는 장면은 하나님이 아담을 지으실 때다. 에스겔 37:10은 마른 뼈에 하나님의 영을 불어넣는 장면을 통해 이스라엘의 회복에 대한 종말적 약속을 선포한다. 요한복음에서 예수님은 성령을 제자들에게 불어넣어 에스겔이 선포한 새 이스라엘의 형성이 성령 받은 제자들을 통해 성취될 것을 보여주신다. 요한계시록 11:11은 이런 배경 속에서 교회 공동체를 의미하는 두 증인에게 생기가 들어가는 모습을 통해 예언 사역을 완성한 교회 공동체가 새로운 이스라엘로 완벽하게 다시 창조되었음을 보여준다.

두 증인이 구름을 타고 하늘로 올라가는 장면은 예수님의 승천 모형을 따르고 있다(행 1:9; 계 1:7). 그리고 앞서도 살펴보았듯이 이 장면은 다니엘 7:13-14을 배경으로 왕권 수여식을 연상시킨다. 즉 승천을 통해 예수님의 왕권이 우주적으로 공표된 것처럼, 본문은 하나님의 백성들도 예수님과 함께 하늘로 올라가 그 왕권에 참예한다는 사실을 알려준다. 이는 요한계시록 3:21의 성취이기도 하다.

이기는 그에게는 내가 내 보좌에 함께 앉게 하여주기를 내가 이기고 아버지 보좌에 함께 앉은 것과 같이 하리라(계 3:21).

신천지 요한계시록 해석 무엇이 문제인가?

【 9장 "두 증인" 정리 】

① 신천지는 요한계시록 11장에 등장하는 두 증인 중 한 사람이 사도 요한의 입장으로 오는 목자인 이만희 씨라고 간주하고, 이 해석을 전제로 나머지 부분을 짜깁기식으로 연결한다.

② 성경적 해석을 살펴보면 요한계시록 11장의 두 증인, 두 촛대, 두 감람나무는 왕 같은 제사장으로서의 교회 공동체를 의미한다.

③ 두 증인은 예수님이 죽임을 당하신 곳에서 죽임을 당하고, 예수님처럼 부활하고 승천한다. 이는 교회 공동체가 참 증인의 삶을 사신 예수님의 길을 따라 순교적 각오를 해야 한다는 사실을 보여준다.

④ 요한계시록 11장의 해석에서 중요한 내용을 정리하면 다음과 같다.

주 제	신천지 주장	성경적 해석
척량하는 성전	알곡 성도를 추수하여 모은 곳	교회가 하나님의 보호를 받는 영역
그 안에 있는 사람들	배도와 멸망의 사건을 피해 나와 하나님께 예배드리는 자들	
짓밟히는 성전 바깥 마당	배도한 일곱 금 촛대 장막	교회가 고난 받는 영역
두 증인	두 증인 중 하나가 요한의 입장에서 오는 목자 이만희 씨를 의미	교회 공동체
굵은 베옷	죽은 행실을 회개시키는 말씀	회개의 상징적 이미지
두 감람나무의 감람유	두 증인이 증거하는 말	슥 4장에서 왕(스룹바벨)과 제사장(여호수아)을 교회 공동체에게 적용하여 왕 같은 제사장으로서의 속성을 부여

주 제	신천지 주장	성경적 해석
무저갱	지옥: 사탄이 처소로 삼고 있는 집단	사탄의 거처
삼 년 반	문자 그대로의 시간	초림부터 재림까지의 기간을 가리키는 상징적 숫자
두 증인이 구름 타고 올라가다	영계로 올라갔다가 일곱 금 촛대 교회가 있는 배도한 선민 쪽으로 가게 하다.	예수님의 발자취를 따르는 교회 공동체가 승천의 영광을 경험

요한계시록 11장 해석 비교

10장
해를 입은 여자가 낳은 아이와 용의 전쟁
요한계시록 12장 해석 해부하기

I. 예수님의 탄생과 승천(계 12:1-6)

(1) 신천지 해부

요한계시록 내용의 대부분을 시간상 연속된 것으로 해석하는 신천지는 이례적으로 요한계시록 13장이 12장보다 먼저 와야 한다고 주장한다. 그 이유는 이미 짐승이 일곱 금 촛대 교회에 들어와 있기 때문이라는 것인데, 여기서도 유재열의 장막성전을 중심으로 요한계시록을 해석한다는 사실을 알 수 있다. 『요한계시록의 실상』, 249-256을 바탕으로 신천지의 요한계시록 12장 해석에서 주요 요소들을 정리하면 다음과 같다.

- 해, 달, 별 가진 여자: 영적 이스라엘 곧 일곱 금 촛대 장막의 목자로서 유재열(= 배도자 = 멸망자)
- 하늘: 하늘 장막 = 일곱 금 촛대 교회
- 여자가 잉태한 아이: 장막성전의 목자가 영적으로 낳은 성도

- 아이 탄생의 의미: 선민의 장막이 멸망하는 일밖에 없었지만, 아이의 탄생으로 구원의 길이 열리고 새 하늘과 새 땅, 새 예루살렘, 새 이스라엘이 창조됨
- 천국에 소망을 둔 성도는 하늘 장막에 용이 들어와 있는 마흔두 달 안에 해, 달, 별을 가진 여자로부터 난 남자를 찾아야 한다.
- 아이 탄생과 예수님 탄생의 차이: 예수님은 실제 말구유에서 태어나셨지만, 본장의 남자는 하나님의 말들(계 6장)인 천천만만의 천사들(계 5:11)과 용의 말들인 이만만의 악령들(계 9:14-19)이 집결한 영적 말구유에서 태어난다.
- 만국을 다스릴 남자
  - 요한계시록 2-3장에서 약속한 "이긴 자"=예수님의 보좌에 앉게 되는 약속한 목자(계 3:21)
  - 용이 하늘 장막을 "침노해 들어왔을 때" 그 장막에서 "해, 달, 별을 가진 여자로부터" 난 자
- 용: 마귀, 사탄, 뱀
  - 일곱 머리와 열 뿔: 일곱 머리는 선견자인 일곱 목자를, 열 뿔은 머리인 목자에게 속한 열 권세자들을, 꼬리는 사탄에게 속한 거짓 선지자를 의미
  - 용은 하늘의 전쟁 결과 쫓겨난다.
  - 용이 아이를 삼키려고 기다리는 이유: 예수님 탄생 시에 헤롯 대왕의 행위와 유사하다. 어느 시대나 하나님께서 약속하신 목자가 출현하는 것을 막으려는 마귀의 속성은 변하지 않는다.

앞의 내용을 살펴보면 신천지는 직접 이만희 씨가 요한계시록 12장의 "아이"요 "만국을 다스릴 남자"이자 "이긴 자"라는 사실을 말하지는 않지만 가능한 모든 소재를 이용해 끊임없이 이만희 씨의 특권에 대해 강조한다는 사실을 확인할 수 있다. 해, 달, 별 가진 여자는 일곱 금 촛대 교회의 목자라고 해놓고, 이 여자로부터 난 남자를 찾아야 한다고 넌지시 주장하는 신천지는 교주 신격화를 위해 요한계시록을 악용하는 사이비 단체의 전형적인 교육 방법을 모방한 것 같다.

기독교는 전통적으로 요한계시록 12장의 여자는 교회를, 아이는 예수님을 의미한다고 해석하는데 신천지는 이런 해석을 비판한다. 그들이 제시하는 근거를 살펴보면 첫째, 교회가 예수님을 낳은 후 광야로 도망가서 천이백육십 일 동안 양육을 받는다는 말이 성립할 수 없다는 것이다. 둘째, 예수님이 이기는 자에게 만국을 다스리는 권세와 철장을 준다고 하셨는데(계 2:26-27), 본문의 아이가 예수님이라면 예수님이 자기 자신에게 만국을 다스리는 철장 권세를 준다는 것은 말이 되지 않는다는 점이다.[1] 나아가 신천지는 본문의 아이가 누군가를 지칭한다고 해석하기 때문에 이 아이가 올라간 하나님 보좌가 "이긴 자에게 주시겠다고 약속한 보좌요 영계 하나님의 보좌가 임하게 될 곳"(계4장)이라고 해석한다.[2]

(2) 문제 제기

신천지는 요한계시록 12장에 등장하는 여자가 교회 공동체를 의미한다는 전통적 해석을 부정하고 일곱 금 촛대 교회의 목자라고 주장한다. 그리고 이 여자가 낳은 성도 하나가 본문의 아이이자 이긴 자이며 "장차 철장으로 만국을 다스릴 자"이자 "예수님의 보좌에 앉게 되는 약속한 목자"라고 소개한다. 이렇게 요한계시록 전체를 이만희 씨 중심으로 재배치하는 것이다.

그러나 요한계시록 2:26-27의 이긴 자와 12장의 아이를 같은 대상으로 볼 수 있을까? 요한계시록 12장의 아이는 "장차 철장으로 만국을 다스릴 남자"로서 시편 2:9을 배경으로 볼 때 메시아이신 예수님을 가리킨다. 반면 요한계시록 2장의 "이긴 자"는 일곱 교회에게 주어지는 메시지마다 후렴처럼 반복되는 문구에 등장하는 개념으로, 일곱 교회 성도 중 예수님의 말씀에 순종하여 황제 숭배의 신앙적 도전을 극복한 자들을 가리킨다. 이처럼 전혀 다른 문맥에서 전혀 다른 의미가 있는 두 대상을 "이만희"라는 한 인물을 중심으로 동일시하는 해석이 과연 올바른 해석인지 의문이 생긴다.

(3) 성경적 해석

요한계시록 12장에 등장하는 해를 입었으며 발아래에 달이 있고 머리에는 열두 별의 면류관을 쓴 여자의 모습은 창세기 37:9-10을 배경으로 한다.

> 9요셉이 다시 꿈을 꾸고 그 형들에게 고하여 가로되 내가 또 꿈을 꾼즉 해와 달과 열한 별이 내게 절하더이다 하니라. 10그가 그의 꿈을 아버지와 형들에게 말하매 아버지가 그를 꾸짖고 그에게 이르되 네가 꾼 꿈이 무엇이냐? 나와 네 어머니와 네 형들이 참으로 가서 땅에 엎드려 네게 절하겠느냐?(창 37:9-10)

요셉은 해와 달과 열한 개의 별이 등장하는 꿈을 꾸었는데, 야곱은 이 꿈이 야곱 자신과 요셉의 어머니 그리고 요셉을 제외한 열한 명의 형제들과 연관되었다고 해석했다. 여기에 요셉을 포함시키면 열한 개의 별은 열두 개의 별이 된다. 즉 해와 달과 열두 개의 별은 야곱과 그의 아내, 그리고 그 사이에서 태어난 열두 명의 아들들을 의미한다. 구약 역사에서 야곱과 그의 아내 사이에서 태어난 열두 명의 아들은 열두 지파를 이루고, 열두 지파는 이스라엘 백성 전체를 이루게 된다. 그러므로 열둘이라는 숫자는 하나님의 백성을 의미하는 수라고 할 수 있다.

결국 요한계시록 12:1에서 해를 입고 발아래에 달이 있으며 머리에 열두 별의 면류관을 쓴 여자는 구약의 이스라엘을 상징한다고 할 수 있다. 이 여자는 아들을 낳는데, 그 아이는 "장차 철장으로 만국을 다스릴 남자"다. 이 표현은 시편 2:9에서 빌려온 것으로서, 이는 이 아이가 메시아의 신분임을 의미한다. 즉 여자가 아이를 낳았다는 것은 이스라엘 백성을 통해 예수님이 오셨음을 보여주는 그림 언어라고 이해할 수 있다. 마태복음 1장의 족보는 이 사실을 자세히 설명한다.

요한계시록 12장을 올바르게 이해하려면 12장에 등장하는 여자가 구약의 이스라엘과 거기에서 발전·성취되어 나타난 신약의 교회를 의미한다는 사실을 파악하는 것이 중요하다. 구약에서 약속한 메시아이신 예수님을 상징하는 아이가 "하나님 앞과 그 보좌 앞으로 올려" 간 후 여자는 광야로 가서 양육을 받는데, 이는 신약 교회의 상황을 이스라엘의 광야 생활과 평행적 관계로 설정하려는 시도다.

그렇다면 여자가 광야에서 양육 받은 기간인 천이백육십 일의 의미는 무엇일까? 이 양육이 시작되는 시기는 예수님을 상징하는 아이가 하늘로 올라간(승천한) 때이므로 이 천이백육십 일의 시작은 예수님의 승천(초림)이다. 그렇다면 이 양육이 끝나는 시기는 언제일까? 여자가 신약 교회 공동체를 의미한다면 그것은 바로 재림 때까지라고 보아야 한다. 이는 이 기간이 성전 바깥 마당이 이방인에게 짓밟히는 기간(계 11:1-2)과, 두 증인이 예언 사역을 감당하는 기간과 같다(계 11:3-4)는 사실에서도 확인할 수 있다. 교회 공동체는 예수님의 승천 이후에 성령을 통해 재림 때까지 양육을 받는다.

다음 항목으로 "용"에 대해 살펴보자. 요한계시록 12:9은 용이 옛 뱀, 마귀, 사탄이라고 밝힌다. 사탄을 용이라는 상징을 사용하여 표현하는 이유는 무엇일까? 그 이유를 알기 위해서는 다음의 구약성경을 참고할 필요가 있다.

주께서 주의 능력으로 바다를 나누시고 물 가운데 용들의 머리를 깨뜨리셨으며(시 74:13).

너는 말하여 이르기를 주 여호와의 말씀에 애굽 왕 바로야 내가 너를 대적하노라. 너는 자기의 강들 중에 누운 큰 악어[용: NRSV]라(겔 29:3).

인자야 너는 애굽 왕 바로에 대하여 애가를 불러 그에게 이르라. 너를 열국에서 젊은 사자에 비하였더니 실상은 바다 가운데 큰 악어[용: NRSV]라(겔 32:2).

9여호와의 팔이여 깨소서 깨소서 능력을 베푸소서! 옛날 옛 시대에 깨신 것

같이 하소서! 라합[애굽: 시 87:4]을 저미시고 용을 찌르신 이가 어찌 주가 아니시며 10바다를, 넓고 깊은 물을 말리시고 바다 깊은 곳에 길을 내어 구속 얻은 자들로 건너게 하신 이가 어찌 주가 아니시니이까?(사 51:9-10)

구약에서 하나님을 대적하고 그 백성을 핍박하는 대표적 악의 세력은 다름 아닌 애굽, 혹은 그 애굽을 다스리는 바로와 그의 병사들이라고 할 수 있다. 그런데 상당수 구약 본문은 애굽의 바로 왕과 그 병사들을 "용" 혹은 "용들"이라고 표현한다. 따라서 구약적 개념의 연속선 상에 있는 신약에서 하나님을 대적하고 그의 백성을 괴롭히는 악의 대표적 세력인 사탄을 용이라고 표현하는 것은 매우 적절하다고 할 수 있다.

이 용은 머리가 일곱 개이고 뿔이 열 개다. 이는 다니엘 7장에 등장하는 네 마리 짐승을 연상시키는 표현들이다. 다니엘 7장에 등장하는 네 마리 짐승 중 셋째 짐승은 머리가 네 개이고, 넷째 짐승은 뿔이 열 개다. 따라서 네 짐승의 머리는 총 일곱 개(1+1+4+1)이고, 뿔은 열 개(0+0+0+10)다. 이는 요한계시록 12장에 등장한 "큰 붉은 용"의 머리 및 뿔 개수와 일치한다. 이를 통해 요한계시록의 독자들은 용이 다니엘서의 네 짐승과 똑같은 특성을 지니고 있음을 알아챌 수 있었을 것이다. 즉 하나님을 대적하고 하나님의 백성을 핍박한다는 점에서 다니엘서의 네 짐승과 요한계시록의 용 곧 사탄은 공통점이 있다. 용은 예수님으로 말미암아 도래할 하나님 나라의 성취를 방해하려는 목적에서 아이의 탄생을 저지하려 한다.

다음 표에서 확인할 수 있듯이 요한계시록 12:5은 이사야 66:7-8을 배경으로 한다.

계 12:5	사 66:7-8
여자가 아들, 남자[이 단어의 번역이 생략되었음]를 낳으니…	7 시온은 구로하기 전에 생산하며 고통을 당하기 전에 남자를 낳았으니 8 이러한 일을 들은 자가 누구이며 이러한 일을 본 자가 누구뇨? 나라가 어찌 하루에 생기겠으며 민족이 어찌 순식간에 나겠느냐? 그러나 시온은 구로하는 즉시 그 자민[아들들]을 순산하였도다

요한계시록 12장에서 "아들"의 의미

이사야 66:7-8은 시온을 통해 탄생한 남자(메시아)를 통해 하나님 나라와 그 백성이 하루아침에 세워지게 된다는 내용이다. 요한계시록 12:5은 이사야 66:7-8의 성취를 말씀하는데, 에덴에서 꽃을 피운 바 있었던 하나님 나라가 예수님의 탄생을 통해 다시 도래하게 되었음을 보여준다. 에덴의 하나님 나라를 저지한 바 있었던 옛 뱀, 곧 마귀 사탄은 이제 하나님 나라의 회복을 가져오게 될 예수님의 탄생을 저지하기 위해 악한 행위를 시도한다.

2. 하늘에서의 전쟁(계 12:7-12)

(1) 신천지 해부

요한계시록 12:7-12에는 하늘의 전쟁에서 패한 용이 여자를 핍박하는 장면이 묘사되어 있다. 물론 신천지는 이 본문도 유재열의 장막성전을 중심으로 해석한다.

요한계시록 12:7의 전쟁이 벌어지는 하늘은 신천지가 볼 때 당연히 일곱 금 촛대 장막이다. 또한 영계와 육계를 구분하는 수법을 사용하는 신천지는, 미가엘 및 그의 사자들이 용의 군대가 영계에서 전쟁을 벌인다면 육계에서도 그에 상응하는 전쟁이 벌어진다고 주장한다. 여기서 신천지가 말하는 육계의 전쟁이란 만국을 다스릴 남자와 그 형제들이 멸망자들(일곱 머리와 열 뿔 가진 짐승, 기성 교회)과 말씀으로 벌이는 대결이다. 그들은 영계에서 천사들이 승리한 것처럼 육계에서는 아이와 형제들이 멸망자들에 대해 승리를 거둔다고 말한다. 이 전쟁의 결과 용이 하늘에서 땅으로 쫓겨나게 되는데, 신천지는 여기서 하늘은 일곱 금 촛대 장막을, 땅은 성령이 없는 육체뿐인 사람들을 가리키며, 용이 쫓겨난 시기는 멸망의 기간인 마흔두 달이 지난 후라고 주장한다.[3]

여기서 신천지가 유재열의 장막성전을 요한계시록의 중심에 두고 해석하는 근거를 다시 한 번 살펴보자. 그들은 해가 검어지고 달이 피같이 되며 별이 땅에 떨어지는 여섯째 인 심판을 기록한 요한계시록 6:12-14을 해석하면서 재림이 이루어지는 "성취의 때"에 해, 달, 별이 떨어지는 것은 "기독교 세계의 목자와 성도"가 다 심판을 받고 끝난다는 뜻이라고 주장한다. "해, 달, 별이 있는 하늘 장막(계 13:6)은 기독교 세계 마지막에 나타난 곳이므로 이곳의 멸망은 기독교의 종말을 의미한다"는 것이다.[4]

(2) 문제 제기

하늘을 일곱 금 촛대 장막 교회라고 보는 신천지의 해석은 정당한가? 요한계시록에서 하늘은 하나님의 임재와 통치의 장소다(참고. 계 4:5). 요한계시록 12:10은 용이 쫓겨나자 하늘에 하나님의 구원이 선포되는 장면이 기록되어 있다. 이는 신천지의 해석이 본문을 제대로 반영하지 않은 허위적 해석임을 보여준다. 결국 하늘이 일곱 금 촛대 장막으로서 용에 의해 짓밟혔다는 주장은 상황을 먼저 설정하고 성경 본문을 그것에 꿰맞추는 잘못된 성경 해석의 결과라고 할 수 있다.

용이 하늘로부터 쫓겨난 시기가 마흔두 달이 지난 후라고 보는 주장은 요한계시록 12장 1-5절과 6절, 7-12절을 시간적 순서로 본 결과다. 그러나 이 세 문단은 시간적 관계로 볼 수 없다. 게다가 용이 하늘로부터 쫓겨난 시점이 마흔두 달이 지난 후라고 보기도 어렵다. 요한계시록 12:6과 12:14은 여자가 광야에서 양육을 받는 같은 사건을 다른 입장에서 묘사하는데, 용이 하늘로부터 쫓겨난 것은 아이가 하늘로 올라간 사건 곧 예수님의 승천으로 말미암은 결과이기 때문이다. 즉 용은 마흔두 달이 시작되기 전에 이미 하늘에서 쫓겨난다.

신천지가 볼 때 일곱 금 촛대 교회의 멸망은 곧 기독교의 멸망이다. 여기서 신천지의 말세론이 엿보이는데, 곧 신천지는 말세를 세상의 끝으로 보지 않고 "종교 세계의 끝"으로 본다. 이러한 말세론을 수용한다면 종말에 재림하시는 예수님은 이미 재림하셨어야 한다. 물론 신천지는 예수님이 이미 "영적으로" 재림하셨다고 주장한다. 그러나 과연 이런 말세론이 성경적으로 타당한지는 정확히 점검해보아야 한다. 신천지는 말세를 기성 교회가 멸망하는 순간으로 간주하지만 이러한 관점은 신천지 증거장막성전과 유재열의 장막성전, 그리고 기성 교회가 세상 전부인 양 생각하는 그들의 폐쇄적 세계관의 결과일 뿐이다. 신천지의 폐쇄적 세계관은 만물의 우주적 회복을 약속하고 전망하는 성경적 세계관과 비교할 때 정당성을 얻기 힘들다.

(3) 성경적 해석

먼저 하늘에서 벌어지는 용과 미가엘의 전쟁에 대해 살펴보자. 이 내용의 구약 배경은 다니엘 10:20-21이다.

> 20 그가 이르되 내가 어찌하여 네게 나아온 것을 네가 아느냐? 이제 내가 돌아가서 바사군과 싸우려니와 내가 나간 후에는 헬라군이 이를 것이라. 21 오직 내가 먼저 진리의 글에 기록된 것으로 네게 보이리라. 나를 도와서 그들을 대적하는 자는 너희 군 미가엘뿐이니라(단 10:20-21).

> 그때에 네 민족을 호위하는 대군 미가엘이 일어날 것이요 또 환난이 있으리니 이는 개국 이래로 그때까지 없던 환난일 것이며 그때에 네 백성 중 무릇 책에 기록된 모든 자가 구원을 얻을 것이라(단 12:1).

다니엘서에서 미가엘은 종말론적 구원자로 등장한다. 다니엘서에서 미가엘의 대적은 바사군과 헬라군이지만, 요한계시록은 이를 용과 그의 사자들로 바꾸어 이 전쟁이 하나님의 종말론적 구원 사역과 연관되어 있다는 사실을 보여준다. 이 전쟁에서 용은 패배하여 하늘로부터 쫓겨나는데, 이는 그리스도의 권세가 이루어진 사건 즉 예수님이 승천하신 사건의 결과라고 할 수 있다. 이처럼 요한계시록은 다니엘서의 종말적 전쟁이 예수님의 승천을 통해 하늘에서 성취된 것으로 재해석한다.[5]

이러한 종말적 승리는 형제(성도)들의 승리에도 적용된다(계 12:11). 요한계시록은 이러한 형제들의 승리를 이끌어내는 객관적 근거로서 어린 양의 피와 증거하는 말을, 주관적 증거로서 죽기까지 자기 생명을

아끼지 아니한 순종의 삶을 제시한다.[6]

성경적인 말세는 기성 교회가 멸망하는 순간이 아니라 구약의 약속들이 성취되는 순간이다. 이 말세는 예수님의 초림을 통해 시작되고 재림을 통해 완성된다. 이는 특히 요한계시록의 성경적 해석을 통해 극명하게 드러나는 사실이다.

3. 용과 여자(계 12:13-17)

(1) 신천지 해부

앞서 신천지는 요한계시록 12장의 아이를 낳은 여자가 장막성전의 목자인 유재열 씨를 가리킨다고 해석했다. 그들은 이 해석에 맞추어 요한계시록 12장의 나머지 부분을 설명한다. 먼저 신천지는 본문의 여자가 "큰 독수리의 두 날개를 받아 날아간다"는 말은 "배도한 하늘 장막의 목자가 '네 생물의 인도를 받는다'는 뜻"이라는 해석을 내놓는다.[7] 그리고 여기에 네 생물을 끌어들인 이유를 다음과 같이 밝힌다.

> 출 19:4에 보면 하나님께서는 독수리 날개로 이스라엘 백성들을 업어서 인도했다고 하신다. 그러나 실제 문자 그대로의 일은 없었으며 하나님께서는 계시록 4장에서 네 생물 중 독수리 같다고 한 것처럼 독수리 같다고 한 네 생물을 들어 이스라엘 백성을 애굽에서 인도해내셨다.[8]

그런데 신천지는 요한계시록 12장의 여자가 삼 년 반 동안 양육 받는 사건을 통해 여자의 정체가 세례 요한과 같은 "길 예비 사자"임을 알 수 있다고 주장한다. 삼 년 반 동안의 양육은 엘리야가 이세벨을 피해 삼 년 반 동안 까마귀를 통해 떡과 고기를 공급받은 사건을 비유하는데, 이는 이 여자가 "엘리야의 심령으로 온 초림의 길 예비 사자 세례 요한과 같은 '재림의 길 예비 사자'임을 알리기" 위함이라는 것이다.[9]

그러나 신천지는 이 여자가 용의 핍박을 피해 광야로 가서 삼 년 반 동안 하나님의 말씀이 아닌 이방 교리로 양육 받는다고 주장한다. 그들은 장막성전을 중심으로 요한계시록을 해석하면서, 그 교주였던 유재열 씨가 하나님의 선택을 받은 목자였으나 배도한 결과 신천지의 이만희 씨가 새롭게 선택을 받았다는 교리를 강화하기 위해 성경에서 필요한 부분을 잘라서 정교하게 이어 붙이는 작업을 지속하는 것이다.

이는 신천지가 요한계시록 12:15의 뱀을 해석하며 마태복음 23:33을 끌어들이는 대목에서 더욱 분명하게 드러난다. 마태복음 23장에서 예수님은 외식하는 서기관들과 바리새인들을 책망하시면서 그들을 뱀들이라고 부르신다. 그런데 신천지는 이 말씀을 이용해 요한계시록 12:15에서 뱀이 토한 강물이 "사탄의 영이 들어간 멸망자의 입에서 나오는 말"을 의미한다고 주장한다. 그리고 "여자의 뒤에서 물을 강 같이 토한다는 말은 배도한 길 예비 사자가 도망가고 없는 자리에서 그를 비난한다는 뜻"이라며 끝까지 요한계시록의 무대를 장막성전에 붙잡아둔다.[10]

(2) 문제 제기

출애굽기 19:4에서 독수리 모티프는 일종의 은유적 표현이다. 이 독수리를 요한계시록 4장에 나온 네 생물 중 하나인 독수리와 동일시하여 네 생물과 연결하는 신천지의 해석은 상당한 비약이다. 같은 단어지만 전혀 다른 문맥에서 다른 의미로 사용되기 때문이다. 독수리의 두 날개로 여자를 인도한 것을 가리켜 배도한 하늘 장막의 목자가 네 생물의 인도를 받는다고 해석한 이유는 본문에 충실하기 위해서가 아니라 자신의 앞선 해석에 충실하기 위해서이지 않을까?

신천지의 해석대로라면, 배도하여 멸망한 하늘 장막의 목자가 어떻게 하나님의 보좌를 지키는 네 생물의 인도를 받는다는 것인지 궁금하다. 게다가 여자가 용의 핍박을 피해 광야로 가서 삼 년 반 동안 하나님의 말씀이 아닌 이방 교리로 양육 받는다는 주장은 설득력이 별로 없다. 요한계시록 12:6은 여자가 하나님의 예비하신 곳에서 양육을 받는다고 기록하기 때문이다. 하나님의 양육이 어떻게 이방 교리라고 말할수 있는가?

신천지는 여자가 광야에서 삼 년 반 동안 양육 받는 것을 엘리야가 이세벨을 피해 그릿 시냇가에서 삼 년 반 동안 숨어지낸 것의 비유라고 말한다. 신천지는 이를 통해 여자라는 유재열 씨가 세례 요한처럼 재림의 길을 예비했다고 주장하는데, 그렇다면 세례 요한 뒤에 오신 예수님에 해당하는 사람이 누구인지가 궁금하다. 예수님의 발자취를 따르는 것에는 관심이 없고 자신을 예수님의 지위에 올려놓는 일에만 열성을 쏟는 신앙이 정상적이라고 말할 수 있을까?

(3) 성경적 해석

앞서도 살펴보았지만 요한계시록 12장의 "여자"는 구약의 이스라엘 백성 및 신약의 교회(예수님의 탄생 이후)를 가리키는 상징이다. 요한계시록 12:6, 14은 모두 이 여자가 용을 피해 광야로 피신한 사건을 기록한다.

하지만 요한은 14절에 변화를 주어 무언가 새로운 메시지를 전달한다. 이 변화는 다름 아닌 요한계시록 12:7-12에서 용이 하늘로부터 쫓겨나는 사건에 기인하는데, 그 변화의 중심에는 "독수리"가 있다.

계 12:6	계 12:14
그 여자가 광야로 도망하매 거기서 천 이백육십 일 동안 그를 양육하기 위하여 하나님께서 예비하신 곳이 있더라	그 여자가 큰 독수리의 두 날개를 받아 광야 자기 곳으로 날아가 거기서 그 뱀의 낯을 피하여 한 때와 두 때와 반 때를 양육 받으매

요한계시록 12:6과 12:14의 비교

앞의 표를 살펴보면 요한계시록 12:14은 12:6과 다르게 여자가 "독수리"의 두 날개를 받았다고 말씀한다. 여기서 독수리의 성경적 해석은 구약성경의 여러 구절을 고려하지 않으면 제대로 이해할 수 없다(출 19:4; 신 32:11-12; 사 40:31 등). 이를 모두 다룰 수는 없으므로 결론을 이야기하자면, 요한계시록 12:14은 12:7-12의 용이 쫓겨난 사건을 배경으로 여자를 더욱 힘 있는 모습으로 묘사한다.[11]

이 여자가 광야에서 삼 년 반 동안 하나님의 양육을 받는 것은 장막 성전의 목자가 교정 교육을 받은 것과 상관이 없다. 요한계시록 12장은 출애굽 1세대가 광야에서 하나님의 양육을 받은 것처럼, 교회 공동체가 성령을 통해 광야와 같은 이 세상에서 초림부터 재림 때까지 하나님의 양육을 받는다는 사실을 여러 가지 상징을 통해 보여줄 뿐이다.

요한계시록 12:15-16에서 뱀이 여자의 뒤에서 물을 강 같이 토하여 물에 떠내려가게 하는 장면은 출애굽기의 홍해 사건을 역으로 적용한 장면이다. 홍해 사건에서 하나님이 애굽의 병사들을 물에 떠내려가게 했을 때 하나님의 심판을 거부할 세력은 하나도 없었다. 애굽의 수많은 우상도 하나님의 심판을 막아내지 못했다. 하지만 요한계시록 12장에서 용이 물을 강 같이 토하여 여자를 공격할 때 하나님은 그 물을 막아 여자를 구원해주신다. 이러한 역출애굽 모티프는 교회 공동체를 향한 하나님의 보호가 얼마나 극적으로 이루어지는지를 잘 보여주는 대목이다.

【 10장 "해를 입은 여자가 낳은 아이와 용의 전쟁" 정리 】

① 요한계시록 12장에 등장하는 "여자"는 특정인을 예시하는 등장인물이 아니라, 구약의 이스라엘과 거기에서 발전·성취되어 나타난 신약의 교회를 가리킨다.

② 요한계시록 12장의 여자가 광야에서 양육 받는 천이백육십 일, 요한계시록 11장에서 성전 바깥 마당이 이방인에게 짓밟히고 두 증인이 예언 사역을 감당하는 마흔두 달 혹은 천이백육십 일은 같은 기간으로, 교회가 예수님의 승천 이후 재림 때까지 고난 중에도 하나님의 보호를 받으며 증언하는 사명을 감당한다는 사실을 보여준다.

③ 요한계시록 12장에 등장하는 "용"은 다니엘 7장에 등장하는 네 마리 짐승을 모델로 한다. 다니엘서의 네 짐승과 요한계시록의 용은 하나님을 대적하고 하나님의 백성을 핍박한다는 점에서 공통점이 있다.

④ 성경적 "말세"는 구약의 약속들이 성취되는 순간으로서 예수님의 초림을 통해 시작되고 재림을 통해 완성된다. 이는 특히 요한

계시록의 성경적 해석을 통해 극명하게 드러나는 사실이며, 그
외의 특정한 시기나 사건을 말세의 기준으로 보는 해석은 성경을
왜곡하는 위험한 해석일 가능성이 크다.

⑤ 요한계시록 12장의 중요한 주제들에 대한 해석을 비교·정리하
면 다음과 같다.

주 제	신천지 주장	성경적 해석
여자	일곱 금 촛대 교회를 인도하는 목자[유재열]	창 37:9-10을 배경으로 구약의 이스라엘: 계 12:5에서 아이(예수님)의 탄생 이후에는 신약의 교회로 성취·발전한다.
아이	일곱 금 촛대 교회의 목자[유재열]가 영적으로 낳은 성도	시 2:9을 배경으로 메시아로 태어난 예수님을 의미
만국을 다스릴 남자	이만희 씨	
용	사탄으로서 유재열의 일곱 금 촛대 장막을 짓밟고 멸망시킨 존재	사탄으로서 구약의 이스라엘과 그 성취인 신약의 교회를 핍박하는 세력
계 3:21의 예수님의 보좌에 함께 앉게 되는 자들	약속된 목자=이만희 씨	이기는 자로서 교회 공동체
하늘의 전쟁	용이 유재열의 일곱 금 촛대 장막을 침입하여 멸망시키는 정황을 가리킨다.	예수님의 승천으로 말미암아 필연적이고 치명적으로 사탄에게 가해진 공격을 설명하는 내용
	유재열의 일곱 금 촛대 장막이 사라지게 된 것은 용이나 짐승에 의해 짓밟혔기 때문이다[이는 본문에서 용이 하늘에서 쫓겨나는 것과 모순된다].	

주 제	신천지 주장	성경적 해석
여자가 삼 년 반 동안 광야에서 받는 양육	유재열의 (하늘) 장막성전이 이방 교리로 양육 받는 것을 말한다[부정적 의미].	출애굽한 이스라엘이 광야에서 하나님의 양육을 받은 정황을 신약의 교회 공동체에 적용하여 광야와 같은 세상에서 하나님의 양육을 받는 것을 말한다[위로가 되는 긍정적 의미].

요한계시록 12장 해석 비교

11장
두 짐승 이야기
요한계시록 13장 해석 해부하기

l. 첫째 짐승(계 13:1-10)

(1) 신천지 해부

요한계시록 13장에는 12장의 용과 밀접한 관계가 있는 두 짐승이 등장한다. 요한계시록이 보여주는 두 짐승에 대한 강렬한 묘사 때문에 이 두 짐승의 "실체"가 무엇인지를 확정하려는 시도가 끊이지 않았던 것 같다. 신천지도 여기에 가세해 장막성전을 중심에 두는 그들만의 해석 방법으로 요한계시록 13장을 해석한다. 요한계시록 13:1-10에 등장하는 첫째 짐승에 대한 신천지의 해석을 『요한계시록의 실상』, 274-281을 바탕으로 정리하면 다음과 같다.

- 바다에서 나온 짐승
  - 바다는 세상이요 짐승은 비유한 목자
  - 이 세상 목자들을 사자, 곰, 표범과 같은 맹수로 비유한 것은 이

들이 양과 같은 성도를 해치는 멸망자이기 때문

　　- 세상 목자를 주관하는 것은 마귀

- 짐승을 경배하는 온 땅: 장막성전에 들어온 세상 목자를 마치
참 목자인 것처럼 존경하고 섬기며 그가 가지고 온 예법으로 예
배하는 배도한 성도들

- 마흔두 달 일할 권세

　　- 멸망자 짐승이 사탄을 대행하여 하늘 장막을 삼 년 반 동안 짓밟
　　을 수 있는 권세

- 하늘 장막 성도와 싸워 이기는 짐승

　　- 일곱 금 촛대 교회에 침투하여 멸망시킴

　　- 싸워 이긴 무기: 교리와 교권

　　- 부패한 전통을 정통인 양 앞세워 하나님께서 세우신 장막과 성
　　도를 대적: 예컨대 총회장, 노회장과 같은 교권을 가지고 옛날 서
　　기관과 바리새인처럼 하늘 장막을 이단으로 규정함

이처럼 신천지는 요한계시록 13장의 두 짐승 역시 유재열의 장막성
전을 중심에 두고 해석한다. 그리고 장막성전이 해체된 이유에 대해 다
음과 같은 단서를 단다.

하늘이라 불릴 만큼 세상에서 성별된 하나님의 장막 성도가 짐승을 이상히
여기면서도 따르다가 결국 짐승의 다스림을 받게 된 것은 계시록 말씀을 깨
닫지 못해서이다. 만일 알았다면 만국을 다스릴 남자와 함께 짐승을 싸워
이겼을 것이다. 계시를 받지도, 배우지도 않은 사람은 본문의 장막 성도처럼

영적인 소경과 귀머거리가 되어 짐승에게 질 수밖에 없다.[1]

신천지는 이어서 요한계시록 13:8의 생명책에 이름이 기록된 자들은 "사데 교회에서 나와 흰옷 입고 사도 요한과 함께 주를 따르는 자들"이라고 주장한다. 요한계시록 3:4-5에 기록된, 사데 교회의 이기는 자들의 이름을 생명책에서 흐리지 않겠다는 말씀을 "생명책"이라는 연결 고리를 사용해 요한계시록 13:8 해석에 적용하는 것이다. 또 신천지는 생명책에 이름이 기록된 자들은 "하나님의 성전으로 척량 받은 자들"(계 11:1)이자 "만국을 다스릴 아이와 함께하는 형제들"(계 12장)이며 짐승과 멸망자들과 타협하지 않고 멸망의 장소인 배도한 장막을 피하여 나온 자들이라고 주장한다.[2]

반면 신천지는 생명책에 이름이 기록되지 않은 자들은 "배도한 하늘 장막 성도" 및 "불신자"나 "세상 교인"을 말한다고 주장한다. 신천지는 신천지 신도 이외의 모든 사람이 생명책에 기록되지 않았다고 보는 것이다. 이는 신천지가 어린 양의 생명책이 "영계의 천국 즉 거룩한 성 새 예루살렘이 와서 함께 하는 이긴 자(계 3:12)가 창설한 새 이스라엘 열두 지파 교회의 교적부"라고 주장하는 대목에서 분명하게 드러난다.[3]

(2) 문제 제기

요한계시록 13장 해석에서도 신천지는 세상과 교회가 아닌 신천지와 교회라는 대결 구도를 제시한다. 앞서도 여러 차례 지적했듯이 이런 해석의 가장 큰 문제는 이만희 씨의 신천지 증거장막성전, 유재열의 장막성전, 그리고 전통적인 기성 교회의 세 구도 속에서만 요한계시록의 의미를 파악하는 편협한 관점이다.

　요한계시록 13장에 이르러 신천지는 종말과 구원에 대해 상당히 분명한 입장을 드러낸다. 지금까지의 요한계시록 해석은 이제 신천지의 교적부가 요한계시록이 말씀하는 생명책이라는 결론으로 수렴되는 것이다. 그런데 이런 해석은 예수 그리스도를 통한 만물의 회복을 말씀하시는(계 21:5) 요한계시록의 본래 의미를 심각하게 훼손한다. 하지만 만물을 다루시는 하나님의 구원 사역을 눈에 보이는 한 단체의 한계 안에 가두려고 하는 모든 시도는 지금까지 실패했고 앞으로도 실패할 것이다.

　신천지는 요한계시록이 환상계시의 차원을 기록하고 있는데, 지금은 성취의 시대로서 실상계시를 깨달아야 한다고 주장한다. 하지만 신천지의 주장은 과연 어느 정도의 설득력을 가지고 있을까? 신천지는 자신의 해석 프레임을 정당화하려는 목적을 가지고 실상을 빙자해 성경을 왜곡하며 자신 이외의 모든 대상을 구원에서 소외시키지 않는가? 신천지는 자신들이 요한계시록의 실상을 독점하는 것처럼 이야기하지만, 지금까지 살펴본 바로는 그 실상이란 별것 아닌 사건들과 인물들의 조합에 불과하다. 사회적 물의를 일으킨 집단을 중시하고 다른 모든 교회를 마귀 취급하는 신천지의 요한계시록 해석은 정상적이라고 할 수 없다.

(3) 성경적 해석

요한계시록은 소아시아의 일곱 교회 성도들에게 보낸 편지다. 이 편지의 목적은 소아시아의 일곱 교회 성도들이 황제 숭배의 위협에 굴복하지 않고 신실하게 신앙을 지킬 것을 권고하기 위함이다. 즉 요한계시록에서 적대적 세력은 로마제국과 황제다. 이런 배경은 요한계시록 13장을 제대로 이해하는 데 매우 중요한 역할을 한다.

요한계시록 13장의 첫째 짐승은 네로 황제를 모델로 하여 로마제국 황제의 이미지를 구축한다. 먼저 13:3에 "죽게 된 것 같더니 그 죽게 되었던 상처가 나으매"라는 문구는 네로 황제의 귀환을 소재로 한 이야기와 매우 밀접한 관계가 있다. 더욱이 첫째 짐승의 이름의 수가 육백육십육이라고 밝히는 13:18은 첫째 짐승의 모델이 네로 황제라는 사실을 확정한다. 당시에는 특정인의 이름을 숫자로 표기하는 "게마트리아"라는 관습이 있었다. 당시의 유력한 인물 중 네로 황제의 이름을 히브리어로 음역하여 철자를 수로 환산하면 육백육십육이란 숫자가 산출된다.[4]

요한계시록 13:1-10에서 짐승이 상징하는 모델은 분명하게 로마제국의 황제들, 그중 특히 네로 황제다. 네로 황제는 기독교를 공식적으로 박해했다. 당시 그리스도인들은 네로 황제의 포악성에 대해 심각한 트라우마를 가지고 있었다. 따라서 요한은 네로 황제를 포함한 로마제국의 황제들을 가장 포악한 짐승의 형태로 묘사한다. 요한계시록은 로마제국의 황제가 갖춘 능력과 권세가 얼마나 압도적인가를 보여주는 동시에, 교회 공동체가 처한 냉혹한 현실을 분명하게 짚어준다.

요한계시록 13장에서 형성되는 대결 구도는 압도적 능력과 권세를 행사하는 로마제국의 황제와 지상에 존재하지만 실상은 하늘에 있는 하나님의 장막 곧 하늘에 거하는 성도들을 두 축으로 한다. 이 성도들은 바로 생명책에 이름이 기록된 자들이다. 짐승이 일하는 마흔두 달은 요한계시록 11:2과 12:6, 14의 경우와 똑같이 예수님의 초림에서 재림까지의 기간을 가리킨다. 요한은 이 기간을 짐승의 적극적 활동 기간으로 간주하면서 성도들의 인내와 믿음을 촉구한다.

2. 둘째 짐승(계 13:11-18)

(1) 신천지 해부

요한계시록 13:1-10의 바다에서 나온 짐승이 로마제국과 그 황제를 상징한다면, 13:11-18의 "땅에서 올라온 짐승"이 상징하는 것은 무엇일까? 신천지는 이에 대해서도 유재열의 장막성전이 붕괴한 사건을 중심에 둔 해석을 시도한다. 『요한계시록의 실상』, 285-292를 살펴보면 둘째 짐승에 대한 신천지의 해석은 다음과 같다.

- 땅에서 올라온 짐승
  - 바다에서 들어오는 짐승, 곧 이방 목자와 하나가 된 "장막성전 출신 목자"
  - 짐승의 두 뿔: 힘을 실어주는 권세자 둘
  - 짐승이 용처럼 말하다: 용에게 받은 교리를 대언하다.
  - 짐승이 만든 우상: 거짓 목자들
- 육육육(666)
  - 사건 현장: 세상이 아니라 장막성전
  - 666은 도장과 같은 목적
  - 하나님의 표와 인은 하나님의 말씀: 사탄의 표와 인은 사탄의 교리(딤전 4:1-2)
  - 표를 이마와 손에 받다: 이마에 받는 것은 짐승의 교법으로 안수받는 것을 뜻하고, 오른손에 표를 받는 것은 짐승의 교리를 인정한다고 손을 들어 선서하는 것을 말한다.

신천지 요한계시록 해석 무엇이 문제인가?

- 솔로몬은 매년 이방에서 세금으로 금 666달란트를 거둬들임(대하 9:13): 666은 바로 여기서 따온 것으로서 "땅에서 올라온 짐승이 소유하고 있는 지식의 분량"을 의미하는데, 예수님께서 말씀을 금과 진주로 비유하신 것처럼(마 13:44; 25:14-25) 사탄에게도 그들이 금과 진주처럼 여기는 교리가 있다.
- 짐승이 표를 받지 않는 자에게 매매를 못 하게 한다.
  - 매매는 영적인 것으로 말씀 장사: 말씀을 전하고 듣는 행위
  - 짐승의 교리와 교법으로 안수를 받거나 선서하지 않은 자는 설교를 하거나 듣지 못하게 된다.
  - 짐승에게 표를 받은 결과: 영원한 심판
  - 땅에서 올라온 짐승은 자신이 금처럼 귀하게 여기는 교리를 우상처럼 세운 거짓 목자들에게 주어 영적인 매매 곧 설교를 하게 한다.

신천지는 장막성전 출신으로 기성 교회의 목회자—신천지가 말하는 이방 목자—들과 결탁한 목자가 바로 요한계시록 13:11에 기록된 땅에서 올라온 짐승의 실상이라고 주장한다. 그들은 이 짐승이 소유하고 있는 지식의 분량이 "금 666달란트"와 견줄 만하다고 추켜세우면서도 이것이 사탄의 교리가 되어버려 짐승의 교법으로 안수를 받거나 그것을 인정한다고 선서하면 영원한 심판을 받게 된다고 으름장을 놓는다.[5]

신천지는 이처럼 장막성전이 해체되면서 장막성전의 신도들이 정통 교회에 편입한 사건을 상당히 불미스러운 사건으로 평가한다. 그들은 심지어 멸망받는 장막성전의 목자와 성도가 직면한 두 갈래 길이 "육신

의 밥과 명예를 위해 짐승에게 안수를 받느냐? 출교를 면키 위해 선서를 하느냐? 아니면 신앙의 절개를 지키느냐?" 하는 것이라고 해석하면서 요한계시록 13장의 이야기를 장막성전의 상황에 꿰맞춘다.[6]

(2) 문제 제기

요한계시록 13:11-18의 둘째 짐승에 대한 신천지의 해석은 13:1-10의 첫째 짐승에 대한 해석의 틀에서 크게 벗어나지 않는다. 곧 이만희의 신천지 증거장막성전과 유재열의 장막성전, 그리고 "세상 교회"를 배경으로 해석을 전개하는 것이다. 신천지는 노골적으로 "사건의 현장"이 세상이 아닌 장막성전이라고 주장한다.

많은 사람이 신천지의 해석에 설득당하는 이유가 무엇일까? 신천지는 자신들이 가르치는 요한계시록의 실상을 알아야 구원에 이를 것처럼 주장하면서 피교육자들을 선택의 분기점으로 몰아간다. 이 분기점에서 피교육자가 신천지의 "성경 공부"를 통해서 만난 사람들과 단호하게 관계를 끊어야만 하는데 이는 쉽지 않은 일이다. 이렇게 머뭇거리는 사이, "바로 여기에만 구원이 있다"는 식의 거듭되는 주장은 피교육자들의 이성을 점점 마비시킨다.

신천지는 지금이 성취의 때라고 주장하면서 이만희 씨와 신천지 증거장막성전을 그 중심에 둔다. 그러나 이만희 씨의 특수한 경험을 바탕으로 한 신천지의 요한계시록 해석을 보편적인 결론으로 받아들이기에는 많은 무리가 따른다. 신천지의 해석은 요한계시록의 원래 의미와 계속해서 충돌을 일으킨다. 우리는 교회가 전통적으로 해석해온 것처럼 로마제국과 교회라는 구도 속에서 요한계시록을 바라볼 때 더 풍성한 가르침과 더 보편적인 원칙들을 발견할 수 있지 않을까?

(3) 성경적 해석

신천지는 육백육십육(666)이라는 숫자를 솔로몬이 세금으로 거둬들인 금의 양과 연결해 짐승이 가진 지식의 분량을 가리킨다고 해석한다. 사실 육백육십육을 솔로몬의 세금과 연결하는 해석이 교회 안에 널리 퍼져 있기 때문에 신천지의 이런 황당한 주장이 나왔다고도 볼 수 있다. 하지만 문맥과 배경에 별다른 연관성이 없다는 사실을 무시하고 단순히 숫자나 용어가 같은 구절을 연결하는 성경 해석은 위험하다. 이를 너무나 잘 보여주는 것이 다름 아닌 신천지의 성경 해석이다.

그렇다면 표를 받지 않은 사람은 매매를 할 수 없다는 것은 무슨 의미인가? 짐승의 표인 육백육십육은 하나님 백성의 정체성을 의미하는 "하나님의 인"과 대조를 이룬다. 짐승의 표를 받는다는 것은 짐승의 이름을 새긴다는 것으로서 짐승의 소유로 확정된다는 것을 의미한다. 그러므로 짐승, 즉 로마 황제의 표를 받는다는 것은 황제 숭배에 굴복한다는 의미다. 로마제국에서 황제 숭배는 경제생활과 밀접한 관계가 있었다. 황제 숭배를 하는 자에게만 협동조합의 회원 자격이 주어지고 정상적인 매매를 할 수 있었기 때문이다. 반대로 황제 숭배를 거부하면 협동조합원이 될 수 없고 따라서 정상적인 경제생활이 불가능했다. 그러므로 황제 숭배를 거부한 신실한 그리스도인들은 궁핍한 가운데서 고통을 당할 수밖에 없는 처지였다.[7]

요한계시록 13장에서 첫째 짐승이 로마 황제의 대표격인 네로 황제를 모델로 한다면, 둘째 짐승의 모델은 황제 숭배를 촉진하는 로마제국의 사제들이라고 할 수 있다. 당시 로마제국의 사제들은 황제 숭배를 종교적 차원에서 선도하는 위치에 있었다. 그뿐 아니라 그들은 소아시아 전 지역에 자리 잡은 신전에서 행해진 제의를 통해 사람들에게 막강한 영향력을 발휘했고, 이는 교회에 큰 위협이 되었다. 요한계시록 13장은 이런 역사적 정황을 배경으로 첫째 짐승과 둘째 짐승이라는 이미지를 통해 당시 교회 공동체에 적대적인 악의 세력이 어떤 판도를 형성하고 있는지를 묘사한다.

【 11장 "두 짐승 이야기" 정리 】

① 요한계시록 13장의 두 짐승을 유재열의 장막성전의 범주 안에서 해석하는 신천지의 성경 해석은 요한계시록의 주제와 계속해서 충돌을 일으킨다.

② 요한계시록 13장을 제대로 이해하려면 요한계시록에서 교회의 적대적 세력이 로마제국과 황제라는 사실을 인지하는 것이 매우 중요하다.

③ 요한계시록 13장의 첫째 짐승은 네로 황제로 대표되는 로마제국의 황제들을 모델로 한다.

④ 요한은 짐승이 일할 권세를 받은 마흔두 달의 기간을 짐승이 적극적으로 활동하는 기간으로 보고 성도들의 인내와 믿음을 촉구한다.

⑤ 요한계시록 13장의 중요한 주제들에 대한 해석을 비교·정리하면 다음과 같다.

주 제	신천지 주장	성경적 해석
첫째 짐승	기성 교회의 지도자와 목자들	네로 황제를 모델로 하는 로마제국의 황제
짐승의 권세	그들이 가지고 있는 교리와 교권	짐승의 권세는 용(사탄)으로부터 나온다(4절).
짐승의 공격 대상	유재열의 하늘 장막성전	하나님의 장막 곧 하늘에 거하는 자들=천상적 교회 공동체
장막성전과 교회의 결말	유재열의 하늘 장막성전은 짐승에 의해 이단이라고 판명되어 멸망을 당한다.	교회 공동체는 심판 위기에 처할지라도 그러나 멸망하거나 소멸되지 않는다.

주 제	신천지 주장	성경적 해석
둘째 짐승	이방 목자와 하나가 된 장막 성전 출신 목자	황제 숭배를 촉진하던 로마의 사제 계층
짐승의 표를 이마와 손에 받음	각각 짐승의 교법으로 안수 받는 것과 짐승의 교리를 인정한다고 손을 들어 선서하는 것을 의미	황제 숭배에 굴복하는 것을 의미
매매할 수 없다.	설교를 허락하지 않는다.	황제 숭배에 굴복하지 않으므로 정상적인 경제생활을 할 수 없다.

요한계시록 13장 해석 비교

신천지 요한계시록 해석 무엇이 문제인가?

12장

하늘의 십사만 사천

요한계시록 14장 해석 해부하기

I. 하늘의 십사만 사천(계 14:1-5)

(1) 신천지 해부

요한계시록 14:1-5에는 어린 양이 십사만 사천과 함께 시온 산에서 새 노래를 부르는 장면이 묘사되어 있다. 신천지는 신천지 증거장막성전을 "시온 산"이라고 부르기를 즐긴다. 그 이유는 무엇일까?

신천지는 "영적인 시온은 하나님께서 택하신 목자와 성도 곧 '선민'을 상징"한다고 주장한다. 시온은 공간의 개념이 아니며 선민이 모인 곳, 혹은 "영계 하나님의 도성"이 곧 "시온"이라는 것이다.[1] 또한 그들은 신천지가 "천국 곳간이라고도 하며 영계 하나님의 장막 새 예루살렘 성이 임하는 영적 새 이스라엘이며 성전"이라고 주장한다.[2] 신천지가 모든 긍정적인 이미지를 동원해 "시온"을 미화한다는 사실을 확인할 수 있는 대목이다.

그렇다면 신천지는 시온 산에서 어린 양과 함께 새 노래를 부르는 십사만 사천에 대해서 어떻게 해석할까? 신천지는 "배도한 하늘 장막 성도들은 짐승의 표를 받고 짐승의 소유가 되었지만 본 장의 십사만 사천 인은 하나님과 예수님의 이름으로 인을 맞고 하나님과 예수님의 소유가 되었다"라고 주장한다. 그리고 이 십사만 사천이 부르는 "새 노래" 란 "신약성경의 예언이 응한 것을 알리는 새 말씀"으로서 시온 산에 있는 십사만 사천 인밖에는 그것을 배울 자가 없는데, 그 이유인즉 "하나님의 보좌가 시온 산에 임하였고 이루어진 실상을 보고 천사에게 설명 들은 증인이 시온 산에 있기 때문"이라고 한다.[3]

이처럼 신천지는 신실한 성도들의 승리와 구원의 모습을 묘사하는 요한계시록 14:1-5의 내용을 끌어다가 이만희 씨와 신천지 증거장막성전을 포장한다. 여기서 "시온 산"이라는 용어는 이 모든 내용을 함축하는 신천지만의 암호 같은 구실을 한다. 그들은 이런 폐쇄적 언어 사용을 통해 내부 결속을 다지고 외부의 호기심을 유발하는 전략을 사용한다.

(2) 문제 제기

신천지는 요한계시록 14장의 "시온 산"이 신천지의 선민이 모인 곳으로 "천국 곳간"이나 "영적 이스라엘"이라고 주장한다. 신천지는 나름의 논리를 발전시켜 자신들이 말세에 등장한 구원의 보루인 것처럼 주장해 왔다. 그리고 요한계시록 14장에 이르러 배타적 구원과 관련된 모든 묘사를 자기중심적으로 해석하며 공세적으로 신천지의 특권을 내세우는 것이다.

그러나 이 역시도 신천지 중심의 해석 원리를 벗어나지 않는다는 비판을 피할 수 없다. 십사만 사천은 신천지 신도들을 가리키는 말이 아니라는 사실은 요한계시록 7장의 해석에서도 이미 밝힌 바 있다. 또한 시온 산을 신천지 증거장막성전의 신도들이 거하는 곳으로 간주하는 해석도 전혀 본문의 지지를 받지 못한다. 신천지 신도들이 부르는 "새 노래"가 "신약성경의 예언이 응한 것을 알리는 새 말씀"이라거나 "실상을 보고 들은 증인이 시온 산에 있다"는 주장 또한 성경과는 상관없는 그들만의 상상이 아닌가?

(3) 성경적 해석

요한계시록 14:1-5의 내용은 13장과의 관계 속에서 살펴볼 때에만 그 진의를 파악할 수 있다. 요한계시록 13장은 짐승의 압도적 위협을 강조하면서 교회 공동체가 현실적으로 처한 위기를 적나라하게 보여준다. 그러나 짐승의 놀라운 권세와 기세에도 불구하고 그 짐승의 이름이 아니라 "어린 양의 이름과 그 아버지의 이름"으로 인침을 받은 자들이 있다. 그들은 일종의 **남은 자**로서 하늘에서 이미 어린 양과 함께 승리를 경험하는 자들이다. 이 본문은 바로 이러한 사실을 확증하고자 하는 목적을 가진다.[4]

요한계시록에서 "하늘"은 하나님의 통치가 발현되는 공간이다. 구약에서 시온은 예루살렘과 동의어로서 하나님 통치의 발현 장소이며(사 4:2-4; 10:12), 이스라엘 백성 중 남은 자 혹은 구원받은 자가 존재하거나 생겨나는 곳이다(왕하 19:31; 사 10:20; 37:30-32; 욜 2:32). 따라서 요한이 시온 산과 하늘을 연결하는 것은 자연스럽다.

십사만 사천은 앞서 요한계시록 7:1-8의 해석에서도 살펴보았듯이 교회 공동체를 의미하는 상징적인 수다. 그런데 요한계시록 7:1-8이 **지**

상에서 전투하는 교회를 상징하는 십사만 사천을 이야기한다면, 요한계시록 14:1-5은 천상의 교회를 묘사한다. 이는 요한계시록 13장의 내용과 무관하지 않다. 요한계시록 13:6-7이 교회의 패배를 이야기할 정도로 짐승의 공격은 거세다. 하지만 요한계시록 14:1-5은 하늘의 교회, 즉 본질적 교회가 흠이 없는 "승리한 교회"임을 기록하며 무게 중심을 되돌려놓는다.[5]

2. 영원한 복음과 최후의 심판(계 14:6-20)

(1) 신천지 해부

신천지가 생각하는 요한계시록의 실상은 유재열의 장막성전이 해체된 사건과 신천지 증거장막성전이 설립된 사건을 중심으로 한다. 이 전제는 요한계시록 14장에서도 변하지 않고 해석의 기본적인 틀로 작용한다. 『요한계시록의 실상』, 311-315의 내용을 바탕으로 정리한 신천지의 요한계시록 14:6-20 해석을 살펴보면 신천지가 이 본문을 이전의 해석 결과와 어떻게 연결하는지 확인할 수 있다.

• 영원한 복음(계 14:6): 성경의 예언이 실상으로 성취된 것을 증거하는 말
  - 예언은 끝이 나고 성취된 실상을 증거하는 말
  - 계시록의 실상을 증거하는 말
  - 계시록의 실상은 시온 산의 처음 익은 열매가 된 십사만 사천 명이 새 노래를 불러 전한다(사 2:1-4).

- 심판의 대상으로서 짐승의 표를 받은 자(계 14:9-11)

  - 짐승: 하늘 장막을 삼킨 멸망자

  - 우상: 멸망자들이 세운 거짓 목자들

  - 표 받은 자들: 배도한 하늘 성도

- 낫(계 14:14-16)

  - 성도를 전도하는 하나님의 성경 말씀 = 하나님의 말씀을 가진 사람

- 알곡 성도들이 추수되어가는 곳: 시온 산

- 추수 때 밭(교회)에 그대로 남아 있는 자는 가라지: 가라지를 묶는 자는 추수를 막는 목자들

- 주 안에서 죽는 것(계 14:13): 죄가 죽었다는 의미

  - 귀신의 나라 바벨론이 심판을 받으므로 죄가 죽고 의가 산다.

- 포도에서 피가 나서 말굴레까지 닿고 일천이백 스다디온에 퍼졌다는 말(계 14:20): 배도한 장막 성도(땅의 포도)가 심판받은 소식이 목자(말: 사 31:3)들의 입에 오르내리고 약 천리(일천육백 스다디온)나 되는 지역으로 퍼졌다는 의미

  - 포도에서 난 피가 일천육백 스다디온에 퍼지게 된 것은 배도한 장막성전과 멸망자 짐승의 교단에 속한 교회가 약 천리나 되는 지방에 골고루 흩어져 있기 때문

신천지는 세상 끝에 알곡과 가라지를 추수하여 가르시겠다고 하신 마태복음 13장 말씀이 바로 요한계시록 14장의 성취 때에 이루어진다고 주장한다.[6] 이때 천사들은 하나님의 인 맞은 십사만 사천 명을 처음 익은 과일이자 첫 곡식으로 거둔 다음 수많은 알곡 성도를 추수한다는

것이다.[7] 즉 신천지의 주장대로라면 일곱 금 촛대 교회의 멸망 후 십사만 사천의 추수가 있고, 십사만 사천의 추수가 끝나면 알곡 성도의 추수가 이어진다.

(2) 문제 제기

요한계시록 14:6-20의 초점은 짐승의 표를 받은 자들에 대한 심판에 맞추어져 있다. 그런데 신천지는 이 심판을 또다시 유재열의 장막성전에 대한 이야기로 환원한다. 신천지는 여기서 짐승의 표를 받은 장막성전의 배도자들과 그들을 멸망시킨 기성 교회 목자들을 같은 부류로 규정해 심판의 대상으로 취급한다. 이러한 해석은 본문의 지지를 받을 수 없다. 구원을 받을 것인가, 말 것인가의 중차대한 순간에 섬세하지 않은 칼날을 들이대며 신천지 이외의 모든 대상을 구원에서 소외시키는 해석이 과연 성경적 해석일까?

　신천지는 본문에서 짐승의 표를 받은 사람들이 장막성전의 신도 중 배도한 자들을 가리키는 말이라고 주장한다. 하지만 요한계시록은 황제 숭배에 굴복한 자들이 바로 짐승의 표를 받은 자들이라는 사실을 분명하게 보여준다. 당시 황제 숭배는 로마가 점령한 모든 지역에서 공공연히 행해지던 우상 숭배였다. 즉 요한계시록이 말하는 짐승의 표는 지중해를 중심으로 하는 유럽과 아프리카 북부, 소아시아라는 광범위한 지역을 그 배경으로 한다. 그렇다면 성경을 해석할 때 특정 단체의 역사에 주목하는 것보다 일반적인 적용점을 찾아 신앙적 교훈을 발견하는 것이 더 올바른 해석이 아닐까? 오늘날로 따지면 전 세계에서 공공연히 행해지는 물질 숭배와 권력 숭배에 대해 일침을 가하는 것이 요한

　　　　　　　신천지 요한계시록 해석 무엇이 문제인가?

계시록을 바르게 읽는 방법이 될 수 있을 것이다. 그런데 신천지는 반대로 요한계시록의 장엄한 이야기를 일개 사이비 단체의 역사에 해당하는 이야기로 축소해버린다. 그리고는 자신들의 특권을 주장한다. 이것이 어떻게 성취된 실상이고 "실상을 보고 천사에게 설명 들은 증인"이 전하는 이야기라는 말인가?

신천지는 요한계시록 14장을 해석하면서 "일곱 금 촛대교회의 멸망 → 십사만 사천 추수 → 알곡 성도 추수"라는 순서를 제시한다. 그들은 이 순서에 맞춰 계속해서 기성 교회의 성도를 포교 대상으로 삼는다. 하지만 이러한 순서는 매우 자의적이며 성경적 지지를 받지 못한다. 십사만 사천은 모든 하나님의 백성을 상징하는 수다. 이를 문자적 의미로 해석해 실제 십사만 사천 명의 신도들을 한 집단에 모으려고 하는 행태는 성경적 교회론과도 일치하지 않는다.

(3) 성경적 해석

요한계시록 14:6에서 천사가 가진 영원한 복음이란 무엇일까? 신천지는 이 영원한 복음이 신천지가 가르치는 실상계시라고 주장하지만, 성경이 말하는 복음이란 오직 예수님의 십자가로 말미암아 가능해진 죄와 사탄으로부터의 해방 소식이다. 이 복음은 예수님의 초림 이후에 그 어떠한 시간의 간격도 없이 지속해서 선포되어왔다. "영원한" 복음은 이 복음이 모든 시대에 유효하다는 사실을 강조하는 말이라고 할 수 있다. 요한계시록 14:7은 이 영원한 복음이 결국에는 하나님께 영광과 경배를 돌리는 것임을 알게 해준다. 그런데 이 구절의 구약적 배경을 살펴보면 그 의미는 더욱 풍성해진다.

2여호와께 노래하여 그 이름을 송축하며 그 구원을 날마다 전파할지어다. 3그 영광을 열방 중에, 그 기이한 행적을 만민 중에 선포할지어다.···7만방의 족속들아 영광과 권능을 여호와께 돌릴지어다. 여호와께 돌릴지어다. 8여호와의 이름에 합당한 영광을 그에게 돌릴지어다. 예물을 가지고 그 궁정에 들어갈지어다. 9아름답고 거룩한 것으로 여호와께 경배할지어다. 온 땅이여 그 앞에서 떨지어다(시 96:2-9).

영원한 복음은 구원의 선포와 함께 심판의 선포를 포함한다. 요한계시록 16장에서도 영원한 복음의 소개와 함께 심판의 정황으로서 포도주 틀에서 피가 나오는 장면이 묘사된다. 진노의 큰 포도주 틀에서 나온 피가 말굴레까지 닿고 일천육백 스다디온까지 퍼졌다는 말씀은 요한계시록 19:13의 피 뿌린 옷을 입은 예수님의 모습과 연결된다. 예수님의 재림은 치열한 전투 장면을 연상시키는데, 이는 예수님의 재림이 몰고 오는 심판의 엄중함을 상징적으로 보여준다. "일천육백"이라는 수는 $4 \times 4 \times 10 \times 10$으로 분해할 수 있는데, 여기서 4는 우주적 성격을 나타내고, 10은 "열왕"과 연결되어 모든 민족을 나타내는 수다. 일천육백을 구성하는 이런 숫자의 조합은 심판의 우주적 성격을 나타내준다.

한편 요한계시록 14:6-20이 가지고 있는 구조를 분석하면 다음의 표와 같이 정리할 수 있다.

구분	계 14:6-13	계 14:14-20	비고
첫째 다른 천사	땅에 사는 자들(계 13:8; 17:8과는 구별됨) 곧 여러 나라와 족속과 방언과 백성에게 전할 영원한 복음을 가지고 공중을 날다(6-7절).	흰 구름 위에 앉으신 인자에게 날이 날카로운 낫을 땅에 보내도록 간청하여 인자로 하여금 땅의 곡식을 추수하도록 하다(14-16절).	종말의 때에 하나님의 백성을 모으는 사역
둘째 다른 천사	바벨론의 멸망 선포: 바벨론은 진노의 잔으로 모든 이방 나라들을 취하게 하였다(8절; 참고. 계 17:2, 6).	날카로운 낫을 가지고 성전으로부터 나와 셋째 천사의 간청에 포도를 수확하여 포도주 틀에 넣다(17, 19-20절).	종말적 심판의 사역: 바벨론의 멸망은 곧 종말적 사건이다(계 16:17-21; 17-19:10).
셋째 다른 천사	짐승을 경배하고 그 짐승의 표를 받음으로써 영적인 음행을 행한 자는 불과 유황으로 고난을 받게 된다(9-11절).	둘째 다른 천사에게 포도를 수확하여 진노의 포도주 틀에 넣으라고 간청한다(18절).	불과 유황의 심판은 종말적 심판을 가리킨다(계 20:10, 15).
중심 구절	성도들의 인내가 여기 있나니 저희는 하나님이 계명과 예수 믿음을 지키는 자니라. 또 내가 들으니 하늘에서 음성이 나서 가로되 기록하라 지금 이후로 주 안에서 죽는 자들은 복이 있도다 하시매, 성령이 가라사대 그러하다 저희 수고를 그치고 쉬리니 이는 저희의 행한 일이 따름이라 하시더라(12-13절).		

이 본문의 중심이 되는 12-13절은 성도들의 안식을 약속한다. 여기서 "성도들"은 황제 숭배에 굴복하여 짐승의 표를 받은 자들과 대조된다. 짐승의 표를 받은 자들은 이 세상에서 잠시 안식을 누렸으나 그들을 기다리고 있는 것은 영원한 심판이다. 그러나 성도들은 비록 이 세상에서 고난과 핍박을 받아 때로는 죽임을 당하는 경우도 있었지만 결국 그들은 영원한 안식을 얻는다. 그들의 행위(ἔργα, works or deeds)가

이런 결과를 낳게 된 것이다.

【 12장 "하늘의 십사만 사천" 정리 】

① 구약성경에서 시온은 예루살렘과 동의어로서 하나님 통치의 발
현 장소다. 요한계시록은 시온을 하나님의 통치가 발현되는 공간
인 하늘과 연결하는데, 이는 매우 자연스럽다.

② 요한계시록에서 십사만 사천은 모든 하나님의 백성을 상징하는
수다. 이를 문자적으로 적용해 실제 (신천지에 소속된) 십사만 사천
명에게만 특권을 부여하는 해석은 옳지 않다.

③ 예수님의 재림은 구원의 사건인 동시에 심판의 사건이다. 요한계
시록 14장의 포도주 틀 이미지와 19장의 피 뿌린 옷 이미지는 예
수님의 재림이 몰고 오는 심판의 엄중함을 상징적으로 보여준다.
요한계시록은 최후 심판의 우주적 성격을 여러 차례 강조한다.
요한계시록의 심판을 일개 사이비 단체에 적용하는 신천지의 해
석은 옳지 않다.

④ 요한계시록에서 "성도들"은 황제 숭배에 굴복해 짐승의 표를 받
은 자들과 대조된다.

⑤ 요한계시록 14장에 대한 해석을 비교·정리하면 다음과 같다.

신천지 요한계시록 해석 무엇이 문제인가?

주 제	신천지 주장	성경적 해석
시온 산	신천지 증거장막성전: 천국 곡간	구약에서 남은 자의 존재와 하나님 통치의 발원지: 예루살렘을 배경으로 한다.
십사만 사천	짐승의 표를 받고 짐승의 소유가 된 배도한 하늘 장막성전과 대조되는 신천지 신도들	약속으로서의 구약의 백성과 그 성취인 신약의 교회를 포함하는 모든 하나님의 백성
새 노래	신약성경의 예언이 응한 것을 알리는 새 말씀	어린 양 예수님을 통하여 이루어지고 베풀어진 구원에 대한 반응으로서의 노래
십사만 사천인 밖에는 새 노래를 배울 자가 없는 이유	실상계시를 보고 천사에게 설명을 들은 증인이 시온 산에 있기 때문	하나님의 백성만이 새 노래 곧 어린 양의 구원에 대해 감사하는 찬양을 올려드릴 수 있다.
영원한 복음	요한계시록의 환상계시가 성취되어 나타난 실상계시	예수님의 십자가 구속의 사건으로 말미암은 해방의 기쁜 소식
심판의 대상으로서 짐승의 표를 받은 자	짐승=하늘 장막을 삼킨 멸망자; 우상=멸망자들이 세운 거짓 목자들; 표 받은 자들=배도한 하늘 성도	황제 숭배에 굴복한 자
낫	성도를 전도하는 하나님의 성경 말씀=하나님의 말씀을 가진 사람	상징적 의미로서 추수를 위해 사용되는 도구
알곡 성도들이 추수되어가는 곳	시온 산=신천지 증거장막성전	알곡 성도들은 모든 그리스도인이며 이 세상이 새롭게 되는 새 하늘과 새 땅
일천육백 스다디온	배도한 장막 성도(땅의 포도)가 심판받은 소식이 목자(사 31:3)들의 입에 오르내리고 약 천 리나 되는 지역으로 퍼졌다는 의미	1,600=4×4×10×10; 4는 우주적 성격을 나타내고 10은 영왕을 의미하는 수로서 모든 민족을 가리킨다. 이는 심판의 우주적 성격을 나타내준다.

요한계시록 14장 해석 비교

13장

증거 장막의 성전과 일곱 대접 심판
요한계시록 15-16장 해석 해부하기

I. 짐승을 이긴 자들(계 15:1-4)

(1) 신천지 해부

신천지는 요한계시록에 등장하는 심판에 대한 묘사들을 시간적인 순서로 배열한다. 그리고 그렇게 배열한 심판의 순서가 유재열의 장막성전이 해체된 순서와 일치한다고 주장한다. 이 과정에서 신천지는 자신들의 주장을 정당화할 수 있는 나름의 논리를 구축하기 위해 "비유 풀이"를 사용한다. 그들은 나름의 해석을 점진적으로 발전시켜 요한계시록 15장이 신천지 증거장막성전의 등장을 예고한 것이라고 주장하기에 이른다.『요한계시록의 실상』, 323-326을 바탕으로 신천지의 요한계시록 15:1-4의 해석을 정리하면 다음과 같다.

- 짐승을 이긴 자들
  - 용에게 권세를 받은 목자(바다에서 올라온 짐승)+거짓 목자(우상)+

일곱 금 촛대 장막 출신의 목자(땅에서 올라온 짐승)를 이긴 자들
- 짐승의 무리가 배도한 장막에 들어와서 행한 일을 직접 목격한 산 증인
- 그 장막에서 여자가 낳은 아이와 하나가 된 형제들
- 일곱 금 촛대 교회의 일곱 사자는 초림 때 서기관과 바리새인에게 진 세례 요한처럼(마 11:12) 짐승에게 패하여 장막과 성도를 짐승에게 빼앗겼으나 본문의 승리자들은 배도한 일곱 사자가 빼앗긴 것을 회복
- 유리 바다
  - 모세의 물두멍은 수족을 깨끗게 하는 도구: 유리 바다는 속 사람을 정결케 하는 하나님의 말씀
  - 영계 하나님의 보좌 앞에 있는 유리 바닷가에 모인 것은 하나님의 장막이 함께한다는 뜻
- 어린 양의 노래
  - 계 5:8-9과 14:2-3에서 거문고는 성경책이며 노래는 성경 말씀
  - 모세의 노래: 구약성경 말씀
  - 어린 양의 노래: 신약성경 말씀

이처럼 신천지는 장막성전이라는 단체를 요한계시록의 배경으로 설정한 후, 장막성전과 결별하고 다른 노선을 선택한 자신들이 요한계시록의 "이긴 자들"이라고 주장한다. 그들은 자신들이 특별하다는 증거로 "말씀"의 차별성을 제시한다. 즉 성경의 모든 묵시는 봉한 책의 말인데, 마지막 때까지 비유로 봉해두신 요한계시록의 천국 비밀을 사도 요한

과 같은 목자가 예수님께 받아 풀어준다면서 결국 이만희 씨가 사도 요한과 같은 목자라고 주장하는 것이다. 그래서 그들이 볼 때 "예언과 실상까지 증거하는 곳은 유리 바다 증거장막뿐"이다. 나아가 신천지는 자신들, 즉 "유리 바닷가의 이긴 자들은 대언의 목자에게 배워 신구약 성경을 통달"한다고 주장한다.[1]

(2) 문제 제기

요한계시록 13장에 등장하는 바다에서 올라온 짐승과 땅에서 올라온 짐승이 의미하는 바는 무엇이고, 15장에서 언급되는 "짐승과 그의 우상과 그의 이름의 수를 이기고 벗어난 자들"(계 15:2)은 누구를 말하는 것일까? 신천지는 바다에서 올라온 첫째 짐승은 용에게 권세를 받은 기성교회의 목자이고, 첫째 짐승을 위하여 만든 우상은 거짓 목자이며, 땅에서 올라온 둘째 짐승은 유재열의 일곱 금 촛대 장막 출신의 목자를 의미한다고 주장한다. 그리고 그 짐승을 이긴 자는 그 가르침에 동화되지 않고 이탈한 신천지 신도들을 일컫는다고 해석한다. 이 얼마나 자기중심적인 성경 해석인가?

　성경을 바라보는 신천지의 태도 또한 자기중심적 프레임을 강화할 뿐이다. 신천지는 다니엘 12장과 마태복음 13:34-35을 근거로 성경의 예언이 마지막 때까지 봉한 상태로 있는데, 예수님은 초림 때 비유로만 말씀하셨을 뿐이고 마지막 때가 되어야 사도 요한과 같은 입장에 있는 목자가 나타나 그 실상을 알게 해준다고 주장한다. 하지만 그들의 주장은 성경의 근거만 가지고는 사실을 확인할 수 없고, 그들이 말하는 "실상"을 받아들일 때에만 사실로 확인되는 순환논증의 오류에 빠져 있다.

신천지의 이러한 자기중심적 성경 해석은 신천지를 제외한 다른 성경적 요소들의 가치를 훼손한다. 요한계시록의 짐승이 기성 교회를 나타내는 것으로 보는 교회관은 다른 교회에 대한 혐오감을 유발한다. 신구약 성경을 "봉함"과 "비유"의 구도로 보고 그 이후에 봉함을 여는 시기가 따로 온다는 성경관은 신약을 성취의 시대가 아닌 임시적 준비 기간으로 보는 비기독교적 관점이다. 어떤 면에서 이 성경관은 신약의 성취를 무시하고 구약의 예언들이 예수님의 재림 이후에 성취되는 것으로 간주하는 전형적인 세대주의적 관점과 일치한다. 여기서 세대주의적 해석이 어떻게 이단과 맞닿아 있는가를 확인할 수 있다.

(3) 성경적 해석

우리는 요한계시록 13장의 성경적 해석을 통해 요한계시록의 짐승이 네로 황제로 대표되는 로마제국의 황제를 의미한다는 사실을 확인했었다. 요한계시록 당시의 로마 황제들은 막강한 권력을 가지고 교회 공동체를 핍박하는 악마적 성격을 유감없이 드러냈었다. 그렇다면 요한계시록 15:2의 "짐승과 그의 우상과 그의 이름의 수를 이기고 벗어난 자들"은 로마제국의 황제 숭배에 굴복하지 않은 자들로서 승리한 교회 공동체를 의미한다. 그들은 하나님의 통치 영역을 의미하는 하늘에 존재하는 것으로 묘사되기 때문에 천상적 교회 공동체라고도 할 수 있다.

요한계시록에 나타난 교회 공동체에 대한 별칭은 여러 가지다. 요한계시록 7장과 9:4을 살펴보면 이마에 하나님의 인침을 받은 자들도 교회 공동체를 의미한다는 사실을 확인할 수 있다. 12:12과 13:6, 8에서 "하늘에 거하는 자들" 또한 교회 공동체를 의미하며, 생명책에 녹명된

자들(계 13:8; 17:8; 20:15), 이마와 손에 짐승의 표를 받지 아니한 자들(계 20:4) 역시 교회 공동체를 가리키는 별칭들이다.

요한계시록 15:3-4에서 이긴 자들은 하나님의 종 모세의 노래와 어린 양의 노래를 부른다. 여기서 어린 양의 노래와 모세의 노래가 함께 등장하는 장면은 흥미롭다. 이 두 노래를 비교해보자.

구 분	모세의 노래	어린 양의 노래
노래 부르는 사람	모세(출 15:1-18)와 미리암(출 15:19-21)(이스라엘을 대표해서)	짐승과 그의 우상과 그의 이름의 수를 이기고 벗어난 자들(계 15:2)
장소	홍해 바다	하늘의 유리 바다
이긴 대상	애굽 군대	짐승과 그의 우상과 그의 이름의 수
내용	출애굽 사건/홍해 도하 사건: 크고(출 14:31) 기이한 일(출 15:11)	구속: 크고 기이하다/의롭고 참되시다
악기	소고	거문고
하나님에 대한 이해	용사이신 여호와: 애굽을 이기시고 심판하시며 승리하신 여호와	하늘의 이긴 자들은 하나님의 승리다: 짐승을 심판하심

모세의 노래와 어린 양의 노래 비교[2]

애굽 군대의 추격을 따돌리고 홍해 바다를 건넌 이스라엘 백성이 모세의 노래를 부른 것처럼, 요한계시록 15장의 이긴 자들은 하늘의 유리 바닷가에 서서 어린 양의 구속의 노래를 부른다. 이긴 자들에게 유리 바다는 홍해와 같고, 죄와 사망이 왕노릇하는 이 세상은 바로가 통치하는 애굽과 같다. 그리고 이긴 자들이 있는 하늘은 광야나 가나안 같은 곳으로 볼 수 있다.

2. 증거 장막의 성전(계 15:5-8)

(1) 신천지 해부

신천지의 정식 명칭은 "신천지예수교 증거장막성전"이다. 그들은 "신천지예수교 증거장막성전"이 이천 년 전 "예수님께서 미리 이름까지 지어 놓으신 약속한 성전"이며 "지구촌 모든 교회와는 감히 비교조차 할 수 없는 참 정통"이라고 주장한다.[3] 신천지는 무슨 근거로 그들의 이름을 예수님이 미리 정해놓으셨다고 하는 것일까? 요한계시록 15:5-8에 대한 해석을 살펴보면 그 이유를 알 수 있다.

신천지는 짐승과 우상 및 그 이름의 수를 이기고 벗어난 자들이 유리 바닷가에서 어린 양의 노래와 모세의 노래를 부른다는 요한계시록 15:1-4 말씀이 신천지가 어떻게 생겨났는지를 알려준다고 해석한다. 요한계시록 15:5은 "또 이 일 후에 내가 보니 하늘에 증거 장막의 성전이 열리며"라고 말씀한다. 신천지는 자기들의 교단 이름에 "증거장막성전"이라는 말을 집어넣고는 이 이름이 요한계시록 15:5에 미리 기록된 이름이라고 주장하는 것이다.

그들은 "이 일 후"(계 15:5)라는 접속사가 시간 관계의 전후를 알려준다고 해석하면서 이만희 씨와 추종자들이 유재열의 장막성전이 붕괴할 때 거기서 이탈해 나온 사건과 1984년의 신천지 설립을 요한계시록 15장에 꿰맞춘다. 장막성전에서 일어난 배도와 멸망의 일을 목격한 산 증인들이 그 실상을 증거하는 곳이기 때문에 증거장막이고, 하나님이 함께하시는 거룩한 교회이기 때문에 성전이라는 것이다. 그들은 장막성전이 "길 예비"의 역할을 맡았고 장막성전이 없었다면 증거장막성전이 있을 수 없다고 고백한다. 첫 언약의 일곱 금 촛대 장막이 일곱 머리와 열 뿔 가진 짐승에게 멸망 받아 없어졌기 때문에 증거장막성전이 세워졌다는 것이다. 그들은 "첫 언약이 무흠하였더라면 둘째 것을 요구할 일이 없었으려니와"라고 기록한 히브리서 8:7을 이 주장의 근거로 제시한다.[4]

신천지의 이런 논리에 따르면 신천지 증거장막성전도 누군가의 "길을 예비"하는 단체로 전락할 수 있지 않을까? 장막성전이 첫 언약을 받을 집단이라면 어떤 집단도 첫 언약을 받은 집단이 될 수 있기 때문이다. 하지만 신천지는 증거장막성전이 "하나님의 마지막 역사인 계시록 성취 때 창조되므로 영원하다"라고 주장한다. 그뿐 아니라 "증거장막의 출현을 위해 이긴 자가 출현해야 한다"며 이만희 씨의 필요성을 누차 강조한다.[5] 이처럼 신천지는 요한계시록을 끝까지 자기중심적으로 해석한다.

(2) 문제 제기

신천지예수교 증거장막성전은 자신들의 존재 근거를 유재열의 장막성전에서 찾는다. 신천지의 주장대로라면 증거장막성전이 세워진 이유는 하나님의 약속을 받은 장막성전이 배도하여 짐승에 의해 멸망 받았기 때문이다. 신천지는 장막성전의 "배도"를 문제 삼을 뿐, 장막성전의 가치에 대해서는 상당히 높게 평가하는 것이다. 우리가 볼 때 소위 "장막성전의 배도"는 장막성전 신도들이 신앙을 저버린 것이 아니라 정통 교회의 도움으로 정상적인 신앙생활을 시작한 사건이다. 왜냐하면 자칭 "어린 양"이었던 유재열의 장막성전이 사이비 교리와 상식 이하의 운영

비리로 사회적 지탄의 대상이 되었다는 사실은 공공연하게 알려졌기 때문이다.

단순히 성경이 말하는 "증거 장막의 성전"이라는 이름이 비슷하다고 해서 어떤 단체의 신앙적 정당성이 보장되는 것은 아니다. 더군다나 본문의 증거 장막의 성전은 어떤 집단을 가리킨다고 볼 수 없다. 신천지의 해석은 "증거 장막"이나 "성전"에 대한 성경적 이해가 결여된 결과다. 성경의 문맥을 고려해 증거 장막의 성전이 왜 등장했는지를 살펴볼 의도는 전혀 없고, 비슷한 단어를 연결 고리 삼아 자신들의 지위를 강화하려고 하는 신천지의 해석이 올바르다고 할 수 있을까? 사이비 집단이었던 유재열의 장막성전을 빼면 이렇다 할 내용이 별로 없는 신천지의 요한계시록 해석이 과연 "실상"을 밝히는 해석이라고 할 수 있는지 의구심이 생긴다.

(3) 성경적 해석

요한계시록 15:5에 "증거 장막의 성전"이라고 번역된 어구를 정확하게 번역하면 "증거의 장막 곧 성전"이라고 해야 한다. 이 증거의 장막은 출애굽한 이스라엘 백성이 광야에서 세운 성막을 가리키는데, 언약궤가 들어 있는 이 성막은 특별히 **언약**을 상기시키는 역할을 한다. 구약의 맥락에서는 모세가 세운 성막을 증거의 장막이라고 부르지만, 이 본문에서 증거의 장막은 "하늘 성전"을 일컫는다.

그럼 왜 여기서 하늘 성전을 증거의 장막이라고 할까? 이것은 하늘 성전이 구약 성막의 의미를 그대로 가지고 있기 때문이다. 성막 즉 증거의 장막은 언약의 개념을 바탕으로 만들어졌다(출 38:26; 40:34; 민 10:11;

17:7). 여기서 증거란 토라의 중심성에 대한 증거로 언약궤 안에 넣은, 십계명을 의미하는 두 돌판이다(참고. 출 25:16, 21; 신 10:1-2; 왕상 8:9; 대하 5:10). 증거의 장막을 중심에 둔 하나님의 통치는 증거(십계명)에 불순종하므로 언약을 어기는 자를 향한 심판을 포함한다. 이런 점에서 요한계시록 15장에 등장한 증거의 장막 성전은 16장에 이어지는 대접 심판의 시행을 예비하는 기능을 한다.

이는 요한계시록 15:8의 마지막 부분에서 성전에 들어갈 자가 없었다는 내용은 앞부분에서 성전에 연기가 찬 것과 밀접하게 연결된다. 왜 일곱 천사의 일곱 재앙이 마치기까지 아무도 성전에 들어갈 수 없는가? 그것은 심판을 결행하시려는 하나님의 의지로 말미암아 성전에 연기가 가득 찼기 때문이다. 성전에서 나는 큰 음성에서 시작되는 일곱 천사에 의한 심판은 하나님의 매우 준엄한 의지의 발현이다. 하나님의 영광과 능력이 성전을 압도하고 있다.

3. 처음 네 개의 대접 심판(계 16:1-9)

(1) 신천지 해부

요한계시록 15장에서 성전으로부터 나온 일곱 천사는 하나님의 진노를 가득히 담은 금 대접 일곱을 받는다. 요한계시록 15:8은 이 일곱 천사의 일곱 재앙이 반드시 완료된다는 사실을 강조한다. 앞서 살펴보았듯이 이 심판을 시행하시는 하나님의 의지와 결단은 누구도 꺾지 못할 만큼 절대적이다. 요한계시록 16:1-9은 첫째부터 넷째 천사가 대접을 쏟을 때 벌어지는 심판을 묘사한다. 요한계시록의 심판을 장막성전과 기성 교회에 적용하는 신천지의 해석은 일곱 대접 심판에 대해서도 일관되게 이어진다. 『요한계시록의 실상』, 339-346의 내용을 바탕으로 요한계시록 16:1-9에 대한 신천지의 주요 주장을 정리하면 다음과 같다.

- 진노의 대접을 쏟는 곳: 바다에서 나온 일곱 머리와 열 뿔 짐승이 들어간 하늘 장막(계 13장)
- 진노의 대접을 쏟는 자: 증거장막성전에서 나온 일곱 천사(계 15장)
- 일곱 금 대접: 유리 바닷가의 증거장막성전에 모인 이긴 자들
- 금 대접에 담긴 것: 진노하신 하나님의 말씀
- 대접을 쏟는 땅(2절): 일곱 머리와 열 뿔 가진 짐승에게 경배하고 표 받은 장막 성도
- 악하고 독한 헌데가 나다: 짐승에게 악과 독을 받은 행위가 진노의 말씀에 의해 드러나 부인할 수 없게 되다.
- 바다(3절): 세상+용이 주관하는 일곱 머리와 열 뿔 가진 짐승의 무리 즉 멸망자들
- 바다 가운데 사는 생물: 짐승에게 속한 장막 성도들+세상 교인
- 바닷물: 세상 교인들이 영적인 식수로 삼고 있는 거짓 목자(짐승)의 교리
- 피같이 되다: 하나님의 말씀으로 거짓 목자들을 심판의 결과로 대언하는 사탄(용)의 교리가 죽은 자의 피처럼 생명이 없는 비진리로 드러난다는 뜻
- 물 근원과 강(4절)은 문자 그대로의 의미가 아니라 영적인 것을 나타냄

신천지 요한계시록 해석 무엇이 문제인가?

- 영적인 물 근원: 말씀의 물이 솟아나는 목자(요 4:14)

- 영적인 강: 그 물이 흘러가는 제자들의 마음(요 7:38)

- 진노가 쏟아지는 물 근원: 사탄(용)이 준 보좌에 앉아 거짓 교리를 말하는 목자(계 13:2)

- 진노가 쏟아지는 강: 그 보좌에서 나오는 교리를 받아 전하는 전도자들

• 진노의 대접이 쏟아지는 해(8절)

- 성경에는 육적인 해와 영적인 해가 있다.

- 육적인 해를 비유한 영적인 해는 말씀의 빛을 비추는 목자를 의미

- 영적인 해의 두 가지 의미: 하나는 선민 장막을 인도하는 목자이고 다른 하나는 이방 장막을 주관하는 사탄과 그 소속 목자

- 하나님의 진노를 받는 해: 사탄 편에 있는 거짓 목자＝13장의 용의 말을 대언하는 짐승

• 진노의 대접을 해에 쏟으매 해가 권세를 받아 불로 사람들을 태운다.

- 본문에서 해가 사람을 태우는 불은 거짓 목자가 화가 나서 쏟아붓는 진노의 말을 의미

- 짐승은 하나님의 진노가 쏟아지자 회개는커녕 사로잡은 장막 성도를 그의 교리로 더욱 괴롭힘을 의미

일곱 대접 심판을 묘사하는 요한계시록 15장에는 화려할 정도로 다양한 이미지들이 등장하는데, 이는 성경의 소재들의 "실상"을 밝혀준다

면서 자기 입맛에 맞게 "비유 풀이"를 하는 신천지 같은 집단들이 마음 껏 상상의 나래를 펼 수 있는 마당이 되기도 한다. 신천지는 땅, 바다, 강과 물 근원, 해에 대한 심판을 다루는 요한계시록 15:1-9을 통해 유 재열의 장막성전을 공격(?)한 기성 교회를 악령에 사로잡힌 집단으로 매도한다.

> 역대 성도들과 선지자들의 피를 흘리게 한 장본인은 악령이지, 저희라고 하 는 물 근원과 강 즉 멸망자 짐승의 무리가 아니다. 그런데 이 짐승의 무리가 성도들과 선지자들의 피를 흘리게 했다고 하는 이유는 무엇인가? 그것은 아 담 이래 많은 성도들과 선지자들을 죽여온 악령이 마지막 때에 멸망자들(짐 승)을 택하여 역사했기 때문이다. 즉 영은 육을 들어 역사하기에 멸망자를 증거하는 것은 그를 조종한 악령을 증거하는 것이나 마찬가지 결과가 되기 때문이다.[6]

(2) 문제 제기

신천지는 심판의 대상으로서 "대접을 쏟는 곳"이 유재열의 장막성전(하 늘 장막)이라고 주장한다. 사실 신천지는 요한계시록에서 언급된 모든 심판의 대상을 유재열의 장막성전과 연결하고, 신천지 증거장막성전을 모든 구원의 주인공으로 내세운다. 그러나 그들은 "하늘 장막"이라는 거룩한 장소를 심판의 장소로 간주하는 오류를 범하고 있다. 이는 신천 지가 자신들의 전제에 지나치게 집착하면서 성경의 의미를 심각하게 훼손하는 여러 경우 중 하나일 뿐이다.

신천지는 금 대접에 담긴 것을 "진노하신 하나님의 말씀"이라고 정해놓고는, 그 말씀을 신천지 증거장막성전에서 나온 일곱 천사가 쏟아 놓는다고 주장한다. 그렇다면 대접이 쏟아지는 땅, 바다, 물 근원과 강, 해 등은 자연스럽게 신천지가 비판하는 장막성전이나 기성 교회의 목회자들이 된다. 하나님 말씀의 중요성은 아무리 강조해도 지나치지 않지만, 이런 식의 과도한 의미 부여는 오히려 말씀에 대한 집단적 콤플렉스의 발현이 아닐까 싶다.

게다가 그들은 성경의 "영적" 의미를 밝히고 싶어서 안달이 난 것 같다. 모든 성경은 하나님의 말씀으로서 이미 영적이다. 하지만 신천지는 특정한 단어들에 육적 의미와 영적 의미가 있다면서 자신들에게 유리한 해석을 내놓는다. 그러나 영적인 물 근원은 "말씀의 물이 솟아나는 목자"라거나, 영적인 해는 "말씀의 빛을 비추는 목자"를 의미한다는 신천지의 주장은 성경적 근거가 있는가? 신천지의 주장을 받아들이려면 오직 한 가지 방법, 즉 "성경을 통달했고 요한계시록을 받아먹었다"는 이만희 씨의 특별한 권위를 인정하는 방법을 따라야 한다. 그러나 과연 한 사람의 권위를 절대화하는 성경 해석이 올바른 해석일까? 신천지가 영적 의미와 육적 의미를 구분하는 목적은 매우 의도적이며, 실증이 어려운 영적 차원을 도입해 어떤 대상의 의미를 마음대로 규정하려는 꼼수라고 할 수 있다.

신천지는 요한계시록 전체를 일종의 비유로 기록된 책으로 전제하고 자신들만이 그 비유의 의미를 밝히는 해석 방법을 사용한다고 주장한다. 그러나 성경의 비유는 신천지가 이해하는 비유와 큰 차이가 있다. 원래 비유(比喩)의 사전적 의미는 "어떤 현상이나 사물을 직접 설명하지 아니하고 다른 비슷한 현상이나 사물에 빗대어서 설명하는 일"이다.[7]

그리고 성경의 비유는 이 정의에 걸맞게 이해하기 어려운 내용이나 중요한 내용을 다른 현상이나 사물에 빗대어 설명함으로써 청자의 이해를 돕는 구실을 한다. 하지만 신천지는 그 자체로 의미가 있는 말씀들도 비유로 봉해져 있다면서 별로 중요하지 않고 어렵지도 않은 내용을 끝없이 되풀이해서 이야기한다. 그들의 성경 해석은 "비유 풀이"라기보다는 성경에 다중적 의미가 있다고 전제하는 저급한 풍유적 해석이라고 할 수 있다. 풍유적 해석은 해석자가 건전한 신학에 뿌리를 내리지 않으면 결론이 어디로 튈지 모르는 자유로운 해석 방법으로서 주의를 기울여야 한다.

(3) 성경적 해석

요한계시록 16:1의 "땅"에 대해 알아보자. "하나님의 진노의 일곱 대접을 땅에 쏟으라"는 말씀에서 "땅"은 사탄의 통치 영역을 가리킨다. 이는 요한계시록 17:8에서 확인할 수 있는데, "생명책에 녹명되지 못한 자들"과 "땅에 거하는 자들"이 서로 동격을 이루기 때문이다. 그리고 요한계시록 13:8의 "이 땅에 사는 자들은 다 그 짐승에게 경배하리라"라는 말씀에서도 "땅"은 사탄의 통치 영역을 의미한다. 여기서 심판의 대상을 유재열의 장막성전이라고 특정할 수 없다는 사실이 분명하게 드러난다. 심판의 구체적 대상은 바로 사탄과 사탄의 통치 영역이다.

요한계시록 16:2에서 "짐승의 표를 받은 사람들"과 "그 우상에게 경배하는 자들"은 동급으로 소개된다. 이들은 황제 숭배에 굴복한 자들로서 이는 요한계시록 13장에 등장한 두 짐승에 대한 기록을 배경으로 한다. 요한계시록 14:9-11은 그러한 자들에 대한 최후 심판을 언급한다.

첫재 대접 심판에 등장하는 "악하고 독한 헌데"는 신명기 28:35에서 언약에 대한 불순종의 결과로 임하는 저주 중 하나인 "고치지 못할 심한 종기"와 관련된다. 그리고 이는 출애굽 사건에서 애굽 사람들에게 임한 열 가지 재앙 중 여섯 번째 재앙을 배경으로 한다.

요한계시록 16:3-4의 구약적 배경은 애굽에 임한 열 가지 재앙 중 첫 번째 재앙이다(출 7:14-21). 애굽에 임한 재앙에서는 강의 물이 피로 변해 물고기들이 죽었다. 반면 요한계시록은 바다가 죽은 자의 피처럼 되어 모든 생물이 죽는 재앙과 강과 물 근원이 피로 변하는 재앙이 기록되어 있다.

출애굽기의 열 가지 재앙은 요한계시록에서 반복하여 등장하는 모티프 중 하나다. 요한계시록이 출애굽 사건의 열 가지 재앙을 가지고 심판을 표현하는 이유는 무엇일까? 우리는 이 두 심판의 공통점에 주목해야 한다. 그 공통점이란 바로 심판과 구원의 구분이 명확하다는 점이다. 열 가지 재앙의 심판 대상은 애굽으로, 이스라엘 백성에게는 심판이 임하지 않고 도리어 하나님의 구원이 임했다. 이런 원리는 요한계시록의 심판에도 적용될 수 있다. 대접 심판은 인 심판이나 나팔 심판의 경우처럼 이 세상과 세상의 임금인 사탄을 대상으로 한다. 반면 하나님 백성으로서의 교회 공동체는 구원의 대상이다.

요한계시록 16:6은 물이 피로 변한 심판이 성도들과 선지자들이 흘린 피에 대한 응보임을 밝힌다. 이는 제국주의적 통치 이념에 반대하는 세력을 가차 없이 제거하는 로마제국의 강압적 통치 아래에서 피를 흘릴 수밖에 없었던 당시 교회의 상황을 배경으로 한다. 16:6에서 피 흘림을 당한 자는 하나님의 말씀과 예수님의 증거를 붙들고 있는 성도들이며 피를 마시는 심판을 당하는 "저희"는 로마제국과 제국의 황제들이다.

네 번째 대접 심판은 앞선 세 개의 대접 심판과 결합하여 모든 창조 세계에 대한 우주적 심판을 이야기한다. 땅, 바다, 물 근원과 강, 하늘의 해는 구약의 예언자들이 사용하는 우주적 붕괴 언어를 대변한다. 성경에서 가장 극단적인 심판의 양상은 바로 창조 세계 자체의 붕괴다. 이러한 심판의 의미를 영적 차원에서 해석한다는 핑계로 자기 집단의 이익을 위해 작위적으로 해석하면 안 될 것이다.

요한계시록 16:9은 특별히 심판을 당하는 자들이 하나님의 이름을 훼방하며 회개하지 않았다는 사실을 자세히 기록한다. 이러한 상황은 심판받는 자의 완악함을 드러내면서 심판에 대한 하나님의 정당성을 확증한다.

4. 다섯째 대접 심판(계 16:10-11)

(1) 신천지 해부

신천지는 요한계시록 13장이 첫 장막을 멸망시키는 짐승에 대한 내용을 담고 있는 반면, 16장은 증거장막성전의 성도가 짐승의 나라를 무너뜨리는 장면이 대조적으로 기록되었다고 주장한다. 『요한계시록의 실상』, 347-350에서 신천지가 요한계시록 16:10-11을 어떻게 해석하는지 살펴보자.

- 심판받는 짐승의 나라와 보좌(계 16:10): 악령이 임한 거짓 목자와 연합하여 모인 본거지

- 거짓 목자들=사탄의 회(계 2:8)=니골라당(계 2:6)=하늘에서 떨어진 쑥이라는 별의 무리=요한계시록 9장의 입에서 불과 연기와 유황이 나오는 말들=13장의 하늘 장막을 빼앗고 그 성도들로 하여금 666표를 받고 자신들에게 경배하게 한 일곱 머리와 열 뿔 가진 짐승=17, 18장에서는 귀신의 나라 바벨론=장막성전뿐만 아니라 육천 년 동안 하나님의 피조물을 소유한 사탄의 조직체
- 사탄과 멸망자들이 만국을 다스릴 목자에게 져서 권세를 빼앗기고 하늘 장막에서 쫓겨남: 이때부터 하나님께서는 이긴 자들과 함께 용과 짐승의 나라를 심판
- 진노의 대접을 쏟아 짐승의 나라와 보좌가 어두워진다는 말: 하나님의 진노의 말씀으로 멸망자를 심판하니 멸망자들의 교리가 비진리로 판명되어 더 이상은 진리라고 주장할 수 없다는 뜻
- 이전에 하나님 나라의 선민(해, 달, 별)이 멸망자(짐승)에게 침해를 받아 진리(빛)를 말하지 못하였으나(계 6:12-14; 8-9장; 마 24:29) 이제는 멸망자의 조직(짐승의 날)이 하나님께 심판을 받아 어두워진다.
- 다섯째 대접의 재앙이 쏟아진 결과 멸망자에 속한 장막 성도는 자신의 혀를 깨물고 아픈 것과 종기로 인하여 하나님을 훼방: 아픈 것과 종기는 자신들이 짐승의 씨 곧 멸망자들의 거짓 교리를 받았음을 알게 되고 그 흠이 세상에 드러났기 때문에 생긴 근심과 마음의 상처

(2) 문제 제기

신천지는 계속해서 기성 교회와 목회자들을 거짓 목자로 매도하면서

요한계시록에 언급되는 온갖 부정적인 대상이 모두 이 거짓 목자를 가리키는 것이라고 주장한다. 하지만 "사탄의 회"나 "니골라당", "일곱 머리와 열 뿔 가진 짐승"이나 "바벨론" 같은 소재들은 성경적·문화적·시대적 의미를 내포하고 있다. 과연 신천지는 그 모든 의미에 대해 숙고하고 그것들이 모두 "거짓 목자"를 가리킨다는 결론을 내렸을까, 아니면 거짓 목자라는 대상을 지정해놓고 성경에 나오는 부정적 개념들을 모두 그 대상과 연결한 것일까? 신천지처럼 어떤 개념의 배경에 대한 충분한 고려 없이 그 개념의 실체로 오늘날의 사건이나 단체, 인물 등의 구체적 대상을 지목하는 성경 해석은 잘못될 가능성이 크다.

(3) 성경적 해석

먼저 요한계시록 16:10의 "짐승의 보좌"에 대해 알아보자. 로마의 황제를 상징하는 짐승은 사탄을 상징하는 용으로부터 권세를 받았다(계 13:4). 그러므로 요한계시록 16장에서 짐승의 보좌를 향한 심판은 교회에 대한 대적 세력인 로마제국과 그 권세의 근원인 사탄에 대한 심판을 의미한다고 볼 수 있다. 이 심판의 결과 그 나라는 곧 어두워진다. 여기서 어둠의 모티프는 구약성경, 특히 출애굽기 10:21-29을 배경으로 한다. 애굽에 내린 열 가지 재앙 중 아홉 번째 재앙은 사람들이 서로 볼 수 없을 정도로 극심한 어둠이었다(출 10:23). 그러나 이스라엘 백성은 심판 대상에서 제외되었다.

구약성경에서 "어둠"은 하나님의 심판을 상징하는 중요한 현상 중 하나다(암 5:20; 삼상 2:9; 사 8:22; 욜 2:2, 10, 31). 요한계시록은 이러한 구약적 배경을 사용해 심판의 정황을 설명한다. 심판으로서의 어둠은 하나님과 완전히 분리된 영원한 지옥의 고통을 유발하는데, 이 어둠이 짐승의 보좌를 향한다. 마치 애굽이 어두워져 흑암 속에 있을 수밖에 없었던 것처럼 짐승의 나라가 어두워지게 된다. 이는 짐승의 나라조차도 철저하게 하나님의 통제 속에 있음을 잘 보여주는 대목이다.

혀를 깨물고 아픈 것과 종기로 인하여 하나님을 훼방한다는 구절과 평행 관계에 있는 성경 구절은 마태복음 8:12이다. "나라의 본 자손들은 바깥 어두운데 쫓겨나 거기서 울며 이를 갊이 있으리라"라는 마태복음 말씀처럼 요한계시록의 본문도 어둠으로 인해 혀를 깨물고 하나님을 훼방하는 광란적 반역을 묘사한다.

5. 여섯째 대접 심판(계 16:12-16)

(1) 신천지 해부[8]

이어지는 여섯째 대접 심판에 대한 신천지의 해석에서 주요 내용을 정리하면 다음과 같다.

- 큰 강 유브라데(계 16:12)
  - 에덴에도 유브라데 강이 존재(창 2:14)
  - 본문의 유브라데: 결박된 네 천사와 마병대 이만만이 나온 곳(계 9:14)
  - 용에게 속한 일곱 머리와 뿔 가진 짐승 즉 "멸망자들의 활동 본부"
  - 유브라데 강은 이들에게 속한 거짓 목자
  - 강물은 목자들이 진리라고 주장하는 거짓 교리

- 강이 말라서 동방에서 오는 왕들의 길이 예비된다는 말의 뜻
  - "강이 마른다"는 것은 진노의 말씀으로 멸망자들을 심판하니 그들이 주장하는 교리가 비진리임이 드러나서 더 이상 사람들의 입에 오르지 않게 되어 없어진다는 뜻
  - 동방: 하나님의 역사가 시작되는 곳으로서 영적 해가 돋는 동방은 하나님의 역사로 봉인된 말씀이 계시되어 온 천하에 선포되는 곳
  - 본문의 유브라데 강과 동방은 계시록 성취 때의 역사가 범죄 이전의 동방 에덴동산을 회복하는 것임을 알리기 위한 비유
  - 동방에서 오는 왕들: 왕 같은 제사장들로서 거짓 목자들의 교리가 비진리로 드러나자 멸망자들을 벗어나 하나님께서 임하신 증거장막성전으로 나오는 자들
- 개구리 같은 더러운 세 영이 나오는 용, 짐승, 거짓 선지자: 거짓 목자(용)와 거짓 목자들(두 짐승)
- 입에서 더러운 귀신의 영이 나온다는 말의 뜻
  - 말은 영의 생각을 전하는 수단이고 마음은 영이 거하는 집이다 (고전 3:16).
  - 성령이든 악령이든 사람에게 역사할 때에는 처소로 삼은 사람이 마음에서 나와 "말을 통해" 활동하므로 귀신의 영이 입에서 나온다고 한다.
- 아마겟돈(계 16:16): 구약의 므깃도를 배경으로 이러한 육적 지명이 비유한 곳은 멸망자 짐승의 무리가 침노하여 전쟁을 벌인 "하늘 장막"(계 12:7; 13:6)

(2) 문제 제기

신천지는 요한계시록 16:12에 언급되는 유브라데가 멸망자들의 활동 본부이고, 유브라데 강은 거짓 목자이며, 강물은 그들이 주장하는 교리라고 주장한다. 그들의 주장대로라면 "동방"(계 16:12)은 신천지가 있는 한국이고 "아마겟돈"(계 16:16)은 유재열의 장막성전이다. 이러한 신천지의 해석은 "비유 풀이"라 할 수 없고 도리어 역사적·문화적 근거를 완전히 무시한 신천지 중심의 자의적 해석에 지나지 않는다.

사실 신천지의 주장은 그 자체로도 모순될 때가 많다. 아마겟돈에 대한 해석에서도 문제가 드러난다. 아마겟돈으로 모이는 것은 "동방에서 오는 왕들"인데, 그 왕들이 "멸망자들을 벗어나 하나님께서 임하신 증거장막성전으로 나오는 자들"이라면 그들이 왜 다시 하늘 장막에 모인다는 말인가?

또 신천지는 "유브라데"라는 연결 고리를 사용해 에덴동산의 회복이라는 주제를 끌어들인다. 하지만 이는 유브라데의 의미를 창세기의 맥락에 한정시켜 이해하려는 폐쇄적 해석이며 악의 세력에 대한 심판을 이야기하는 대접 심판과는 상관없는 엉뚱한 말장난이다.

그런데 이처럼 황당한 해석들을 늘어놓는 신천지는 다음처럼 기성 교회의 요한계시록 해석을 비판한다.

이 세대 대부분의 목자들은 아마겟돈 전쟁을 실제 이스라엘 땅에서 세상 무기로 싸우는 전투라 가르친다. 이는 땅에 속하여 문자적인 것밖에 모르기 때문에 땅에 있는 것으로만 해석하는 처사다. 이러한 자들이 바로 성도의 마음에 가라지를 뿌리는 사탄의 일꾼이요 이단이 아니겠는가?…지혜로운

성도는 예수님처럼(요 3:31) 하늘에 속하여 하늘의 것을 말하는 목자를 찾을 것이다.[9]

신천지는 요한계시록의 아마겟돈 전쟁이 제3차 세계대전이라고 믿으며 하늘에서 내려오는 큰 우박을 핵폭탄 등의 무기라고 가르치는 일부 교회를 빌미로 기성 교회를 이단으로 매도하고 자신들의 정당성을 주장한다. 한편으로 이는 요한계시록을 제대로 연구하거나 설교하지 않고 세대주의적 해석에만 머물러왔던 교회의 부끄러운 민낯이 드러나는 순간이 아닐 수 없다. 조금 늦은 감이 있지만 우리는 신비주의적이고 자극적인 해석이 아니라 건강하고 상식적인 요한계시록 해석이 보편화하도록 힘써야 할 것이다.

(3) 성경적 해석

앞서 요한계시록 9:14의 해석에서도 살펴보았지만, 요한계시록에 등장하는 "유브라데"의 의미는 구약성경의 배경과 당시의 문화적 맥락을 바탕으로 정확하게 이해할 수 있다. 구약성경에서 유브라데는 약속의 땅인 가나안의 동쪽 경계를 형성한다. 앗수르, 바벨론 그리고 페르시아와 같은 제국들은 유브라데 강을 건너야만 이스라엘을 침공할 수 있었고 이와 관련된 이야기는 예언서에 자주 등장한다. 또 당시 유브라데 강은 파르티아와 로마제국의 국경선 역할을 하고 있었다. 실제로 파르티아는 기원전 53년과 기원후 62년에 유브라데 강을 건너 로마제국을 침공했다. 따라서 "강물이 말라서 동방에서 오는 왕들의 길이 예비된다"는 말씀은 로마제국이 언제든 심판에 처할 수 있음을 알려주는 경고라고

신천지 요한계시록 해석 무엇이 문제인가?

할 수 있다.

그렇다면 "용의 입과 짐승의 입과 거짓 선지자의 입에서"(계 16:13) 나오는 "개구리 같은 세 더러운 영"이 의미하는 바는 무엇일까? 레위기 11:10-11에 따르면 개구리는 가증한 생물이다. 요한계시록 16:14은 이 "더러운 영"이 곧 "귀신의 영"임을 밝히고 있는데, 이는 귀신의 불결함을 기록한 다른 말씀들과 일맥상통한다(막 1:23, 26-27; 3:11, 30). 또한 더러운 영이 용과 짐승과 거짓 선지자의 입에서 나오는 이미지는 그리스도의 입에서 날 선 검이 나오는 이미지와 대조를 이룬다. 즉 개구리 같은 세 더러운 영은 용, 짐승, 거짓 선지자에게서 나와 온 천하 임금들을 미혹하는 메신저 역할을 한다.

이 개구리 같은 더러운 세 영은 히브리 음으로 아마겟돈이라 하는 곳으로 왕들을 모은다. 아마겟돈은 어원적으로 "하르+므깃도"로 구성된다. 히브리어 "하르"(הַר)란 "산"을 가리키는데, 여기서는 종말적 심판의 장소를 말한다(겔 38:8; 39:2, 4, 17). "므깃도"(מגדו)는 열왕기하 23:29-30과 역대하 35:20-25에서 하나님의 백성을 잘못 이끌었던 요시야 왕이 죽은 장소다. 또 스가랴 12:11-14은 하나님을 배역했던 이스라엘 백성의 애통하는 모습을 므깃도 골짜기에서 있었던 애통과 비교한다. 즉 "하르"와 "므깃도"는 하나님께 대적하는 자들에 대한 심판의 장소라고 할 수 있다. 따라서 "하르"와 "므깃도"를 어원으로 하는 "아마겟돈"은 만국을 이끌어 영적 전쟁을 일으키려는 용, 짐승, 거짓 선지자에 대한 심판의 장소다. 이를 특정한 지역이나 단체에 국한하는 해석은 요한계시록이 제시하는 심판의 우주적 의미와 성격을 훼손한다.

6. 일곱째 대접 심판(계 16:17-21)

(1) 신천지 해부

신천지는 계속해서 대접 심판에 대해 장황한 설명을 늘어놓는다. 사실 그들의 설명은 매우 단순하게 정리할 수 있다. 신천지는 이 본문이 전체적으로 "천사들과 증거장막성전의 성도들이 하나가 되어 귀신의 나라인 바벨론 짐승의 무리와, 그들에게 표 받고 경배한 첫 장막 선민을 진노의 말씀으로 심판하는 내용"을 담고 있다고 보기 때문이다.[10] 『요한계시록의 실상』, 358-361을 바탕으로 정리한 다음 내용을 통해 신천지가 마지막 일곱째 대접 심판을 구체적으로 어떻게 해석하는지 살펴보자.

- 진노의 대접을 공기 가운데 쏟음(계 16:17): 공기는 풍문을 의미하고 대접을 공기에 쏟는 것은 진노의 하나님 말씀을 풍문에 퍼트림으로써 말세에 나타난 배도와 멸망의 진상이 널리 알려지게 한다는 것이다. 일곱째 대접을 공기 가운데 쏟은 목적은 티끌 가운데서 잠든 것처럼 무지한 심령을 하나님의 말씀으로 깨우치려 하기 위함이다.
- 큰 지진(계 16:18): 멸망자들에게 속하여 영적으로 잠든 성도들의 마음이 하나님의 심판과 진노(번개, 음성, 뇌성)와 멸망자들의 조직체(바벨론 성)가 무너지는 소문을 듣고 흔들리는 것을 말한다. 멸망자의 말을 듣고 자신들이 속한 교단이 구원이 있는 안전한 정통이라 믿었는데, 도리어 사탄이 역사하는 처소임을 알게 되었으니 마음이 동요될 수밖에 없다.

- 무너지는 큰 성 바벨론과 만국의 성들

  - 바벨론: 사탄이 보좌를 둔 귀신의 처소

  - 세 갈래로 갈라짐: 귀신과 짐승의 나라 바벨론(멸망자)+일곱 금

    촛대 장막(배도자)+진노의 말씀을 깨닫고 나와 모인 증거장막성

    전(구원자)

  - 함께 무너지는 만국의 성들: 이 세상의 교회들

- 진노의 포도주 잔(계 16:19): 진노의 하나님 말씀을 기록한 성경

- 하늘에서 내려오는 큰 우박

  - 영적인 것으로 진노의 말씀과 그 말씀을 대언하는 목자를 의미

  - 요한계시록 8:7의 피 섞인 우박, 11:19의 성전에 있던 우박과 동

    일한 의미

  - 우박의 무게 한 달란트: 진노의 말씀을 담은 목자의 몸무게

(2) 문제 제기

신천지는 요한계시록 16:17-21의 일곱 번째 대접 심판에 대해서도 유재열의 장막성전과 기성 교회를 심판 대상으로 둔다. 그런데 여기서 두 가지 특이한 점이 있다. 첫째는 "공기"에 대한 해석이다. 신천지는 공기가 "풍문"이라고 해석하면서 말세에 나타난 배도와 멸망의 진상이 널리 퍼지게 된다고 주장한다. 그들의 해석으로는 멸망자들의 조직체인 바벨론, 즉 기성 교회가 무너지는 소문이 퍼지면 잠든 성도들의 마음이 흔들리는데, 그것이 바로 큰 지진(계 16:18)이다. 둘째는 이 본문에서 증거장막성전 신도들이 천사들과 하나가 되어 바벨론 짐승의 무리와 장막 선민을 진노의 말씀으로 심판하는 데 개입하고 있다는 신천지의 주

장이다.

"공기"를 풍문 곧 소문이라고 해석하는 신천지의 입장은 성경적 해석과 전혀 관계가 없다. 성경 어느 부분이 공기를 풍문으로 해석할 가능성을 열어주는가? 아마도 공기가 여기저기 흘러다닌다는 사실에 착안해서 이러한 해석을 하는 듯한데, 이는 성경 해석의 기본적 원리도 모르는 처사다. 더 나아가 "공기"라고 번역된 헬라어 "아에라"(ἀέρα)는 "공중"이라는 의미에 더 가깝다. 이런 점에서 신천지는 성경의 분명한 의미를 파악하기 위해 연구에 천착하기보다는, 한글 성경만 참고한 채 자신들에게 유리한 주장을 펼치기 위해 본문의 의미를 임의대로 조작하는 집단이라고 할 수밖에 없다. "지진"을 마음의 동요로 해석하는 것도 지진의 성경적 해석을 간과한 결과일 뿐이다. 하지만 신천지는 이런 해석을 통해 기성 교회가 멸망한 것을 당연시하며 불안감을 조성함으로써 이런 내용을 교육받는 사람들에게 선택을 강요한다.

신천지는 "하늘에서 내려오는 큰 우박을 약속의 목자라고 하고 한 달란트라는 무게가 그 목자의 몸무게"라고 주장한다. 이는 그들이 한 달란트가 약 36kg 정도의 무게라는 사실을 전혀 모르고 있다는 증거다. 그들은 개역한글성경에서 한 달란트가 "약 100근"이라고 설명한 각주에만 의지해 한 달란트는 60kg으로서 어떤 사람의 몸무게라고 주장한다. 정말 실소를 금할 수 없는 해석이다.

(3) 성경적 해석

먼저 신천지가 "풍문"을 의미한다고 해석한 요한계시록 16:17의 "공기"에 대해 살펴보자. 앞서 밝혔듯이 이 공기는 "공중"으로 번역하는 것이 더 적절하다. 그렇다면 "공중"의 신학적 의미는 무엇일까? 공중은 단순한 공간을 지칭한다기보다는 악의 세력과 치열한 영적 다툼이 벌어지는 영역이라고 보아야 한다. 에베소서 2:2은 사탄을 "공중의 권세 잡은 자"라고 하여 "공중"을 사탄 사역의 영역으로 규정한다. 즉 공중은 악의 핵심적 영역이다.[11]

일곱째 천사가 대접을 "공중"에 쏟자 "번개와 음성들과 뇌성이 있고 또 큰 지진이" 발생한다(계 16:18). 이는 요한계시록 4:5의 "번개와 음성과 뇌성"을 모태로 8:5의 "뇌성과 음성과 번개와 지진" 및 11:19의 "번개와 음성들과 뇌성과 지진과 큰 우박"으로 이어지는 종말적 심판의 패턴을 유지한다. 특별히 애굽에 내린 열 가지 재앙 중 일곱 번째 재앙은 요한계시록 16장의 일곱째 대접 심판과 연관이 있어 보인다.

18내일 이맘때면 내가 중한 우박을 내리리니 애굽 개국 이래로 그같은 것이 있지 않던 것이리라. 19이제 보내어 네 생축과 네 들에 있는 것을 다 모으라. 사람이나 짐승이나 무릇 들에 있어서 집에 돌아오지 않은 자에게는 우박이 그 위에 내리리니 그것들이 죽으리라 하셨다 하라 하시니라.…23모세가 하늘을 향하여 지팡이를 들매 여호와께서 뇌성과 우박을 보내시고 불을 내려 땅에 달리게 하시니라 여호와께서 우박을 애굽 땅에 내리시매 24우박의 내림과 불덩이가 우박에 섞여 내림이 심히 맹렬하니 애굽 전국에 그 개국 이래로 그 같은 것이 없던 것이라(출 9:18-24).

요한계시록은 출애굽기의 재앙을 모티프로 사용할 뿐 아니라 우박의 무게를 한 달란트라고 하여 심판의 강도를 더욱 극대화한다. 출애굽기의 열 가지 재앙으로 애굽이 망한 것처럼 바벨론은 요한계시록에서 거듭되는 심판들을 통해 결국 무너지게 된다. 요한의 관점에서 바벨론의 멸망은 곧 악의 세력인 로마제국의 심판을 의미한다. 이 주제는 요한계시록 14:6-20의 해석에서 간단하게 언급한 바 있고, 요한계시록의 결론 부분인 17-18장 해석에서 집중적으로 다룰 것이다.

【 13장 "증거 장막의 성전과 일곱 대접 심판" 정리 】

① 요한계시록 15장에서 "짐승과 그의 우상과 그의 이름의 수를 이기고 벗어난 자들"은 로마제국의 황제 숭배에 굴복하지 않은 자들로서 승리한 교회 공동체를 의미한다.

② 요한계시록 15장에 등장한 "증거의 장막 성전"은 언약적 개념을 강조하는 성막을 배경으로 16장에 이어지는 대접 심판의 시행을 예고하는 기능을 한다.

③ 요한계시록 15장의 중요한 주제에 대한 신천지의 주장과 성경적 해석을 비교하면 다음과 같이 정리할 수 있다.

주 제	신천지 주장	성경적 해석
첫째 짐승	장막성전을 멸망시킨 기성 교회의 목회자들	네로를 대표로 하는 로마제국의 황제들
둘째 짐승	장막성전의 배도한 목자	황제 숭배를 촉진하는 로마제국의 사제들
짐승을 이긴 자들	신천지 신도들	교회 공동체

신천지 요한계시록 해석 무엇이 문제인가?

주 제	신천지 주장	성경적 해석
증거 장막의 성전	첫째 장막이 무너진 후에 세워진 둘째 장막으로서 장막성전에서 일어난 배도와 멸망의 일을 목격한 산 증인들이 그 실상을 증거하는 신천지 증거장막성전을 일컫는다.	증거의 장막 곧 성전이란 언약에 대한 증거의 성격이 강했던 모세의 성막을 배경으로 언약적 특징을 강조하는 개념이다. 하늘 성전을 증거의 장막으로 규정하는 이유는 언약에 따르는 저주의 결과가 이어지는 대접 심판에 반영되기 때문이다.

요한계시록 15장 해석 비교

④ 요한계시록 16장에서 처음 네 개의 대접 심판은 "땅", "바다", "물 근원과 강", "하늘의 해"에 발생하는 재앙이라는 구약의 우주적 붕괴 언어를 통해 모든 창조 세계에 대한 우주적 심판을 묘사한다.

⑤ 요한계시록 16장의 대접 심판에 대한 신천지의 주장과 성경적 해석을 비교하면 다음과 같이 정리할 수 있다(뒷장 참조).

주 제		신천지 주장	성경적 해석
도입	땅(1절)	바다에서 나온 일곱 머리와 열 뿔 짐승이 들어간 하늘 장막	사탄의 통치 영역
첫째 대접 심판	일곱 금 대접	유리 바닷가의 증거장막성전에 모인 이긴 자들	심판의 이미지
	대접을 땅에 쏟는 이유	배도한 백성을 말씀으로 심판함과 동시에 잘못을 깨우쳐 돌아오도록 하기 위해	사탄의 통치 영역으로서 세상을 심판하기 위해
	악하고 독한 헌데	멸망자의 교리와 사탄의 교리	'헌데'라는 것은 '종기' 혹은 '종양'이라는 의미: 악하고 독한 헌데는 악성 종양
둘째 대접 심판	바다	짐승의 무리: 멸망자들	우주적 범주에 속하는 일반적인 바다를 의미
	바다 가운데 사는 생물	짐승에게 속한 장막 성도들+세상 교인	일반적인 바닷속에 사는 존재로서의 생물
	피같이 되다	대언하는 사탄의 교리가 죽은 자의 피처럼 생명 없는 비진리로 드러난다.	출 7:14-21의 출애굽 사건의 열 가지 재앙 중 첫째 재앙을 배경으로 한다.
셋째 대접 심판	(영적인)물 근원	말씀의 물이 솟아나는 목자	바다의 경우처럼 심판의 대상으로서 우주적 범주에 속하는 영역 중 하나
	(영적인) 강	그 물이 흘러가는 제자들의 마음	
	진노가 쏟아지는 본문의 물 근원	사탄(용)이 준 보좌에 앉아 거짓 교리를 말하는 목자	
	진노가 쏟아지는 강	그 보좌에서 나오는 교리를 받아 전하는 전도자들	
	물 근원과 강에 쏟아 피가 된다는 말	사탄에게 속한 거짓 목자와 전도자를 심판하니 그들이 전하는 교리가 생명수 말씀이 아닌 사망에 이르게 하는 비진리로 드러남을 의미	둘째 대접 심판의 경우처럼 출애굽의 열 가지 재앙 중에 첫째 재앙을 배경으로 한다.
	선지자들의 피를 흘리게 하다.	악령이 멸망자들을 택하여 피 흘리게 한 것이다.	세상 곧 로마제국에 의해 성도들이 고난을 받는 상황을 표현

신천지 요한계시록 해석 무엇이 문제인가?

주 제		신천지 주장	성경적 해석
넷째 대접 심판	진노의 대접이 쏟아지는 해	육적인 해를 비유한 영적인 해는 말씀의 빛을 비추는 목자를 의미: 선민 장막을 인도하는 목자와 이방 장막을 주관하는 사탄에게 소속된 목자	심판의 대상으로서 우주적 범주 중 하나로서의 '해'를 의미
	사람을 태우는 불	거짓 목자가 화가 나서 쏟아붓는 진노의 말	우주적 붕괴 언어
다섯째 대접 심판	짐승의 보좌	악령이 임한 거짓 목자와 연합하여 모인 본거지	로마제국 황제의 보좌: 악한 세력의 핵심부
	어둠	멸망자들의 진리가 비진리로 판명되어 더 이상은 진리라고 주장할 수 없다는 뜻	출 10:21-29의 열 가지 재앙 중 아홉 번째 재앙을 배경으로 한다.
	혀를 깨물고 아픈 것과 종기로 인하여 하나님을 훼방함	멸망자들의 거짓 교리를 받았음을 알고 그 흠이 세상에 드러났기 때문에 생긴 근심과 상처	어둠과 고통에 대한 완고한 반응을 나타낸다.
여섯째 대접 심판	유브라데	창 2:14의 유브라데와 동일하여 범죄 이전의 에덴 회복을 알리기 위한 비유	전쟁의 이미지를 불러일으키는 어휘: 구약에서는 가나안의 동쪽 경계이고 신약에서는 파르티아제국과 로마제국의 국경선으로서 침공하는 군대는 이 강을 건너야 한다.
	동방	하나님의 역사로 봉인된 말씀이 계시되어 온 천하에 선포되는 곳	유브라데 동쪽에 있는 파르티아제국이 위치한 지역을 가리킨다.
	동방에서 오는 왕들	거짓 목자의 교리가 비진리로 드러나자 멸망자들을 벗어나 증거장막성전으로 나오는 자들	파르티아제국과 그 연합군들
	용, 짐승, 거짓 선지자	거짓 목자(용)와 거짓 목자들(두 짐승)	사탄과 로마제국의 황제, 황제 숭배를 촉진하는 로마제국의 사제들

주 제		신천지 주장	성경적 해석
여섯째 대접 심판	아마겟돈	멸망자 짐승의 무리가 침노하여 전쟁을 벌인 유재열의 하늘 장막	하르(산)와 므깃도의 합성어로서 심판의 장소를 나타낸다.
일곱째 대접 심판	공기	풍문을 의미	심판과 영적 전투의 영역이며 악의 핵심적 영역으로서 '공중'으로 번역할 수 있다.
	진노의 대접을 공기 가운데 쏟음	진노의 말씀을 퍼뜨림으로써 말세에 나타난 배도와 멸망의 진상을 널리 알림	악의 핵심적 세력에 대한 심판
	큰 지진	멸망자들의 조직체(바벨론성)가 무너지는 소문을 듣고 흔들리는 것	하늘 성전을 묘사하는 계 4:5을 모태로 8:5; 11:19의 경우처럼 심판의 정황을 언급
	바벨론	사탄이 보좌를 두고 있는 귀신의 처소	로마제국의 상징
	큰 우박	영적인 것으로 진노의 말씀과 그 말씀을 대언하는 목자	출애굽 사건의 열 가지 재앙 중 일곱 번째로서 큰 지진과 함께 세 개(인, 나팔, 대접)의 심판 시리즈 중 일곱 번째 심판의 패턴을 형성한다.
	우박의 무게가 한 달란트	진노의 말씀을 담은 목자의 몸무게	심판의 강도를 극대화

요한계시록 16장 해석 비교

신천지 요한계시록 해석 무엇이 문제인가?

14장

음녀 바벨론의 멸망

요한계시록 17-18장 해석 해부하기

I. 음녀 바벨론(계 17장)

(1) 신천지 해부

요한계시록은 이중 결론을 제시한다. 먼저 요한계시록 17-20장은 악의 세력이 멸망하는 사건을 중심으로 결론을 제시하고, 21:1-22:9은 새 창조와 그것의 주인인 새 예루살렘 즉 교회 공동체를 중심으로 결론을 제시한다. 이 두 결론은 서로 대조적인 중심을 가지는 동시에 서로를 보완하는 내용으로 구성된다.[1]

지금까지 신천지는 요한계시록을 장막성전, 기성 교회, 신천지라는 세 부류를 기준으로 해석해왔다. 그들은 큰 음녀에게 내릴 심판을 기록한 요한계시록 17장에 대해서도 똑같은 기준을 적용해 해석을 시도한다. 『요한계시록의 실상』, 383-384와 「신천지 고등 과정 교재」, 60-61을 바탕으로 요한계시록 17장에 대한 신천지의 해석을 정리하면 다음과 같다.

- 음녀: 사탄의 목자

- 큰 음녀: 음녀 중에 가장 큰 자로서 요한계시록 13장의 하늘 장막을 멸망시킨 장본인

- 포도주: 거짓 목자의 교리, 비진리

- 음녀가 꾸미고 있는 보석과 진주: 가장된 비진리

- 음녀가 타고 있는 짐승: 12장의 붉은 용＝13장의 짐승

- 음녀들의 어미: 바벨론은 음녀들을 낳은 자

- 비밀이라는 이름: 음녀나 그에 속한 자들도 자신들의 조직체가 멸망자 귀신의 나라인 것을 모른다.

- 음녀가 짐승을 타고 있다.

  - 최고 거짓 목자의 모습

  - 여자는 많은 교회 목자를 다스리는 노회장, 총회장의 입장

- 음녀가 많은 물(백성과 무리와 열국과 방언들) 위에 앉아 있다: 많은 사람 위에서 왕노릇하는 이세벨의 입장에 있다.

- 짐승의 일곱 머리: 여자가 앉은 일곱 산＝일곱 교회(일곱 교단)

- 증인들의 피에 취함(계 17:6): "피"는 하나님과 예수님의 말씀이며 이 피에 취하였다는 것은 진리의 말씀을 듣고 마치 술 취한 것처럼 정신을 잃어 마음의 중심이 흔들린다는 뜻

- 음녀가 받는 심판(계 17:16)

  - 벌거벗게 한다: 음녀가 땅의 임금들과 땅에 거하는 자들로 더불어 음행한 수치를 드러낸다.

  - 살을 먹고 불사르다: 음녀의 교리를 영의 양식 삼아 배를 불리고는 돌아서서 잘못되었다며 말씀의 불로 심판한다는 뜻

신천지 요한계시록 해석 무엇이 문제인가?

(2) 문제 제기

신천지는 음녀가 사탄의 목자이며, 음녀가 마시는 포도주는 비진리로서 거짓 목자의 교리를 가리키고, 포도주에 취하는 것은 비진리에 미혹받는 것이고, 음녀가 치장한 각종 보석과 진주 또한 가장된 비진리를 의미한다고 주장한다. 나아가 신천지는 짐승을 타고 앉은 음녀가 최고의 거짓 목자이며, 음녀가 많은 물 위에 앉은 것은 구약의 이세벨처럼 많은 사람 위에서 왕노릇하는 것을 가리킨다고 간주한다. 또 짐승의 일곱 머리를 음녀에게 적용하여 음녀가 많은 교회 목자를 다스리는 "노회장, 총회장의 입장"이라고 해석한다.

신천지는 요한계시록 17장을 해석할 때도 심판의 대상이라는 일곱 금 촛대 교회와 그곳을 침범하여 멸망시켰다는 거짓 목자의 프레임을 벗어나지 못한다. 그러나 요한계시록 17장을 제대로 해석하려면 바벨론이 요한계시록 기록 당시에 어떻게 이해되었으며, 바벨론을 왜 음녀라고 지칭하는지에 대해 객관적인 자료를 근거로 분석해야 하지 않을까? 신천지는 음녀인 바벨론이 사탄의 목자라고 자의적으로 지정할 뿐, 그 이유와 근거에 대해서는 아무런 언급도 하지 않는다. 단지 그 단어가 부정적인 느낌의 대상이니 사탄의 목자로 이해하라고 강요하는 것인가? 그런 억지는 올바른 성경 해석의 태도라고 할 수 없다.

(3) 성경적 해석

요한계시록 17장은 바벨론의 심판과 멸망을 통해 악의 세력이 이르게 되는 궁극적 파멸을 결론으로 제시한다. 특별히 바벨론이 멸망해야 하는 이유는 성도들의 피를 흘렸기 때문이다(참고. 계 16:2, 6). 이러한 바벨론은 (그리스도의) 신부인 새 예루살렘과 대조를 이루는데, 여기서 바벨론을 음녀라고 표현하는 이유는 바벨론이 하나님을 대적하는 세력으로 활동하기 때문이다.

요한계시록이 쓰일 당시 유대 문화에서 바벨론은 로마를 상징한다(계 14:8; 16:19). 요한계시록 이외의 여러 유대 문헌에서도 바벨론은 로마제국을 지칭하는 상징으로 쓰였다(에즈라4서 3:2; 바룩2서 10:2-3; 바룩3서 1:1). 그도 그럴 것이 바벨론과 로마는 모두 거대 제국으로서 예루살렘 성전을 파괴했다는 공통점을 가지고 있기 때문이다. 유배 생활을 하던 바벨론에서 귀환한 경험을 가지고 있는 유대인들은 로마를 바벨론이라고 표현함으로써 해방과 새 출애굽의 성취를 기원했다. 구약성경은 종종 바벨론 포로 상태와 애굽에서 종살이하던 상태를 동일시하며, 따라서 바벨론에서의 귀환을 다룰 때에도 출애굽을 지칭하는 표현들을 활용한다. 즉 구약성경은 바벨론으로부터의 귀환을 새 출애굽으로 묘사한다. 새 출애굽은 또한 새 창조에 대한 기대를 포함하는데(사 65:17-25), 1세기의 유대인들은 자신들이 여전히 바벨론 포로 상태에 있다고 여기는 경향이 있었다.

그러므로 요한계시록에 묘사된 바벨론의 멸망은 바벨론으로부터의 해방, 즉 새 출애굽에 대한 소망의 성취와 완성을 나타낸다고 볼 수 있다. 신약성경은 새 출애굽의 성취가 이미 예수님의 죽음과 부활로 말미암아 이루어졌다고 증언한다. 요한계시록은 바벨론의 멸망과 함께 새 창조(계 21:1-5)를 소개함으로써 예수님의 재림으로 말미암아 새 출애굽이 완성되었다는 사실을 말해준다.

음녀가 짐승을 타고 있는 이미지는 음녀를 통해 상징되는 로마제국

(바벨론)과 짐승에 의해 상징되는 황제가 성도들을 핍박하는 일에 서로 긴밀하게 협력한다는 사실을 드러내 준다. 이런 기본적인 해석을 바탕으로 우리는 음녀가 증인들의 피에 취했다는 말이, 로마제국이 초기교회 성도들을 핍박하는 일에 몰입했음을 알려주는 표현임을 깨닫게 된다. 벌거벗기고 불에 태우는 심판은 구약에서 음녀를 심판하는 방식과 동일하다(참고. 레 21:9; 겔 23:25-29, 47). 결국 로마제국과 황제도 하나님의 심판을 피할 수 없다.

2. 귀신의 처소: 심판받는 귀신의 나라 바벨론(계 18:1-8)

(1) 신천지 해부

요한계시록 17장이 음녀 바벨론의 전반적인 모습을 소개한다면, 18장은 바벨론의 멸망 원인과 과정 및 결과를 구체적으로 묘사한다. 요한계시록 18:1-8은 바벨론 멸망을 선포하며 하나님의 백성에게 바벨론에서 나올 것을 촉구하는 내용을 담고 있다.[2] 신천지는 이 본문에 등장하는 여러 개념 역시 장막성전과 기성 교회, 신천지를 중심으로 해석한다. 『요한계시록의 실상』, 388-393의 내용을 바탕으로 요한계시록 18:1-8에 대한 신천지의 해석을 정리하면 다음과 같다.

- 요한계시록 16장의 일곱 번째 대접 심판으로 바벨론은 세 갈래로 갈라졌고, 17장에서는 짐승에 의해 불살라졌다. 18장은 잇달아 일어나는 사건이다.
- 바벨론(음녀)은 악령들의 집합소다.

- 악령은 느부갓네살 왕과 서기관, 바리새인들에게도 역사했고 음
  녀와 소속 목사들에게도 역사한다.

• 만국이 무너졌다: 귀신과 교제한 바벨론 음녀의 교리가 이 땅
  모든 교회를 영적으로 무너뜨렸다는 뜻이다. 만국은 모든 교회
  를 의미한다.

• 땅의 상고들: 음녀에게 속한 전도자들
  - 바벨론의 사치로 부자가 된 땅의 상고들은 문자 그대로의 상인
    이 아닌 영적인 장사꾼
  - 마태복음 13:34-35에서 영적 매매는 진주처럼 귀한 말씀을 전
    하고 듣는 것이므로 영적 상고는 말씀을 전하는 전도자를 의미
  - 음녀가 몰락하자 한순간에 망하여 애통한다(계 18:11-19).

• 재림 예수님께서는 니골라당이 침노한 일곱 금 촛대 장막의 요
  한(계 1장)을 찾아 대언자와 대행자로 삼으시고 그와 함께 음녀의
  나라 바벨론(계 17:14)으로 가서 사로잡힌 백성들을 바벨론과 함
  께 재앙을 받지 않도록 하기 위해 빼내신다.

• 바벨론에서 나와 가야 할 곳은 하나님과 예수님께서 임하신 구
  원의 산 시온(계 14:1)

• 바벨론은 하나님께서 지으신 하늘 장막을 교권으로 침입하여
  멸망시키고(계 13장), 땅의 임금들과 더불어 음행하며 땅에 거
  하는 자들로 음행의 포도주에 취하게 하며 만국을 미혹한다(계
  17:2-5).

• 요한계시록 13:10의 성취: 자신들이 장막에 행한 대로 사망과
  애통과 흉년을 겪게 되고 나아가 말씀의 불로 심판을 받게 된다.

신천지 요한계시록 해석 무엇이 문제인가?

(2) 문제 제기

신천지는 요한계시록 16, 17, 18장의 사건들이 잇달아 일어난다고 해석한다. 하지만 요한계시록은 바벨론의 멸망을 시간적인 순서로 기록하는 것이 아니라 서로 다른 관점에서 세 번 반복하여 기록한다. 이를 잇달아 일어나는 사건으로 보는 해석은 요한계시록의 독특한 구조를 잘못 이해한 결과다.

신천지에 의하면 재림 예수님은 니골라당이 망하게 한 일곱 금 촛대 장막의 요한을 찾아 대언자와 대행자로 삼으셔서 바벨론에서 사로잡힌 백성들을 빼내 오신다. 그리고 바벨론에서 나온 백성들이 가야 할 곳은 하나님과 예수님이 계신 구원의 산 시온이라고 한다. 여기서 일곱 금 촛대 장막의 "요한"은 이만희 씨이고, 구원의 산 시온은 신천지 증거장막성전을 가리킨다. 이처럼 모든 그리스도인이 고대하는 예수님의 재림을 한 집단과 그 지도자에게로 귀속시키는 신천지의 행태를 어떻게 보아야 할까? 게다가 그들은 요한계시록 18장의 바벨론 멸망이 기성 교단이 붕괴하는 사건을 기록한 것이라고 주장한다.

하지만 예수님이 영으로 이미 재림하여 이만희 씨에게 역사하고 있다거나, 기성 교회는 귀신의 처소로서 예수님의 재림으로 인해 멸망한다는 신천지의 주장은 어떠한 성경적 근거도 찾아볼 수 없다. 만일 예수님이 재림하신다면 그 누구의 도움이나 매개자도 필요 없이 스스로 심판을 시행하실 것이다. 그들이 기성 교회가 멸망한다는 근거로 삼는 요한계시록 13:10 말씀 또한 신천지의 주장과는 상관이 없다. 신천지는 오로지 개역한글성경만을 염두에 둔다.

사로잡는 자는 사로잡힐 것이요 칼로 죽이는 자는 자기도 마땅히 칼에 죽으리니 성도들의 인내와 믿음이 여기 있느니라(계 13:10, 개역한글).

신천지는 이 본문을 바탕으로 기성 교회가 장막성전에 행한 대로 되갚음을 받는다고 주장한다. 성도들의 인내와 믿음을 다루는 말씀을 일개 집단의 흥망에 그대로 대입하는 해석도 문제지만, 사실 개역한글성경의 번역은 난해하다. 대한성서공회가 개역개정성경에서 새롭게 번역한 내용은 다음과 같다.

사로잡힐 자는 사로잡혀 갈 것이요 칼에 죽을 자는 마땅히 칼에 죽을 것이니 성도들의 인내와 믿음이 여기 있느니라(계 13:10, 개역개정).

즉 이 말씀은 황제 숭배를 거부하는 성도들이 짐승에 의해 사로잡혀 가기도 하고 죽임을 당하기도 한다는 내용을 담고 있다. 그래서 성도들의 인내와 믿음이 여기에 있다고 말씀하는 것이다. 이 본문이 요한계시록 17-18장에 기록된 바벨론의 멸망으로 성취된다고 말할 수 있는 근거는 전혀 없으며 신천지의 해석은 자의적이고 자기중심적인 해석일 뿐이다.

(3) 성경적 해석

먼저 요한계시록 16, 17, 18장의 관계에 대해서 살펴보자. 요한계시록 16장은 일곱 번째 대접 심판의 결과로서 바벨론의 심판을 다룬다. 17, 18장은 결론 부분으로서 바벨론 심판을 좀 더 자세하게 설명한다. 즉

신천지 요한계시록 해석 무엇이 문제인가?

17, 18장은 바벨론에 대한 심판의 내용을 다른 각도에서 반복해서 보여준다. 17장은 바벨론에 대한 개괄적 설명인 반면 18장은 바벨론의 멸망에 초점을 맞추어 자세하게 기록하기 때문에 요한계시록 16, 17, 18장을 시간에 따른 순서라고 전제하면 무리한 해석이 뒤따를 수밖에 없다.

요한계시록 17장은 바벨론을 "음녀"로 소개한다. 음녀인 바벨론은 로마제국을 가리키는 말이다. 따라서 로마제국의 질서를 수용하고 제국적 통치 원리를 실현하는 온 땅의 왕들은 하나님을 대적하는 음행을 저지르는 것으로 이해할 수 있다. 그 음행의 결과 바벨론과 공생했던 "만국"이 바벨론의 멸망과 함께 무너지는 것은 당연하다. 하지만 이는 예수님 재림의 때에 모든 악의 세력이 심판받게 될 것을 은유적으로 표현한 것으로도 보아야 한다.

요한계시록 18:4은 "내 백성아, 거기서 나와 그의 죄에 참예하지 말고 그의 받을 재앙들을 받지 말라"라고 말씀한다. 이 말씀은 이스라엘 백성들로 하여금 심판받을 바벨론의 죄에 동참하지 말 것을 촉구하는 예레미야 50:8; 51:6, 45을 배경으로 한다. 곧 요한계시록의 문맥에서 심판받을 바벨론인 로마제국의 황제 숭배에 빠지지 말고 구별된 삶을 삶으로써 죄의 심판을 면하라고 촉구하는 것이다. 바벨론으로부터 나온 이들이 가야 할 곳은 바벨론과 대조되는 새 예루살렘, 즉 교회 공동체다. 바벨론 심판은 요한계시록 13:10의 성취가 아니라 6:9의 순교자들의 기도 및 8:2-3에 기록된 성도들의 기도에 대한 응답이라고 할 수 있다.

3. 애통하는 자들(계 18:9-20)

(1) 신천지 해부

요한계시록 18:9-20에는 땅의 왕들, 땅의 상인들, 바다 사람들의 애가가 기록되어 있다. 여기에는 각종 상품이 소개되면서 심판의 정황이 매우 구체적으로 묘사된다. 지금까지 모든 심판을 장막성전과 기성 교회에 적용해온 신천지는 이 본문을 어떻게 해석할까? 『요한계시록의 실상』, 394-400을 바탕으로 그들의 해석을 정리하면 다음과 같다.

- 왕들과 상고들: 용의 교리로 설교하던 목자와 전도자
  - 이들은 요한계시록 10장의 펼쳐진 말씀이 심판하는 불이 되어 바벨론을 사른 것을 보고 가슴을 치며 운다.
  - 우는 이유: 자신들의 상품을 사는 자가 없기 때문
- 상고들의 바벨론과의 무역 상품들(계 18:12-14): 사탄(용)의 교리와 교법과 조직
  - 금, 은, 보석, 진주: 바벨론이 보석처럼 귀하게 여기는 각종 교리(주석)를 의미
  - 세마포, 자주 옷감, 비단, 붉은 옷감: 의롭게 여기는 바벨론 신앙
  - 각종 향목과 상아 기명, 각종 나무와 진유, 철과 옥석으로 만든 각종 기명: 바벨론 사람들로 조직된 각종 기구
  - 계피, 향료, 향, 향유, 유향: 바벨론이 찬양하는 교법
  - 포도주, 감람유, 밀가루, 밀: 바벨론 교리
  - 소, 양, 말, 수레, 종들, 사람의 영혼: 바벨론 귀신에게 속한 영육

사명자들

• 바다의 선장과 선객과 선인(계 18:15-20)

  - 바다: 세상

  - 배: 세상의 교회들

  - 배를 부리는 선장: 교회의 목자들

  - 선객들: 교인들. 소경된 성도는 소경된 귀신의 목자가 인도하는
    교회 곧 바벨론 선장의 배를 타고 있다가 지옥에 가게 된다.

  - 선인들: 목자를 돕는 교역자들과 직분자들

이처럼 신천지는 여전히 장막성전과 기성 교회의 멸망이라는 전제를 포기하지 않고 요한계시록 18장을 해석한다. 그들은 바벨론의 멸망이 "종말에 만국 교회와 목자와 성도에게 응하는 말씀"으로 "모든 신앙인은 성경을 부인하지 말고 멸망받는 만국 교회에서 약속한 증거장막성전으로 피해야만 구원이 있음을 깨달아야 한다"고 주장한다.[3]

(2) 문제 제기

신천지는 왕들과 상고들이 "용의 교리로 설교하던 목자와 전도자"를 가리킨다고 주장한다. 이들이 요한계시록 10장의 펼쳐진 말씀이 불이 되어서 바벨론을 사르는 것을 보고 가슴을 치며 운다는 것이다. 나아가 신천지는 선장과 선객과 선인들을 해석하면서 기성 교회의 목회자와 성도 및 교역자들을 한꺼번에 깎아내린다. 그리고 그들은 일반 교회의 교인들이 "소경된 귀신의 목자가 인도하는 교회 곧 바벨론 선장의 배를 타고 있다가 지옥에 가게 된다"면서 증거장막성전으로 피하지 않으면

구원받을 수 없다는 주장을 펼친다.

신천지는 바벨론의 고유한 의미를 무시하고 자신들에게 유리한 방향으로 일방적으로 해석해왔다. 그들은 자신만의 프레임을 활용해 전통적인 기성 교회를 짐승의 영이 들어가 활동하는 악의 축으로, 바벨론과 동일시되어 바벨론과 함께 멸망할 수밖에 없는 존재로 만들어버린다. 이는 인위적이고 비논리적인 해석 방법이 아닐 수 없다.

사실 정상적인 방법으로 성경을 해석하더라도 해석 주체의 이해관계나 처한 환경에 따라 해석 결과의 차이가 생기기 마련이다. 하지만 신천지의 성경 해석은 성경의 본질적 의도를 근본적으로 왜곡하는 결과를 가져오고 만다. 성경 해석은 무엇보다 먼저 저자의 의도를 파악하는 행위다. 이런 관점에서 보자면 신천지의 주장을 과연 "성경 해석"이라고 부를 수 있을지조차 의심스럽다.

일단 신천지의 자기주장을 일종의 해석이라고 치부하더라도 그들이 저자의 의도를 올바로 파악하려는 시도를 성실하게 시행하고 있는지 묻지 않을 수 없다. 하지만 그렇지 않다고 단정할 수 있는 이유는 너무나 많다. 요한계시록을 기록한 요한이 오늘날의 기성 교회가 멸망하는 일과 그 대안이라는 신천지 증거장막성전에 대해 기록했다고 볼 이유가 전혀 없기 때문이다.

(3) 성경적 해석

본문의 왕들과 상고들 및 바다 사람들은 바벨론이 멸망하는 것을 보고 슬퍼하며 나름의 논평을 내놓는다. 이는 바벨론으로 상징되는 로마제국의 멸망을 염두에 두고 이해해야 하는 말씀이다. 로마제국의 심판과 멸망으로 인해 가장 큰 피해를 보는 사람들은 누구일까? 먼저는 제국의 권력을 등에 업고 권세를 부리던 자들이다. 따라서 "요한계시록 17:2과 18:3에서 언급되었던 땅의 왕들이 자신들의 음행과 사치를 보장해주던 바벨론이 멸망하는 것을 보고 애통해하는 것은 당연한 이치다."[4]

다음으로는 로마제국이 형성한 경제 체제 속에서 중계 무역을 통해 부를 축적했던 상인들을 꼽을 수 있다. 상인들의 부는 로마제국의 안정과 밀접한 관계에 있었으므로 그들의 애통 또한 당연한 결과다. 요한계시록 18:12, 13, 16에 등장하는 상품들의 긴 목록은 당시 로마를 중심으로 세계화된 경제 체제가 얼마나 풍성한 것이었는지를 드러내는 동시에 에스겔 27:12-16을 배경으로 두로가 멸망한 것처럼 바벨론도 결국 멸망하리라는 것을 보여주는 장치다.[5] 이런 상품 하나하나에 의미를 부여하는 해석은 본문의 의도와는 상관이 없다.

활성화한 로마제국의 무역업은 운송업을 담당하는 바다 사람들의 성공과도 직결되어 있었다. 바벨론 멸망을 한탄하는 이들의 입장 또한 자신들의 이익에 손해가 생기는 것을 슬퍼하는 이기적 측면이 강하다. 요한계시록은 팍스 로마나의 영광 속에서 호황을 누렸으나 철저하게 반기독교적이었던 당대의 대표적인 사람들이 부르는 애가를 통해 로마제국에 대한 심판이 총체적으로 얼마나 심각한지를 표현하고 있다.

【 14장 "음녀 바벨론의 멸망" 정리 】

① 요한계시록이 쓰일 당시 유대 문화에서 바벨론은 로마제국을 상
징하는 소재였다. 요한계시록의 음녀 바벨론 또한 로마제국으로
이해해야 한다. 바벨론이 기성 교회를 지칭한다고 보고 바벨론에
서 탈출해 신천지로 와야만 구원을 받는다는 신천지의 성경 해석
은 성경과 상관이 없다.

② 요한계시록 16-18장은 바벨론의 멸망을 시간적인 순서가 아니
라 서로 다른 관점에서 세 번 반복하여 기록한다. 이를 시간 순서
로 보고 장막성전과 신천지의 관계에 꿰맞추는 신천지의 해석은
여러 가지 오류를 불러일으킨다.

③ 바벨론의 멸망은 강력한 제국주의 체제 속에서 이득을 챙기던
사람들의 한탄을 불러일으킨다. 이에 대해 신천지는 성경의 고유
한 의미를 무시하고 자신들에게 유리한 방향으로 해석하는 작업
을 계속하지만, 이는 인위적이고 비논리적인 해석 방법일 뿐이다.

④ 요한계시록 17-18장에 등장하는 주요 개념에 대한 신천지의 주
장과 성경적 해석을 비교하면 다음과 같다.

주 제			신천지 주장	성경적 해석
음녀 바벨론 (17장)		음녀	사탄의 목자	로마제국을 상징하는 바벨론
		포도주	비진리	바벨론이 흘리게 한 성도들의 피에 대한 은유적 표현
		음녀의 보석과 진주	거짓 비진리	바벨론 제국에 의해 상징되는 로마제국의 화려함을 의미
		짐승을 탄 음녀	최고 거짓 목자의 모습	바벨론에 의해 상징되는 로마제 국과 그 황제 사이에 당연하게 존재하는 밀접한 관계
		일곱 머리	일곱 머리=일곱 산= 일곱 교회; 일곱 왕= 일곱 목자	13장의 짐승의 머릿수로서 세상 세력인 단 7장의 네 마리 짐승을 연상케 한다.
		증인들의 피	하나님과 예수님의 말씀	황제 숭배를 거부함으로써 초래 되는 순교 상황을 나타내준다.
귀신의 나라 바벨론 (18장)	귀신의 처소	16-18장의 바벨론에 대 한 심판의 반 복된 언급	16장의 바벨론 심판 과 17, 18장의 바벨 론 심판은 연속적인 사건	16장과 17, 18장의 바벨론에 대 한 심판은 연속적인 사건이 아 니라 동일한 심판을 여러 각도 에서 다양하게 보여준다.
	바벨론	바벨론	악령들의 집합소	로마제국에 대한 상징적 표현
		만국	예외 없는 모든 교회	로마제국과 상대하는 모든 열방
		만국의 무 너짐	이 땅의 모든 교회를 영적으로 무너뜨림	로마제국과 함께 멸망할 것으 로 언급되는 로마제국과 관련 된 나라들
		땅의 상고들	음녀에게 속한 전도 자들: 영적 장사꾼	로마제국과 무역하는 장사꾼들

주 제		신천지 주장	성경적 해석
바벨론에서 나오는 백성들	백성들이 바벨론으로부터 나온다.	재림 예수님께서 요한의 입장으로 오는 자를 대행자와 대언자로 삼으셔서 백성들을 빼오신다.	계 18:4에 기록된 내용으로서 렘 50:8; 51:6; 51:45 등을 배경으로 악의 세력에 속하여 함께 심판받지 말 것을 권면
	바벨론으로부터 나와 가야 할 곳	신천지 증거장막성전	새 예루살렘 교회 공동체
	계 13:10과의 관계	성취로서 바벨론 심판	전혀 무관: 계 13:10은 성도들의 고난을 가리킨다.
귀신의 나라 바벨론 (18장)	애통하는 자들 상고들의 애통	왕들과 상고들은 용의 교리로 설교하던 거짓 목자와 거짓 전도자	상고들은 로마제국과 자본에 근거한 밀접한 관계를 가지고 있으므로 그들의 애통은 당연하다.
	상고들의 무역 상품들	사탄의 교리와 교법과 조직	로마제국의 영광과 번영을 보여주며 무역을 통해 부를 축적했던 상고들이 애통하는 이유를 제시해준다.
	바다	세상	해상무역으로 풍요를 누렸던 로마제국의 경제 시스템을 잘 보여주고 있는 대목들이다. 이러한 아이템 하나하나에 의미를 부여하는 것은 본문의 의도를 벗어난다.
	배	세상의 교인들	
	선장	교회의 목자들	
	선객들	교인들	
	선인들	목자들 돕는 교역자들과 직분자들	

요한계시록 17-18장 해석 비교

신천지 요한계시록 해석 무엇이 문제인가?

15장

어린 양의 혼인 잔치와 천년왕국
요한계시록 19-20장 해석 해부하기

I. 어린 양의 혼인 기약과 천국 잔치(계 19:1-10)

(1) 신천지 해부

요한계시록 19:1-10은 어린 양의 혼인 잔치에 대해 묘사한다. 바벨론에 대한 하나님의 의로우신 심판은 완결되었고, 그 사실을 배경으로 하늘에서는 경배와 찬양이 끊이지 않는다. 그리고 이 경배와 찬양은 곧 혼인 잔치 장면으로 이어지는데, 어린 양과 어린 양의 아내인 성도들 즉 교회가 그 잔치의 주인공이다.

그러나 신천지는 이 본문에도 자기중심적인 해석의 칼날을 들이댄다. 『요한계시록의 실상』, 412-415를 배경으로 그들의 해석을 정리하면 다음과 같다.

- 어린 양의 혼인 잔치: 에스겔 38-39장의 하나님의 큰 잔치를 배경으로 한다.

- 어린 양의 혼인 기약은 어린 양 외에 다른 신과 교제하지 못하도록 약속한 것
- 어린 양의 혼인 기약이 이르기 전 땅의 임금들인 짐승은 음녀와 더불어 음행하고 귀신과 교제하며 결혼(계 17-18장). 그러나 바벨론을 심판하여 사탄과 결혼하는 일이 사라지고 어린 양과 혼인하게 된다.
- 하나님께서 초림 예수님에게 장가들어 하나가 되셨던 것처럼 (호 2:19; 요 10:30[나와 아버지는 하나]) 예수님도 마지막 때에 한 목자를 아내로 삼아 장가: 어린 양의 아내는 예수님의 대언자와 대행자인 사도 요한의 입장 목자
- 어린 양의 혼인 잔치는 하나님께서 요한계시록 13장의 짐승과 우상과 그 이름의 수를 이기고 벗어난 자들을 들어 16장에서 18장까지의 말씀으로 배도자와 멸망자를 심판하신 후에 증거장막성전에서 베풂

신천지는 여기에 이어 "그날과 그때는 아무도 모르나니"라고 말씀하신 마태복음 24:36을 근거로 예수님이 때와 장소를 알려주지 않으신 채 하늘로 올라가셨으나 승천하신 후에 알려주셨다고 주장한다. 바로 요한계시록 19장의 혼인 잔치에 대한 설명이 "그날과 그때"에 대한 설명이라고 보는 것이다. 나아가 신천지는 "그러므로 계시록 사건을 알지 못하면 어린 양의 혼인 잔치에 참예할 수가 없다"라고 주장하며 신천지 중심의 해석을 이어간다.[1)]

신천지 요한계시록 해석 무엇이 문제인가?

(2) 문제 제기

신천지는 요한계시록 19:1-10에 묘사된 혼인 잔치가 에스겔 38-39장의 하나님의 큰 잔치를 배경으로 한다고 주장한다. 단순하게 "잔치"라는 공통 요소에서 연결 고리를 찾은 것이다. 그러나 에스겔 38-39장의 하나님의 큰 잔치는 어린 양의 혼인 잔치와 전혀 관계가 없다. 오히려 에스겔 38장의 곡(마곡)의 전쟁과 39장의 하나님의 큰 잔치는 요한계시록 19:11-21의 백마 타고 오시는 예수님의 재림의 때에 일어나는 두 짐승에 대한 심판에서 성취된다.

다음으로 "어린 양의 혼인 기약"에서 "기약"이란 단어는 원문에는 없고 번역자가 임의로 삽입한 단어다. 따라서 이를 지나치게 확대해석하면 안 된다. 기약이 이르렀다는 시점을 중심으로 "사탄과 결혼하는 일이 사라지고 어린 양과 혼인하게 된다"고 주장하는 신천지의 주장은 과연 성경적 해석일까? 아니면 자신들만의 "혼인 잔치"에 의미를 부여하기 위한 자의적 해석에 불과할까?

신천지는 어린 양의 아내가 예수님의 대언자이며 대행자인 사도 요한의 입장과 동일격인 목자라고 주장한다. 물론 신천지는 사도 요한의 입장과 동격인 목자가 이만희 씨라고 믿는다. 그러나 그들의 믿음은 성경의 지지를 받고 있을까? 성경을 제대로 해석한다면 어린 양의 아내가 사도 요한과 동격인 누군가가 된다는 결론은 절대로 나올 수 없다.

또한 신천지는 하나님이 초림 예수님에게 장가들어 하나가 되셨다고 주장한다. 이런 주장을 받아들인다면 승천하신 예수님이 누군가에게 장가들어 하나가 될 것이라는 또 다른 주장이 가능해질 것이다. 그러나 하나님이 초림 예수님에게 장가들어 하나가 되셨다는 주장은 하나님이 예수님과 하나가 아니었는데 하나가 되었다는 주장과 다르지 않다. 이는 기독교의 전통적인 삼위일체 교리를 정면으로 거부하는 주장이다. 예수님은 이 땅에 성육신하기 이전부터 아버지 하나님과 하나이셨다.

나아가 증거장막성전에서 어린 양의 혼인 잔치가 베풀어진다는 신천지의 주장을 어떻게 평가해야 할까? 어린 양의 아내인 마지막 때의 한 목자가 누구인지 알아야 한다는 신천지의 주장은 신학적으로 정당할까? 사실 따지고 보면 신천지가 말하는 소위 "멸망자", 즉 기성 교회는 아직 심판을 받지 않고 건재하다. 그렇다면 신천지는 자기만의 공상에 빠져 성경이 자신들을 중심으로 펼쳐진다는 정신병적 집착을 하는 집단이 아닐까 싶다.

(3) 성경적 해석

요한계시록 19:7-10의 혼인 잔치는 요한계시록 17-18장에 묘사된 바벨론 제국에 대한 심판의 결과 중 하나로서 주어진다. 구약성경은 하나님과 이스라엘의 관계를 남편과 아내의 관계에 비유한다(참고. 호세아서; 사 54장). 신약성경은 예수님과 교회 공동체의 관계가 혼인 관계와 같다고 말씀한다(엡 5:22-33). 혼인 관계의 본질은 연합이라는 개념에 있고, 예수님과 교회 공동체는 머리와 몸의 관계로서 한 몸을 이룬다.

이러한 혼인 관계 개념은 요한계시록에도 적용할 수 있다. 성도와 예수님의 연합을 파괴하는 바벨론의 멸망은 결과적으로 그 연합을 완성하는 결과를 가져온다. 즉 성도와 예수님의 연합은 이미 시작되었지만, 그 연합을 방해하는 악의 세력이 심판을 받음으로써 완전하게 될 것이다.

　　　　　　　　　　　신천지 요한계시록 해석 무엇이 문제인가?

교회와 그리스도의 관계라는 측면에서 어린 양의 혼인 잔치를 바라보는 성경적 관점에 따르면 혼인 잔치가 벌어지는 장소를 특정 지역에 국한할 수 없다. 신실한 성도가 존재하는 곳이라면 어느 지역이든지 상관없이 이 혼인 잔치의 기쁨은 퍼져나가게 될 것이다.

2. 백마 탄 자(계 19:11-21)

(1) 신천지 해부

요한계시록 19:11-21에는 백마 타고 오시는 예수님의 모습이 묘사되어 있다. 여기서 예수님의 모습은 "그 눈이 불꽃 같고 그 머리에 많은 면류관이 있고…피 뿌린 옷을" 입었다(계 19:12-13). 그는 공의로 심판하며 싸우는 분으로서 입에서 나오는 날카로운 검으로 만국을 치고 철장으로 다스린다. 그는 지금까지 하나님의 대적으로 등장한 "짐승과 땅의 임금들과 그 군대들"은 물론 거짓 선지자를 심판하시는 분이시다(계 19:20).

하지만 앞서도 살펴보았지만, 신천지는 이 본문을 근거로 재림 예수님이 "백마로 비유한 육체"를 타고 오시는데 이만희 씨가 바로 재림 예수님이 임한 육체라고 주장한다. 그들은 하늘이 열렸다는 요한계시록 19:11의 말씀이 하나님 나라, 즉 신천지가 창조되었다는 의미이며, 예수님이 타시는 백마가 바로 사도 요한의 입장으로 오는 대언자 목자를 가리킨다고 주장하는 것이다. 또 19:12에서 자기밖에 아는 자가 없다고 하신 이름은 예수님의 새 이름인데 백마와 탄 자, 즉 요한계시록 2-3장의 이긴 자와 예수님만 아는 비밀이라고 주장한다. 그리고 19:13의 "피 뿌린 옷"은 예수님의 순교를 상징하는 것이라고 해석한다.[2]

이처럼 신천지는 "영은 육체를 들어 역사한다"거나 "하나님은 시대마다 약속의 목자를 선택하셨다"는 등의 황당한 전제를 바탕으로 신천지와 다른 교회를 이분법적으로 나누는 극단적인 성경 해석으로 일관한다. 이런 해석들을 살펴보면 신천지가 요한계시록 전체를 사용해 어떻게 자신의 특권을 주장하는지 분명하게 알 수 있다.

(2) 문제 제기

신천지는 요한계시록의 내용을 이만희 씨와 신천지의 전력에 꿰맞춘다. 그들에게 하늘이 열려 하나님 나라가 창조된 것은 신천지가 시작된 사건을 의미하고, 그때에 나타난 백마는 예수님이 임한 육체인 대언자 목자를 지칭한다고 주장한다. 영이 육체를 들어 쓴다는 주장을 강화해 온 신천지의 요한계시록 해석은 이렇게 교주의 신격화로 귀결되는 것이다.

그러나 신천지의 성경 해석에는 자신들만의 논리가 있을 뿐, 합당한 이유와 근거를 찾아볼 수 없다. 이것은 전횡적인 해석이 아닐 수 없다. 그럼에도 많은 사람이 신천지의 성경 해석에 매력을 느낀 이유는 무엇일까? 이미 어디선가 전횡적인 성경 해석을 듣고 자극적인 가르침에 익숙해진 일부 교인들에게 신천지의 해석처럼 직접적인 해석이 더 만족스럽게 느껴지는 것은 아닐까?

백마 탄 자에 관한 신천지의 해석은 예수님을 드러내는 것 같지만 사실은 예수님이 타고 오신다는 백마의 역할을 부각하려고 할 뿐이다. 그리고 "또 다른 이름"을 이긴 자와 예수님만이 아는 비밀이라고 하면서 이긴 자와 예수님을 동격으로 간주하는 모습을 볼 수 있다. 물론 신천지는 이만희 씨가 이긴 자라고 주장한다. 이러한 개인의 신격화는 기독교의 올바른 교리와 거리가 멀다. 이런 주장을 견지하는 한 신천지는 사이비의 범주에서 벗어나기 어렵다.

(3) 성경적 해석

요한계시록 19:11에서 하늘이 열리는 장면은 하늘의 열린 문을 묘사하는 4:1의 경우와 같이 종말적 계시의 현상에 대한 묵시적 표현이다. 이런 구절 하나하나가 특정한 대상이나 사건을 가리킨다고 보는 신천지의 해석은 성경적 해석과 거리가 멀다. 성경적 해석은 성경의 저자나 독자들의 문화적 배경과 언어적 습관을 충분히 고려하면서 원래 성경이 어떤 메시지를 전했고, 그것이 지금 우리에게 어떤 의미가 있는지를 밝히는 과정이다.

백마를 탄 자로 나타난 예수님은 심판의 주로서 대적들과 싸우는 용맹스런 군대 장군의 모습으로 그려진다. 예수님은 처음에 말구유에 누우신 아기의 모습으로 오셨지만, 다시 오실 때는 장군의 모습으로 오신다. 왜 이런 차이가 생기는 것일까? 전자의 경우 예수님은 인간의 연약함을 몸소 담당하시고 십자가에서 죽임을 당하셔야 했기 때문이다. 그러나 후자의 경우에 예수님은 다시 죽을 필요가 없으시다. 도리어 예수님의 재림에서는 자신을 대적하는 세력을 심판하는 것이 중요한 목적이 된다.

여기서도 신천지 해석의 맹점이 드러난다. 신천지는 백마 탄 자가 입은 피 뿌린 옷의 피가 단순히 예수님의 순교를 상징한다고 해석한다. 이러한 신천지의 해석은 예수님이 재림 이후 또다시 십자가에 죽으셔야 한다는 소리와 다르지 않다. 그러나 요한계시록 19:13에서 "뿌리다"라고 번역된 동사는 "흠뻑 젖다"라는 의미다. 즉 피에 흠뻑 젖은 예수님의 모습은 백마를 탄 군대 장군의 이미지와 어울리면서 심판의 정황을 고조시킨다(참고. 사 63:1-3).[3]

예수님의 이름을 예수님밖에 아는 자가 없다는 표현은 예수님의 신성을 나타내준다. 여기에 "백마"의 역할이 필요할 여지는 전혀 없다. 예수님밖에 아는 자가 없다는 말씀을 정면으로 거부하면서 특정인의 신적 권위를 주장하는 신천지가 어떤 집단인지 직시해야 할 것이다.

3. 용의 결박(계 20:1-3)

(1) 신천지 해부

요한계시록 20:1-3은 천년왕국에 대한 논란, 칠 년 대환란에 대한 논란을 불러일으키는 본문이다. 하지만 신천지는 그런 것에는 아랑곳하지 않고 이 본문 역시 신천지 중심으로 해석해버린다. 그들은 요한계시록 20:1에 천사가 가지고 내려온 큰 쇠사슬이 증거의 말씀을 가리킨다고 주장한다. 요한계시록 12:11에서 어린 양의 피와 증거의 말씀으로 용을 잡았다는 표현이 나오기 때문이다. 그러면서 "계시록 시대"인 오늘날에 용을 결박하는 이유는 만국을 미혹하지 못하게 하기 위함이라고 주장한다. 신천지는 이 용이 6,000년 전에는 아담과 하와를 미혹했고, 2,000년 전에는 서기관과 바리새인에게 역사했는데, 계시록 시대인 오늘날에도 만국을 미혹한다고 설명한다.[4]

(2) 문제 제기

신천지는 요한계시록 12:11을 근거로 20:1에서 천사가 가지고 내려와 용을 잡은 쇠사슬이 "증거의 말씀"을 뜻한다고 주장한다. 이쯤 되니 신천지가 자신들의 명칭인 "신천지 증거장막성전"을 성경에 억지로 꿰맞추기 위해 얼마나 노력하는지 한편으로 가상하다는 생각이 들 정도다. 거기에 덧붙여 신천지는 요한계시록 20:1-3에 묘사된 용의 결박 사건이 오늘날 일어날 사건을 기록한 것이라고 주장한다. 그리고 이 사건이 실제로 용과 짐승에 의해 상징되는 기성 교회와 교단의 멸망으로 성취된다고 가르친다.

성경의 메시지를 오늘날에 의미 있는 것으로 받아들이는 태도는 바람직하다고 하겠으나, 올바른 해석 없이 성경을 적용하는 것은 위험천만하다. 실제로 신천지인들이 자유로운 이성적·비판적 사고를 저당 잡힌 채 기성 교회에 대해 극도의 혐오증을 보이고 있다는 사실이 그 위험성을 방증하는 것이 아닐까?

(3) 성경적 해석

용을 결박하는 쇠사슬은 용으로 상징되는 사탄의 처지가 매우 제한적으로 되어버렸음을 표현하는 적절한 장치다. 어차피 용과 옛 뱀은 마귀 사탄을 상징하는 이미지이므로 용을 쇠사슬로 결박하여 무저갱에 던져 잠근다는 표현은 사탄의 실상을 온전히 알려주려는 목적을 가진다. 요한계시록 9:1에서 무저갱은 사탄의 처소로 묘사되지만 여기서는 감옥의 의미로 사용된다.

그렇다면 용이 결박당한 시점은 정확하게 언제인가? 천사가 쇠사슬로 용을 결박한다는 이 본문을 문자적으로 보는 것은 성경적 해석이라고 할 수 없다. 성경이 스스로 "용"이라는 단어가 "사탄, 마귀"의 상징으로 사용되었다고 밝히기 때문이다. 따라서 여기에 수반되는 일련의 용어들도 상징적으로 해석하는 것이 논리적으로 타당하다.

사탄이 결박당한 시점은 바로 예수님의 초림 사역 기간이라고 볼 수 있다. 그 이유는 요한계시록 20:7-10이 예수님의 재림 시점과 동일시될 수 있기 때문이다(자세한 설명은 해당 구절의 해석을 참고하라). 예수님의 재림 이전에 사탄에게 일어났던 가장 치명적인 사건은 십자가 사건을 중심으로 하는 예수님의 지상 사역이다.

4. 첫째 부활(계 20:4-10)

(1) 신천지 해부

요한계시록의 대부분 내용에 대한 지상의 "실상"을 찾는 신천지는 첫째 부활이 등장하는 요한계시록 20:4-10을 어떻게 해석할까? 신천지는 자신들의 필요에 맞게 어떤 것은 영적으로 해석하고 어떤 것은 실제 의미를 살려서 해석하는 전횡을 멈추지 않는데, 이는 요한계시록 20:4-10의 해석에서도 마찬가지다. 「신천지 고등 과정 교재」, 69-70을 바탕으로 신천지의 해석에서 중요한 내용을 추리면 다음과 같다.

> • 첫째 부활: 용을 잡아 무저갱에 가둔 후 목 베임을 받은 영혼(=신랑)과 짐승에게 경배하지 않은 자(=살아서 증거장막성전에 모인 자=신부)가 하나 됨=완전한 부활=물과 성령으로 거듭남=영육합일

- 표 받지 아니한 하늘의 순교자 수는 십사만 사천이므로 이 땅에서 이 통치에 참여하는 자들의 수도 십사만 사천이다. 전자는 후자의 이유가 된다.

- 첫 장막 선민들의 부활: 배도 → 영적 죽음 → 일곱째 나팔을 듣고 시온 곧 증거장막성전으로 나옴 → 시온에서 생명을 얻고 받은 부활(생명의 부활)

- 반면 하늘의 순교자의 영혼은 죽은 자의 부활=신령한 부활

- 부활의 순서

이천 년 전: 예수님의 부활	강림의 때: 천 년 동안 순교자들의 부활	천 년 후(계 20:7): 나머지 죽은 자들의 부활
이천 년 전에 하나님과 예수님이 하나 됨 =예수님의 부활	계 20:4 순교자의 영혼들이 신령한 몸으로 부활(영체)=시온 산[신천지]에 거하는 자들과 하나 되는 부활	다시 부활이 있음 → 순교의 영혼 외의 나머지 죽은 자들
	(i) 육이 죽은 자 → 신령한 몸으로 부활; 육이 산 자 → 홀연히 변화; 영은 육을 입고 육은 영을 덧입음 (ii) 사망이 이김에 삼킨 바 됨=세상 나라가 그리스도의 나라로 변화=둘째 사망의 해를 받지 않음=영생	곡과 마곡의 전쟁: 사탄이 옥에서 놓여나와 거룩한 성 시온 산(=증거장막성전)을 치다가 백보좌 심판을 받고 영원히 멸망

(2) 문제 제기

여기서 신천지의 중심 교리라고 할 수 있는 "영육합일설"이 구체적으로 등장한다. 영육합일설이란 순교자들의 영과 짐승 곧 기성 교회의 거짓 교리에 물들지 않은 신천지 증거장막성전에 모인 신도들의 육이 하

나가 된다는 신천지의 황당한 주장이다. 신천지는 요한계시록 14:1-3에 등장하는 시온 산에 선 어린 양과 함께 서 있는 속량함을 받은 십사만 사천을 끌어와 영육합일에 동참하는 자의 수가 십사만 사천 명이라고 주장한다. 그러나 성경을 자세히 살펴보면 순교자의 수가 십사만 사천이라는 근거는 어디에서도 찾아볼 수 없다.

부활의 시점과 관련해서 신천지는 이러한 부활이 이천 년 전에 일어난 예수님의 부활을 배경으로 한다고 주장한다. 예수님의 부활을 예수님과 하나님이 이루신 "합일"의 결과로 보면서 부활에는 합일이 필요하다고 주장하는 것이다. 신천지에 따르면 순교자의 영혼들은 신천지 신도들과 하나 되어 신령한 몸으로 부활한다. 그리고 천 년 후에는 순교자의 영혼 외의 나머지 죽은 자들의 부활이 있을 것이다. 나아가 신천지는 영육합일설에 대한 신도들의 기대에 부응하며 이미 천년왕국이 도래했다고 주장한다. 신천지의 해석으로는 천년왕국은 예수님의 재림과 함께 도래해야 하는데, 예수님의 영이 이미 이만희 씨에게 임함으로써 재림이 이루어졌기 때문이다. 이에 대해 신천지를 비판하는 많은 사람이 갈수록 노쇠하는 이만희 씨의 건강 상태를 지적하며, 이만희 씨의 사후에는 신천지의 교권이 또 다른 재림 예수에게 넘어가게 되리라고 예측하는 실정이다.

(3) 성경적 해석

요한계시록 20:4-6은 1-3절과 7-10절에서 다루는 용에 대한 심판의 내용 사이에 삽입된 보좌 심판을 다룬다(A-B-A′ 구조). 요한계시록 저자의 신중한 기록 태도를 고려할 때, 우리는 그가 왜 이러한 구조를 사용했는지 고민해보아야 한다. 요한계시록 20:4-6은 앞뒤의 내용과 극명한 대조를 이룬다. 이러한 대조의 관계는 "천 년"이라는 요소에 의해 확인된다. 용은 천 년 동안 결박을 당해서 종의 신분에 처하지만, 보좌에 앉은 자들은 천 년 동안 심판하는 권세를 가진 왕의 신분을 가진다.

여기서 보좌에 앉은 자들은 누구일까? 요한계시록 20:4은 보좌에 앉은 자들이 "하나님의 말씀과 그리스도의 증거를 인하여 목 베임을 당한 자들의 영혼들"과 "짐승의 표를 받지 않고 우상에게 절하지 않는 자들"이라고 설명한다. 신천지처럼 한글 성경만 보면 이 둘이 서로 다른 대상을 지칭한다고 단정하게 된다. 그러나 원어 성경에서 두 대상 사이에 사용된 접속사와 관계대명사(καὶ οἵτινες)는 후자가 전자의 보충설명으로 해석될 가능성을 열어준다.

사실 많은 신학자가 전자와 후자를 동격으로 이해한다. 요한계시록의 시대적 배경 속에서 성도의 본질은 순교적 정신을 가진 교회 공동체이기 때문이다. 이 두 부류를 서로 다르다고 해석하는 경우에도 전자는 순교자들이며, 후자는 아직 순교 당하지 않은 잠재적 순교자들이라고 할 수 있다. 그리고 이 두 순교자 그룹은 모두 보좌에 앉아서 심판하는 권세를 받았다. 여기서 우리는 요한계시록 20:4에서 보좌에 앉아 심판하는 권세를 받은 존재가 교회 공동체를 의미함을 분명히 알 수 있다. 따라서 이 본문을 바탕으로 순교자의 영혼 십사만 사천과 신천지 신도 십사만 사천의 몸이 영육합일한다고 주장하는 신천지의 해석은 설 자리를 잃는다.[5]

신천지는 요한계시록 20:5의 "첫째 부활"은 처음부터 신천지로 온 사람들이 얻는 부활이고, 장막성전에 있던 사람들이 얻는 부활은 생명의 부활이며, 순교자의 영혼들이 얻는 부활은 신령한 부활이라고 주장하면서 부활을 구분한다. 사실 여기까지 신천지의 가르침을 받은 사람이라면 이미 신천지의 모든 가르침이 진리라고 믿는 일종의 세뇌 상태에 있기 때문에, 신천지는 이런 주장에 대해 어떤 근거를 제시할 필요성도 느끼지 않는 것 같다. 그들은 이런 구분에 대해 이렇다 할 근거를 제시하지 않는다.

그렇다면 요한계시록 20장이 말하는 첫째 부활이란 무엇인가? 5절은 "나머지 죽은 자들(정확하게 번역하면 "죽은 자들의 나머지들")은 그 천 년이 차기까지 살지 못하더라"라고 기록한다. 여기서 "죽은 자들의 나머지들"은 "예수의 증거와 하나님의 말씀" 때문에 목 베임을 받은 자들과는 다른 망자, 즉 죽은 불신자들을 가리킨다. 이들은 짐승의 표를 받고 우상에게 경배했던 자들이다. 그들은 천 년 동안 죽은 상태로 남아 있다.

그러나 반대로 "예수의 증거와 하나님의 말씀" 때문에 죽은 자들은 살아서 천 년 동안 왕노릇을 한다. 첫째 부활은 이들에게 적용된다. 그들은 죽음에서 끝나는 것이 아니라 살아서 왕권에 동참한다. 만일 "짐승과 그의 우상에게 경배하지 아니하고 그들의 이마와 손에 그의 표를 받지 아니한 자들"이 "목 베임을 받은 자의 영혼들"과 동격이 아니라 살아 있는 성도들을 나타낸다면, 그 성도들에게도 첫째 부활은 적용될 수 있다. 그들은 "살아서 그리스도로 더불어" 왕노릇하는 범주에 포함된다.

그런데 "첫째 부활"이란 말은 둘째 부활을 전제한다. 둘째 부활의 가능성은 요한계시록 20:6에 기록된 "둘째 사망"의 등장으로 확고해진다. 그리고 둘째 사망은 역으로 첫째 사망을 전제한다. 그렇다면 둘째 부활이란 무엇일까? 그것은 몸의 부활이다. 죽음에서 부활하신 예수님은 우

신천지 요한계시록 해석 무엇이 문제인가?

리 부활의 첫 열매가 되신다. 그분은 우리 몸의 부활을 보증해주신다.

용을 결박하여 인봉하는 "천 년"에 대한 해석에서는, 우선 이 기간을 상징으로 간주할 필요가 있다. 왜냐하면 요한계시록 20:1-3 전체가 상징적 이미지를 사용하고 있기 때문이다. 그 천 년이 찼을 때 일어나는 일들에 대해 묘사한 요한계시록 20:7-10은 19:20-21과 함께 에스겔 38-39장을 배경으로 한다. 이는 "곡과 마곡", "하나님의 큰 잔치"라는 공통분모에서 확인할 수 있다. 그렇다면 요한계시록 19:11-21이 예수님의 재림을 묘사하기 때문에 요한계시록 20:7-10도 예수님의 재림 시점을 나타낸다고 볼 수 있다. 즉 요한계시록 20:1-3의 "천 년"은 예수님의 초림부터 재림까지의 기간을 상징적으로 나타내는 용어로 사용되었다.

【 15장 "어린 양의 혼인 잔치와 천년왕국" 정리 】

① 요한계시록 19장에 소개된 어린 양의 혼인 잔치는 요한계시록 17-18장에 묘사된 바벨론 제국에 대한 심판의 결과 중 하나로서, 여기서 신부 즉 새 예루살렘은 교회 공동체를 의미한다. 어린 양의 혼인 잔치를 신천지와 같은 특정 집단을 위한 행사로 보면 안 된다.

② 요한계시록 19장의 백마 탄 자는 로마 장군의 이미지를 빌려와 심판의 주인공이 되시는 예수님의 위엄을 보여준다. 이 심판의 대상은 로마제국과 로마 황제, 황제 숭배를 촉진하는 사제 계층을 망라한다. 백마가 특정인을 가리킨다고 보는 신천지의 해석은 성경적이지 않다.

③ 요한계시록 20장에서 용을 결박하고, 보좌에 앉은 자들이 왕노
릇하는 "천 년"은 예수님의 초림부터 재림까지의 기간을 상징적
으로 나타내는 용어다.

④ 요한계시록 19-20장에 대한 신천지의 주장과 성경적 해석을 비
교하면 다음과 같이 정리할 수 있다.

주 제		신천지 주장	성경적 해석
어린 양의 혼인 기약과 천국 잔치	혼인 잔치	겔 38-39장의 하나님의 큰 잔치가 배경	예수님과 교회 공동체와의 연합이 완성된다.
	기약	어린 양 외에 다른 신과 교제하지 못하게 하기 위한 약속	원문에 '기약'이란 단어 없이 '어린 양의 혼인이 왔다'고 되어 있으므로 이를 확대해석하면 안 된다.
	하나님과 예수님의 하나 됨	혼인 관계	삼위일체 관계
	어린 양의 아내	약속의 목자	교회 공동체
	혼인 잔치 때와 장소	계 16-18장에서 배도자와 멸망자를 심판하신 후에 신천지 증거장막성전에서 잔치를 베푼다.	예수님과 교회가 이루는 연합의 완전한 완성은 바벨론의 심판 후에 어느 특정한 장소가 아니라 전 우주적 범주에서 드러나게 될 것이다.
하늘의 열림		하나님 나라의 창조	종말적 계시에 대한 묵시적 표현
백마		사도 요한의 입장으로 오는 대언의 목자	용맹스런 군대 장군의 이미지를 부각한다.
피		예수님의 순교를 상징하는 예수님의 피	예수님에 의해 심판받는 대적들의 피
예수님의 이름		예수님과 이만희 씨만 알고 있다.	예수님만 알고 있다: 예수님의 신성을 강조

신천지 요한계시록 해석 무엇이 문제인가?

주 제	신천지 주장	성경적 해석
쇠사슬	증거의 말씀	용에 의해 상징되는 사탄의 치명적 심판을 설명하기 위한 상징적 이미지
용의 결박	계시록 시대인 오늘날 이루어진다.	예수님의 사역 및 십자가의 죽음과 부활의 결과로 사탄에게 심판이 가해진다.
첫째 부활	목 베임을 받은 영혼과 짐승에게 경배하지 않은 자와의 합일	성도들이 복음을 듣고 사망에서 생명을 얻은 상태
십사만 사천	순교자들의 숫자	교회 공동체의 완전한 수
부활의 순서	이천 년 전 예수님의 부활→천 년 동안 순교자들의 부활→천 년 후: 나머지 죽은 자들	첫째 부활: 영적인 부활 둘째 부활: 몸의 부활(이천 년 전 예수님의 부활의 몸이 그 모델)

요한계시록 19-20장 해석 비교

16장
새 하늘과 새 땅
요한계시록 21-22장 해석 해부하기

I. 새 하늘과 새 땅(계 21:1-8)

(1) 신천지 해부

요한계시록의 대미를 장식하는 21, 22장을 해석하면서 신천지 역시 모든 주장을 정리하는 작업을 한다. 그들에게 없어지는 처음 하늘과 처음 땅(계 21:1)은 배도한 일곱 금 촛대 장막과 그 성도다. 신천지는 이 하늘과 땅이 사라진 것은 "첫사랑이신 예수님을 버린 죄로 하나님의 심판을 받았기 때문이다"라고 주장한다.[1]

신천지는 지금까지 요한계시록에 등장한 여러 가지 심판들을 일곱 금 촛대 장막이라고 하는 유재열의 장막성전과 바벨론이라고 하는 기성 교회에 적용해왔다. 그러면서도 교묘하게 신천지는 심판의 대상이 될 수 없다는 주장을 펼쳐왔는데, 거기에는 장막성전을 마지막으로 기독교 세계가 끝이 났다는 전제가 작용한다. 이렇게 끝없는 자기중심적 성경 해석으로 자기 정당성을 주장해온 신천지가 요한계시록의 마지막 부분을 어떻게 해석하는지 해부하기 위해 먼저 『요한계시록의 실상』, 448-469에 기록된 내용을 바탕으로 신천지의 주장을 정리해보자.

- 바다가 없어진다(계 21:1): 요한계시록 13장에서 본 하나님의 장막을 삼킨 거짓 목자(짐승)와 그에게 속한 교회가 없어진다는 뜻
  - 일곱 머리와 열 뿔 가진 짐승은 멸망의 기간 마흔두 달 동안 하늘 장막에 들어가 범죄한 선민의 영을 죽인 후(계 13장) 땅으로 쫓겨난다(계 12장).
  - 하늘 장막에서 쫓겨난 용의 무리는 요한계시록 16-18장과 같이 심판을 받아 완전히 사라진다.
- 창조되는 새 하늘과 새 땅(계 21:1)
  - 인을 쳐서 창조한 영적 새 이스라엘 열두 지파(계 7장)=시온 산과 알곡 성도(계 14장)=증거장막성전과 그 성도(계 15:5)
  - 요한계시록 13장에서 장막성전=하늘, 그 성도=땅→그들을 대신하여 창조한 15장의 증거 장막은 새 하늘, 다시 택한 증거장막 성도는 새 땅
  - 시점: 짐승의 조직 바벨론이 멸망 받은 후, 즉 하늘에서 쫓겨난 후
  - 새 하늘과 새 땅은 먼저 있던 선민의 세계가 없어지고 새로운 선민의 세계가 시작되었다는 것을 의미
  - 새 하늘과 새 땅은 초림 이후 복음의 씨를 뿌리던 모든 기독교 세계를 끝내고 알곡 성도를 추수하여 창조한 재림의 세계
  - 새 예루살렘과 새 하늘 새 땅: 처음 하늘과 처음 땅이 없어진 후 요한계시록 2-4장의 약속대로 영계의 하나님과 예수님과 거룩한

성 새 예루살렘이 새 하늘과 새 땅인 신천지에 내려와 함께한다.

- 신천지 예수교 증거장막성전의 교주는 예수님이시다.
- 둘째 사망(계 21:7): 생명책에 녹명되지 못한 자(계 20:15)와 약속한 계시록의 말씀과 실상을 믿지 않는 자
- 요한계시록 21:8의 목록에 해당하는 자＝실상을 믿지 않는 자
  - 목자들 중에서 살인자, 술객, 거짓말하는 자들이 많다. 왜냐하면 말씀을 증거하는 목자의 신분이 거짓 증거와 거짓 예언으로 신앙을 그릇되게 인도할 수 있기 때문이다.

(2) 문제 제기

신천지는 요한계시록 21장을 해석하면서 ① 처음 하늘과 땅, ② 바다, ③ 새 하늘과 새 땅이라는 세 가지 구도를 제시한다. 이제 처음 하늘과 땅 및 바다는 없어지고 새 하늘과 새 땅만이 영원히 남는다.

신천지가 자랑하는 요한계시록 해석의 중심에는 일곱 금 촛대 장막과 그 장막을 삼켜버린 거짓 목자 및 기성 교회, 신천지 증거장막성전을 제외하면 별로 남는 게 없다. 신천지는 그 프레임을 요한계시록 21장의 새 하늘과 새 땅을 해석할 때도 유감없이 활용한다. 신천지는 처음 하늘과 땅, 바다, 새 하늘과 새 땅을 각각 유재열의 장막성전, 기성 교회, 신천지 증거장막성전에 대입하여 대조·대립 관계로 설명한다. 신천지는 자신들의 이름인 신천지(新天地), 즉 "새 하늘과 새 땅"에 너무 과도한 의미를 부여하는 것 같다.

하지만 요한계시록 21:5에서 하나님은 "내가 만물을 새롭게 하노라"라고 말씀하신다. 여기서 처음 하늘과 땅, 바다, 새 하늘과 새 땅의

대조·대립 관계는 와해된다. 왜냐하면 이 본문은 처음 하늘과 처음 땅이 새롭게 될 것을 말씀하기 때문이다. 즉 요한계시록 21:1에서 처음 하늘과 처음 땅은 소멸하는 것이 아니라, 새롭게 됨으로써 없어진다. 이 해석을 장막성전과 신천지의 관계에 대입하면 어떻게 될까? 장막성전이 새롭게 되어 신천지가 탄생했다고 설명해야 할까?

요한계시록이 그리는 사건들이 한낱 사이비 종파와 관련된 사건들이라는 신천지의 주장은 너무나도 황당하다. 요한계시록은 그보다 훨씬 넓은 전 지구적인 사건, 나아가 우주적 사건에 대한 전망을 제시한다. 신천지는 "만국"의 사람들이 신천지를 인정한다는 증거를 제시하기 위해 막대한 자금을 들여가며 해외 활동을 벌이는 것으로 보이지만, 유재열의 장막성전과 신천지로 제한되는 그들의 요한계시록 해석은 여전히 설득력이 없다. 신천지의 요한계시록 해석은 요한계시록의 광폭적 세계관을 모두 담아내지 못한다.

신천지의 해석은 대부분 근거를 제시하지 않는 일방적인 선언에 가깝다. 물론 신천지는 이에 대해 이만희 씨만 천국 비밀을 알고 있고, 믿지 않는 자는 근거를 제시해도 깨닫지 못한다고 발뺌할 가능성이 크다. 실제로 신천지는 실상을 믿지 않는 자에게 둘째 사망이 임한다고 주장한다. 그러나 실상을 믿지 않는 자가 요한계시록 21:8의 "두려워하는 자들과 믿지 아니하는 자들과 흉악한 자들과 살인자들과 행음자들과 술객들과 우상 숭배자들과 모든 거짓말 하는 자들"과 동의어라는 신천지의 주장은 말이 되지 않는다. 신천지가 주장하는 실상을 믿지 않으면서도 올바른 삶을 살아가는 신앙인이 많고, 거짓말을 일삼는 "모략"을 전도 전략으로 삼은 집단은 다름 아닌 신천지이기 때문이다.

또한 요한계시록 20:6은 둘째 사망이 첫째 부활에 참예하지 못한 자들이 겪는 사망이라고 말씀한다. 이에 대해 신천지는 순교자의 영과 신천지 신도의 몸 십사만 사천이 합일을 이루는 것이 첫째 부활이라고 주장했었다. 그렇다면 실상을 믿으면서 신천지 신도가 아닌 사람들은 어떻게 되는가? 물론 신천지는 이런 범주를 용납하지 않겠지만, 다른 교회를 인정하지 않는 이런 배타적인 구원론이야말로 사이비의 전형적인 모습이 아닐 수 없다.

나아가 신천지는 대범하게도 "신천지의 교주는 예수님이시다"라고 주장한다. 하지만 이런 주장은 기독교 신앙을 가진 사람들에게 당혹감을 안겨준다. 신천지의 교주가 이만희 씨인 것을 모든 사람이 알고 있고, 신천지의 교리는 약속한 목자, 구원자, 보혜사라는 이만희 씨를 예수님과 동일시하는 내용으로 가득한데, 갑자기 신천지의 교주는 예수님이라고 주장한다는 말인가? 신천지는 극구 부인하겠지만, 이 말은 마치 이만희 씨가 예수님이라고 직접 말하는 것처럼 들린다.

(3) 성경적 해석

요한계시록 21장이 그리는 새 하늘과 새 땅은 새롭게 된 창조 세계다. 요한계시록의 새 창조는 처음 창조와 대립하는 것이 아니라 연속성을 가진다. 단 그 새롭게 된 정도가 완벽하여 처음 하늘과 처음 땅이 없어져 버린 것과 같다. 따라서 새 하늘과 새 땅은 당연히 이만희 씨의 신천지 증거장막성전을 가리키는 말이 아니다. 새 하늘과 새 땅은 하나님이 계획하신 구속 역사의 종착점으로서 처음 창조의 목적이 완성되는 새 창조를 나타내주고 있다. 없어지는 처음 하늘과 처음 땅은 새롭게 된 창조 세계의 완전한 변화를 강조한다.

요한계시록 21:1-5은 교차대구법을 형성하면서 새 예루살렘으로 상
징되는 하나님의 백성된 교회에 대해 강조한다.[2] 요한계시록 21:9-10
은 새 예루살렘을 그리스도의 신부 곧 어린 양의 아내라고 규정한다.
그리고 신약성경에서 어린 양의 아내는 교회 공동체다(참고. 엡 5:22-27).
요한계시록은 결론적으로 새 하늘과 새 땅의 주인공이 새 예루살렘, 즉
교회 공동체라고 분명하게 밝힌 것이다.

앞서도 살펴보았지만 둘째 사망은 불신자들에게 주어지는 영원한
심판을 의미한다. 첫째 부활에 참예하는 자들은 "예수의 증거와 하나님
의 말씀" 때문에 죽은 자들로 표현된 순교자적 교회 공동체의 성도다.
이들은 특정 단체나 지역에 소속된 자들이 아닌, 우주적 교회의 지체라
고 할 수 있다.

2. 새 예루살렘(계 21:9-27)

(1) 신천지 해부

요한계시록 21:9-27은 "신부 곧 어린 양의 아내"인 "거룩한 성 새 예루
살렘"의 건축학적 구조(계 21:11-21)와 내부 특징(계 21:22-27)에 대해 기
록하고 있다. 이는 새 창조로서의 새 예루살렘을 소개하는 요한계시록
21:1-5과 함께 구속 역사의 절정인 새 예루살렘을 소개하는 중요한 본
문이다.[3]

그런데 신천지는 구속 역사의 절정인 새 예루살렘이 바로 자신들이
라고 주장한다. 사실 영계와 육계, 환상과 실상을 나누는 신천지의 해석

은 코에 걸면 코걸이, 귀에 걸면 귀걸이 하는 식으로 얼마든지 말을 바꿀 수 있는 주장들이다. 『요한계시록의 실상』, 450-459를 바탕으로 새 예루살렘에 대한 신천지의 주장을 정리한 다음의 내용을 살펴보면, 신천지가 신천지라는 집단을 새 예루살렘으로 내세운다는 사실을 분명히 알 수 있다.

- 사도 요한은 예수님의 성령으로부터 일곱 금 촛대 장막의 비밀을 설명 듣고(계 1장), 성령의 감동으로 하늘 영계로 올라가 하나님의 보좌를 보았으며(계 4장), 성령에 이끌려 광야로 가서 사탄의 조직을 보고 그 비밀에 관해 설명을 들었다(계17장). 그리고 본문과 같이 성령의 인도로 높은 산에 올라가 하늘 영계에서 내려오는 거룩한 성을 환상으로 본다. → 사도 요한의 입장으로 오는 목자는 실상으로 본다.
- 거룩한 성 새 예루살렘
  - "예수님과 열두 사도를 비롯한 순교한 영들"이 모여서 이룬 영계 하나님 나라의 도성
  - 장차 이 땅에 온다고 한 요한계시록 4장의 하나님 나라
  - 주기도문에서 가르쳐주신 이 땅에 임하여 오기를 구하라고 한 나라
  - 예수님께서 우리를 위해 예비하시는 처소(요 14:2-3)
  - 양 같은 성도에게 상속하시는 영계의 천국(마 25:31-34)
- 이 영계의 천국을 "새 예루살렘 성"이라고 한 이유: 심판받은 육적 이스라엘과 영적 이스라엘이 아닌 영적 새 이스라엘의 도성이기 때문

- 증거장막 성도가 되는 것은 새 예루살렘으로 가는 길이 된다.
- 새 예루살렘 성을 어린 양의 아내라고 한 이유: 제자들이 신랑 되신 예수님으로부터 말씀의 씨(눅 8:11)를 받아 성도를 전도하고 양육하는 신부(갈 4:19; 고전 3:2)가 되어 이룬 영들의 조직체이기 때문에 어린 양의 아내라고 한다.
- 시온 산이라고도 하는 새 하늘과 새 땅에 거룩한 성을 창조하면 그곳에 영계의 거룩한 성 새 예루살렘이 내려와 하나가 된다.

(2) 문제 제기

신천지는 요한이 본 것은 환상이지만 사도 요한의 입장으로 오는 목자 (이만희 씨)는 실상으로 본다고 주장한다. 이런 주장에는 여러 가지 문제점이 있다. 그중 중요한 두 가지를 살펴본다면 우선 요한계시록 자체가 요한이 본 환상을 나중에 이루어질 실상이 있어야 하는 것으로 말씀하는가 하는 것이다. 사실 요한계시록이 앞으로 일어날 일을 "미리" 예고한 것이라고 보는 관점에는 세대주의를 위시한 많은 부류가 있다. 그래서 요한계시록에 관심을 두는 많은 성도가 요한계시록이 오늘날 어떻게 이루어질 것인가에 집중하면서 세계정세에 촉각을 곤두세우곤 한다. 신천지도 이에 대한 대답을 제시하면서 자신들이 성경 해석에 대한 특권을 가지고 있다고 주장한다. 하지만 이런 접근법 자체가 올바른 성경 해석법이 아니라면 신천지의 그런 특권 주장이 거짓이라는 사실이 명백히 드러날 것이다.

다음으로는 이만희 씨가 보았다는 실상의 내용은 결국 유재열의 장막성전과 신천지 증거장막성전의 변천사로 귀결되는데, 신천지가 말하는 새 예루살렘의 "실상" 역시 동일한 귀결점을 가지는 것이 아닌가 하는 것이다. 이에 대해 신천지는 "증거장막 성도가 되는 것은 새 예루살렘으로 가는 길이 된다"든가 새 예루살렘이 "하나님 나라의 도성", "하나님 나라", "처소", "영계의 천국"이라면서 연막전술을 펼친다. 그 결과 새 예루살렘이 어떤 조직체를 말하는 것인지, 아니면 하늘나라를 말하는 것인지가 불분명해 보이기도 한다. 조직체와 하늘나라는 개념상 상당한 차이가 있지만, 신천지는 이 둘을 어물쩍 섞어버리는 것이다. 하지만 신천지의 주장을 천천히 살펴보면 그들이 결국 "신천지라는 집단이 새 예루살렘"이라고 말하고 있다는 사실을 알 수 있다. 왜냐하면 신천지가 말하는 "예수님으로부터 말씀의 씨를 받아 성도를 전도하고 양육하는 신부가 되어 이룬 영들의 조직체"는 신천지뿐이기 때문이다.

(3) 성경적 해석

요한은 환상을 통해서 계시를 받았다. 그 환상적 계시는 그 자체가 "실상"이었다. 왜냐하면 요한은 환상을 통해 계시를 받고 그 계시를 기록하는 과정에서 저자로서 집필에 임했으며, 자신의 성경적·문화적 지식을 총동원하여 독자들인 소아시아 일곱 교회 성도들이 이해하기 쉬운 표현 방법을 사용했기 때문이다. 즉 요한계시록의 원래 독자들은 요한계시록에 기록된 환상이 실제 무엇을 의미하는지 곧바로 알 수 있었다는 것이다. 건강한 요한계시록 해석은 바로 이 지점에서부터 출발한다.

어떤 성경을 해석하고 적용할 때 그 배경과 맥락을 고려하지 않고 오늘날의 상황에 직접 대입하면 여러 오류가 발생하는 것처럼, 요한계시록 역시 배경과 맥락을 고려하지 않고 특정한 역사적 상황에 대입하면 수많은 오류가 생겨난다. 요한계시록이라고 해서 이런 해석의 원칙을 특별히 비켜갈 수 있는 것이 아니다. 따라서 요한계시록을 올바르게 해석하기 위해서는 올바른 성경 해석의 원칙에 맞게 우선 요한계시록 자체가 이야기하는 내용을 당시의 맥락과 배경에서 정확하게 파악하고, 그것이 교회에 제시하는 교훈과 위로, 경고와 전망 등을 중심으로 오늘날에 적용해야 한다. 그러므로 어느 특정한 인물의 실상 해석을 받아들여야 구원이 있다든지 혹은 새 예루살렘에 들어갈 수 있다는 주장은 성경의 지지를 받을 수 없다.

요한계시록 21:9-10의 말씀에 의하면 새 예루살렘은 어린 양의 아내이며 그리스도의 신부다. 앞서도 살펴보았지만 이는 당연히 교회 공동체를 의미한다. 신천지는 "증거장막 성도가 되는 것은 새 예루살렘으로 가는 길이 된다"고 주장하지만 새 예루살렘에 속하는 성경적 방법은 예수님을 믿음으로써 성도가 되는 것이다. 요한계시록의 표현을 빌려 말하자면, 짐승의 표를 받거나 우상을 숭배하지 아니하고 오직 하나님의 인치심을 받는 자가 새 예루살렘에 속할 수 있다. 요한계시록은 이들을 **이긴 자들**이라고 부른다. 유재열의 장막성전에서 탈퇴한 사람들이 이긴 자라고 주장하는 신천지의 해석은 성경과는 전혀 상관이 없다.

3. 열매 맺는 열두 생명나무(계 22:1-5)

(1) 신천지 해부

어떤 사람들은 요한계시록 21, 22장에 묘사된 새 예루살렘의 구조와 특징을 천국의 실제 모습으로 생각한다. 하지만 "새 예루살렘이 그리스도의 신부요 어린 양의 아내로 교회 공동체를 상징한다면 새 예루살렘을 묘사하는 내용들도 역시 상징적으로 이해해야" 한다.[4] 요한계시록 22:1-5을 해석할 때도 마찬가지다. "수정같이 맑은 생명수의 강", "하나님과 및 어린 양의 보좌", "생명나무", "열두 가지 실과" 등은 실제 사물을 가리킨다기보다는 구약성경을 배경으로 새 예루살렘의 특징이 어떠한지를 묘사하는 요소들이라고 보아야 한다.

그렇다면 신천지는 요한계시록 22:1-5을 어떻게 해석할까? 『요한계시록의 실상』, 476-477의 내용을 바탕으로 신천지의 해석을 정리하면 다음과 같다.

- 신천지에는 본문에 기록한 하나님과 예수님의 보좌도, 생명수 강도, 생명나무도 있다.
- 하나님과 예수님의 보좌는 니골라당과 싸워서 이긴 자에게 있다.
- 수정같이 맑은 생명수 강: 생명수는 "흠 없이 완전한 진리의 말씀"을 상징
  - 생명수 강은 말씀을 받아 전하는 전도자의 마음 → 생명수 말씀이 흘러가는 길이 된 제자들은 생명수 강
- 열두 가지 맺는 생명나무
  - 요한복음 1:1-4에서 하나님의 말씀을 생명과 빛이라고 하였다.
  - 생명의 말씀을 예수님께서는 씨로 비유(눅 8:11) → 생명의 씨를 심어 자란 나무는 생명나무, 그 열매는 생명나무 과일
  - 계시록을 성취하는 오늘날, 예수님처럼 말씀의 씨로 나서 큰 나무와 같은 조직을 이룬 목자도 생명나무가 되고, 말씀의 씨로 인

을 맞은 그에게 속한 사람들도 생명나무가 된다.

- 열두 가지 생명 과일: 생명나무가 생명의 말씀을 가진 목자일진
대 생명나무 열매는 그의 입에서 나오는 진리의 말씀이요 그 말
씀으로 전도한 성도다.

신천지의 해석에 의하면 요한계시록 22:1-5은 온통 신천지 증거장
막성전을 묘사하는 이야기뿐이다. 신천지는 신천지에 하나님과 및 어
린양의 보좌는 물론이고 생명수 강, 생명나무가 있다고 주장한다. 하지
만 그 내용을 들여다보면 실망스러운 것이 사실이다. 신천지가 천국이
라고 믿는 사람들의 자기도취적 해석만 가득할 뿐, 상식 수준에도 미치
지 않는 말장난만 늘어놓고 있기 때문이다.

(2) 문제 제기

어떤 성경 본문에서 말씀은 생명이라고 했고, 또 다른 본문에서 말씀을
씨에 비유했기 때문에 씨인 말씀이 자라서 생겨난 조직이 생명나무라
는 그들의 논리는 "원숭이 엉덩이는 빨개, 빨가면 사과, 사과는 맛있어,
맛있으면 바나나"로 이어지는 아이들 노래의 논리와 무엇이 다르단 말
인가? 신천지는 요한계시록의 참된 의미를 자신들만이 알고 있는 것처
럼 주장하지만, 신천지의 요한계시록 해석은 너무 많은 논리적 취약성
으로 얼룩져 있다.

신천지는 "예수님처럼 말씀의 씨로 나서 큰 나무와 같은 조직을 이
룬 목자도 생명나무가 되고, 말씀의 씨로 인을 맞은 그에게 속한 사람
들도 생명나무가 된다"고 주장한다. 이런 주장에는 사이비의 전형적인

오류가 드러나는데, 그것은 일부 공통점의 확인을 통해 특권 획득을 정당화하는 오류다. 기독교는 예수님이 사람들을 모으고 가르치신 모습뿐 아니라 가난한 자, 소외된 자들을 돌보시며 자신을 따르는 제자들을 죽기까지 사랑하신 모습도 강조하면서 예수님처럼 사는 삶을 추구한다. 하지만 신천지는 말씀의 씨로 "큰 나무와 같은 조직을 이룬" 예수님의 모습만을 강조한다. 그리고 그 공통점을 기반으로 자신들이 생명나무가 된다고 주장한다. 그들의 접근법은 너무나 단순하다. 그들의 논리가 사실이라면 말씀의 씨로 큰 조직을 이루었다고 주장할 수 있는 단체가 어디 신천지 하나뿐이겠는가?

신천지는 요한계시록 21장의 새 하늘과 새 땅, 새 예루살렘 및 22:1-5의 묘사가 모두 신천지의 현재를 설명한다고 해석한다. 하지만 예수님의 재림 사건을 신천지라는 집단의 폐쇄된 공간에 가두어둘 수는 없다. 예수님은 온 세상의 구주로서 전 지구적·우주적 만물의 회복을 성취하시고자 다시 오시는 것이 아닌가? 본문은 새 예루살렘에 대한 기록의 연장으로서 새 창조를 소개한다. 그것은 광대하고 포괄적인 창조 세계의 회복이라는 관점을 제공하는 미래적 사건이다.

(3) 성경적 해석

요한계시록 22:1-5에서 우리는 새 예루살렘과 에덴 모티프가 결합한 모습을 발견할 수 있다. 이 에덴 모티프가 요한계시록의 마지막 부분에 등장한 것은 에덴의 회복이 하나님의 구속 역사의 완성임을 보여주기 위함이다.

창세기 2:10-14을 살펴보면 에덴동산에서 흘러나오는 강물은 온 땅을 적시는 풍성함의 원천이다. 또한 에스겔 47장은 에덴 모티프를 활용해 하나님의 성전에서 흘러나와 죽어 있는 모든 생물을 소성하게 하는 강물에 대해 묘사한다. 특별히 에스겔 47:12은 강가에 자라는 각종 실과나무에 대해 말씀하는데, 이는 요한계시록 22장의 생명수 강이 독자적인 개념이 아니라 다른 성경과의 관계 속에서 이해해야 하는 개념이라는 사실을 알려준다.[5]

> 강 좌우 가에는 각종 먹을 실과나무가 자라서 그 잎이 시들지 아니하며 실과가 끊치지 아니하고 달마다 새 실과를 맺으리니 그 물이 성소로 말미암아 나옴이라. 그 실과는 먹을 만하고 그 잎사귀는 약재료가 되리라(겔 47:12).

예수님도 믿는 자들이 받을 성령을 가리켜 배에서 흘러나오는 "생수의 강"이라고 표현하신 바 있다(요 7:37-39). 결국 요한계시록 22:1은 "성령을 통한 회복에 의한 생명의 충만함이 종말에 교회 공동체에게 완벽하게 이루어질 것"을 보여준다.[6]

교회 공동체와 에덴의 회복은 긴밀하게 엮여 있다. 창조의 중심에 아담이 있듯이, 새 창조의 중심에 새 아담들의 모임인 교회가 있다. 요한계시록 22:2의 "생명나무"는 이 본문이 에덴의 회복을 조망한다는 사실을 분명하게 밝혀주는 요소다. 회복된 에덴에는 선악을 알게 하는 나무가 없는데, 이는 22:3의 "다시 저주가 없다"는 구절과 연결된다.

그 외에 "생명나무"와 "열두 가지 실과"는 새 에덴에서 교회 공동체가 하나님의 생명으로 충만하다는 사실을 알려준다. 또 모세조차 볼 수 없었던 하나님의 얼굴을 볼 것이라는 말씀은 하나님에 대한 참다운 이

해와 올바른 관계가 회복될 것을 나타내준다. 하나님과 어린 양의 종들의 이마에 그의 이름이 있다는 사실은 "그들이 제사장적 직분을 감당하고 있음을 시사해준다."[7]

이처럼 요한계시록 22:1-5은 재림의 때에 온전하게 성취될 에덴의 회복을 다른 성경과의 관계 속에서 생생하게 묘사한다. 이를 "계시록이 성취되는 오늘날"에 적용하며 예수님의 재림과 에덴의 회복을 모두 신천지 내부 사건으로 해석하려는 신천지는, 요한계시록이 자신들과 관련하여 어떻게 이루어졌는가를 보여주려는 자아도취적 강박감을 가지고 있다고 말할 수 있을 것이다.

【 16장 "새 하늘과 새 땅" 정리 】

① 요한계시록은 우주적 회복에 대한 전망을 제시한다. 요한계시록이 그리는 사건들이 한낱 사이비 종파와 관련된 사건들이라는 신천지의 주장은 근시안적이며 자기중심적이다.

② 요한계시록을 올바르게 해석하려면 먼저 당시의 맥락과 배경에서 요한계시록이 말하는 내용을 정확하게 파악한 후 우리가 얻을 수 있는 교훈과 위로, 경고와 전망 등을 취해야 한다. 이런 해석 원리를 무시하고 어느 특정인의 실상 설명을 들어야 구원받을 수 있다고 주장하는 신천지는 여러 가지 해석적 오류에 빠질 수밖에 없다.

③ 새 예루살렘은 그리스도의 신부요 어린 양의 아내로서 교회 공동체를 상징한다. 새 예루살렘에 대한 세부 묘사 역시 상징적으

로 이해해야 한다. 특히 예수님의 재림으로 말미암은 하나님의 구속 역사의 완성을 보여주기 위해 요한계시록이 활용하는 에덴 모티프를 제대로 이해할 필요가 있다.

④ 요한계시록 21-22장에 대한 신천지 주장과 성경적 해석을 비교하면 다음과 같다.

주 제		신천지 주장	성경적 해석
새 하늘과 새 땅	없어지는 처음 하늘과 처음 땅	배도한 일곱 금 촛대 장막	처음 하늘과 처음 땅은 소멸되지 않는다. 완전히 새롭게 될 뿐이다.
	없어지는 바다	하나님의 장막을 삼켜버린 거짓 목자와 그에 속한 교회가 없어진다는 뜻	바다는 악의 근원으로서 새 하늘과 새 땅에는 존재하지 않는다.
	창조되는 새 하늘과 새 땅	신천지 증거장막성전	하나님의 창조 목적이 완성되어 새롭게 된 만물
새 예루살렘		하나님 나라의 도성=하나님 나라=영계의 천국	어린 양의 신부로서 교회 공동체
둘째 사망		실상계시를 믿지 않는 자에게 발생	예수님을 믿지 않는 불신자에게 발생하는 영원한 심판
생명나무		거짓 목자와 그 무리인 니골라당과 싸워서 이긴 자[이만희 씨] 혹은 말씀의 씨로 나서 큰 나무와 같은 조직을 이룬 목자[이만희 씨]에게 있다.	처음 에덴의 정황을 배경으로 새 창조 안에 존재하는 생명의 충만함을 보여준다.
생명나무 과실		목자의 입에서 나오는 진리의 말씀	생명나무와 함께 새 창조 안에 존재하는 하나님의 생명이 완전히 충만한 상태를 나타내준다.

요한계시록 21-22장 해석 비교

신천지 요한계시록 해석 무엇이 문제인가?

신천지의 요한계시록 해석은 유재열의 장막성전과 그 장막성전을 삼켜 버렸다는 기성 교회의 목자―신천지는 거짓 목자로 지칭한다―와 교 단, 그리고 그 일을 증거한다는 이만희 씨의 신천지 증거장막성전에 모 든 초점이 맞추어진다. 이 세 개의 요소는 신천지의 요한계시록 해석에 서 중요한 프레임을 형성한다.

신천지는 1970년대에 여러 가지 불법 행위가 적발되어 기성 교회의 목회자들을 통해 정화 작업을 거친 유재열의 장막성전이 기독교 세계의 마지막 대표였다고 주장한다. 그리고 그 장막성전을 파괴했다는(?) 기성 교회를 요한계시록의 부정적인 소재들과 연결한다. 예를 들어 요한계시 록에 나오는 니골라당, 짐승, 바벨론, 음녀 등은 모두 기성 교회의 목회 자나 주요 교단의 총회장, 노회장을 가리킨다고 해석하는 것이다.

반면 신천지는 장막성전의 몰락을 곁에서 경험했으나, 멸망하지 않 고(?) 살아남아 그 의미를 계시받아 증거장막성전을 세웠다는 이만희 씨가 요한계시록이 예언하는 이긴 자이며, 기독교 세계의 맥을 이을 약속의 목자라고 주장한다. 그들은 하나님이 시대마다 약속의 목자를 세워 구원을 이루시는데, 성취의 시대인 오늘날의 약속된 목자가 신천지에 있다고 믿는 것이다.

따라서 신천지 신도들에게 신천지 증거장막성전은 천국이고 진리의 성읍이며 새 예루살렘이다. 그들은 성경에서 천국 및 새 예루살렘을 묘사하는 다양한 소재들을 끌어와 신천지에 적용한다. 열두 지파라는 이름으로 조직을 정비한 것, 이십사 장로 역할을 한다는 이십사 명의 부서장을 둔 것, 십사만 사천이라는 숫자에 집착하는 것, 총교인 명부를 생명책이라 부르는 것 등이 모두 요한계시록을 통해 정체성을 확보하려는 신천지의 가상한 노력이다.

그런데 이들의 요한계시록 해석은 교묘하게 바뀌고 있다. 최근 신천지에서 이탈한 사람들의 증언을 토대로 분석해보면, 육체 영생은 아직 이루어질 때가 아니고 알곡 십사만 사천이 모여야 한다고 말을 바꾸었다고 한다. 또 이만희 씨가 죽지 않는다는 주장도 조금씩 바뀌었다는 이야기가 들린다. 이만희 씨가 죽으면 그 영혼이 하늘로 올라가 순교자의 영으로 존재한다고 설명할 가능성이 크다는 것이다. 이런 현상을 보면 신천지도 기존의 다른 여러 사이비 종파들처럼 교주가 죽더라도 건재할 가능성이 클 것으로 보인다.

신천지는 "계시록의 실상"을 알아야 한다고 접근해 수많은 성도를 유혹했다. 여기에는 요한계시록에 대한 해석을 터부시하며 요한계시록을 제대로 다루지 않거나, 세대주의적 관점을 중심으로 요한계시록에 어설프게 접근한 한국교회의 불성실함이 한몫했다는 사실을 부정하기 어렵다. 한국교회가 이렇게 요한계시록을 계속해서 터부시한다면, 신천

신천지 요한계시록 해석 무엇이 문제인가?

지뿐 아니라 앞으로도 수많은 이단 사이비가 그 틈을 비집고 들어올 가능성이 크다.

한국교회는 요한계시록을 해석하고 설교하는 일을 두려워하면 안 된다. 요한계시록의 올바른 해석을 위해 특별한 계시나 신령한 경험이 필요하다는 말은 모두 거짓말이다. 요한계시록을 바르게 이해하고 설교하는 일에는, 다른 성경과 마찬가지로 건전한 기독교 신학을 바탕으로 한 성실한 연구와 주해가 필요할 뿐이다.

요한계시록의 주된 관심은 세상에서 경영해오신 하나님의 구속 역사의 성취와 완성에 있다. 새 예루살렘과 새 에덴 모티브는 하나님의 구속 역사의 완성 단계를 보여주는 요소다. 요한계시록에서 하나님의 구속 계획을 방해하는 악의 세력의 중심은 사탄이며, 사탄은 로마제국과 황제를 동원하여 행동하는 것으로 묘사된다. 그러나 하나님은 자신의 구속 계획의 성취와 완성을 교회 공동체를 위하여(for), 교회 공동체를 통해(through), 교회 공동체를 향하여(toward) 이루어가신다.

요한계시록에는 거대 제국의 회유와 박해를 이겨낸 초기교회의 신앙이 온전히 녹아 있다. 우리는 요한계시록을 통해 지금도 이 땅에서 위력을 떨치는 것처럼 보이는 악의 세력과 그 추종자들에 대한 심판이 반드시 임할 것이라는 확신을 가져야 한다. 그리고 거대한 세속의 물결 속에서도 신앙을 지키는 의인들을 속히 구원하실 하나님을 바라보면서 하나님 백성으로서의 정체성을 잃지 않고 살아가는 일에 힘써야 한다.

이 책에서 요약한 요한계시록의 중심 주제만 굳게 붙잡고 있어도 신천지의 황당한 "비유 풀이"가 얼마나 자의적이며 비성경적인지 쉽게 눈치챌 수 있을 것이다. 신천지가 한국교회의 허약한 부분을 틈타 득세했다면, 신천지의 확장을 억제하고 신천지와 비슷한 또 다른 사이비의 발흥을 원천봉쇄할 방법은 한국교회가 체질을 개선하고 더욱 건강해지는 방법밖에 없지 않을까? 이 책이 한국교회가 건강한 체질을 회복하는 일에 조금이나마 도움이 되길 바라는 마음으로 글을 마무리한다.

Barry, John D., Lazarus Wentz, Douglas Mangum, Carrie Sinclair-Wolcott, Rachel Klippenstein, David Bomar, Elliot Ritzema, Wendy Widder, and Derek R. Brown, eds. *The Lexham Bible Dictionary*. Bellingham, WA: Lexham Press, 2012, 2013, 2014.

Bauckham, Richard. *The Climax of Prophecy*. Edinburgh: T&T Clark, 1993b.

Beale. G. K. *The Book of Revelation*, NIGTC. Grand Rapids: Eerdmans, 1999.

Fitzmyer, J. A. *Acts of Apostles*, Anchor Yale Bible Commentaries. New Haven: Doubleday, 1974; Yale University Press, 2008.

Harrington, W. J. *Revelation*, Sacra Pagina. Collegeville: The Liturgical Press, 1993.

Osborne, G. R. *Revelation*. Grand Rapids: Baker Academic, 2002.

Reddish, M. G. *Revelation*, Smyth & Helwys Bible Commentary Series.

Macon, Georgia: Smyth and Helwys, 2001.

Roberts, A., J. Donaldson, and A. C. Coxe, eds. *The Apostolic Fathers with Justin Martyr and Irenaeus*, Vol. 1. The Ante-Nicene Fathers. Buffalo, NY: Christian Literature Company, 1885.

Thomas, Robert L. *Revelation 1-7 Exegetical Commentary*, Wycliffe Exegetical Commentary. Grand Rapids: Baker, 1992.

Witherington III, Ben. *Revelation*, New Cambridge Bible Commentary. Cambridge: CPU, 2003.

Wall, R. W. *Revelation*, NIBC 18. Peabody: Hendrickson, 1993(2nd ed.).

이만희. 『천국 비밀 요한계시록의 실상』. 과천: 도서출판신천지, 2005,

이필찬. 『내가 속히 오리라』. 서울: 이레서원, 2006.

한창덕. 『한 권으로 끝내는 신천지 비판』. 서울: 새물결플러스, 2014.

「신천지 고등 과정 교재」

서론

1) 자세한 내용은 이필찬, 23-37을 참고하라.

2) 임시영, 에스겔 강의 중에서〈http://vimeo.com/80968477〉(2015.04.01.).

1장_ 신천지 요한계시록 해석 개관

1) 이만희, 35.

2) 이만희, 45.

3) 이만희, 45.

4) 이 도표의 내용은『신천지 고등 과정 교재』, 3에서 가져왔다.

5) 김건희, 김병남,『신탄』(도서출판신천지, 1985), 321, 한창덕, 283-284에서 재인용.

6)『신탄』, 320, 한창덕, 284에서 재인용.

7) 이 내용은 이만희,『천지창조』(도서출판신천지, 2005), 475-476의 내용을 정리한 것으로서 한창덕, 121에서 재인용했다.

8)『천지창조』, 283-284, 한창덕, 440-441에서 재인용.

9) 한창덕, 283-287.

2장_ 요한계시록의 서지 사항

1)「신천지 고등 과정 교재」, 4.

2) 이만희, 46.

3) 이필찬, 30-31.

4) Thomas, 54.

5) 이만희, 55.

6)「신천지 고등 과정 교재」, 6.

7) 이만희, 55.

8) 이만희, 61.

9)「신천지 고등 과정 교재」, 8.

3장_ 일곱 교회에 보내는 메시지

1) 이만희, 66.

2)「신천지 고등 과정 교재」, 9.

3)「신천지 고등 과정 교재」, 9.

4) 한창덕, 80-82.

5) 한창덕, 495-496.

6) 이필찬,『요한계시록 어떻게 읽을 것인가』(성서유니온, 2003). 47.

7) 이만희, 69.

8) 이만희, 70.

9) 이만희, 70.

10) 참고. *Lexham Bible Dictionary*.

11) *Against Heresies*, 1.26.3.

12) Fitzmyer, 350.

13) 이만희, 75.

14) 이만희, 75.

15) 이만희, 87.

16) 이만희, 93.

17) 이만희, 93.

18) 이만희, 94.

19) 이필찬, 198-200.

20) 이만희, 97.

21) 이만희, 97-98.

22) 이만희, 98.

23) Reddish, 79.

24) 이만희, 101.

25) 이만희, 101.

26) 이만희, 101.

4장_ 하늘 성전 환상

1) 이만희, 123.

2) 이만희, 125.

3) 이필찬, 49.

4) 이필찬, 288-289.

5) 이만희, 125-126.

6) 이만희, 128.

5장_ 일곱 인 심판

1) 이만희, 134.

2) 이만희, 135.

3) 이 단락은 이만희, 135-137의 내용을 바탕으로 한다.

4) 이만희, 137.

5) 이만희, 138.

6) 이만희, 140.

7) 이만희, 140-141.

8) 이만희, 141.

9) 더 자세한 사항은 이필찬, 323-324를 참고하라.

10) 이만희, 143.

11) 이만희, 143-144.

12) 이만희, 144.

13) Beale, 382.

14) 이 단락은 이만희, 145-146의 내용을 바탕으로 한다.

15) 이만희, 146.

16) 이만희, 148.

17) 이만희, 150.

18) 이만희, 150.

19) 이만희, 151.

6장_ 십사만 사천과 셀 수 없는 큰 무리

1) 「신천지 고등 과정 교재」, 27-28.

2) 「신천지 고등 과정 교재」, 27.

3) 이만희, 157.

4) 이만희, 158.

5) 「신천지 고등 과정 교재」, 25.

6) 이만희, 158-159.

7) 이만희, 160-162.

8) Beale, 408.

9) 이만희, 164.

10) 이만희, 165.

11) 이만희, 165.

12) 「신천지 고등 과정 교재」, 26.

7장_ 나팔소리

1) 이만희, 173.

2) 자세한 내용은 이필찬, 397-399를 보라.

3) 이만희, 178.

4) 이필찬, 397.

5) 이 단락은 이만희, 179-180의 내용을 정리한 것이다.

6) 이 단락은 이만희, 181-182를 바탕으로 한다.

7) Witherington III, 149.

8) 이필찬, 402-404.

9) 이 단락은 이만희, 190-191을 바탕으로 한다.

10) 이필찬, 409-410.

11) 이필찬, 410-414.

12) 이필찬, 413-414.

13) 이만희, 192.

14) 이만희, 192-196.

15) 이필찬, 414-425.

16) Osborne, 373, 이필찬, 425에서 재인용.

17) Reddish, 179, 이필찬, 427에서 재인용.

18) Witherington III; Harrington, 110; Osborne, 374, 이필찬, 427에서 재인용.

19) 이필찬, 426-427.

20) 이 단락은 이만희, 198-199를 바탕으로 한다.

21) 이만희, 199.

22) 이 입장을 지지하는 학자로는 Morris, Roloff, Giesen, Beale, Witherington III 등이 있다.

23) Wall, 132, 이필찬, 432에서 재인용.

24) 자세한 논의는 이필찬, 430-432를 참고하라.

25) Reddish, 182.

8장_ 하늘에서 온 천사와 열린 책

1) 이 단락은 이만희, 209-210을 바탕으로 한다.

2) 이만희, 210.

3) Reddish, 193.

4) Osborne, 791.

5) 이 단락은 이만희, 215-217을 바탕으로 한다.

6) 이만희, 217.

9장_ 두 증인

1) 이만희, 224.

2) 이만희, 224-225.

3) 이필찬, 477.

4) 이만희, 226.

5) 이만희, 227.

6) 자세한 사항은 〈http://blog.naver.com/bluesky05292/80171928720〉(2015. 4. 10)를 참고하라.

7) 이 단락은 이만희, 230-231을 바탕으로 한다.

8) 이만희, 231.

9) 이만희, 232.

10) 이만희, 232.

11) 이만희, 236.

12) 이만희, 236-237.

10장_ 해를 입은 여자가 낳은 아이와 용의 전쟁

1) 이만희, 255.

2) 이만희, 256.

3) 이만희, 257-259.

4) 이만희, 261.

5) 이필찬, 540-547.

6) 이필찬, 548-550.

7) 이만희, 267.

8) 이만희, 267.

9) 이만희, 268.

10) 이만희, 269.

11) 더 자세한 내용은 이필찬, 553-554를 참고하라.

11장_ 두 짐승 이야기

1) 이만희, 281.

2) 이만희, 282.

3) 이만희, 282.

4) 이필찬, 576-577, 597-599.

5) 이만희, 291.

6) 이만희, 292.

7) 이필찬, 596-597.

12장_ 하늘의 십사만 사천

1) 이만희, 299.

2) 이만희, 318.

3) 이만희, 301.

4) 이필찬, 605-606.

5) 이필찬, 607-608.

6) 이만희, 315.

7) 이만희, 311.

8) 이필찬, 616.

13장_ 증거 장막의 성전과 일곱 대접 심판

1) 이만희, 325-326.

2) 이필찬, 658-659.

3) 이만희, 330.

4) 이만희, 328-330.

5) 이만희, 328-330.

6) 이만희, 343-344.

7) 표준국어대사전의 정의다.

8) 이 단락은 이만희, 351-357을 바탕으로 한다.

9) 이만희, 356.

10) 이만희, 361.

11) "공중"에 대한 더 자세한 논의는 이필찬, 690-691을 참고하라.

14장_ 음녀 바벨론의 멸망

1) 이필찬, 705.

2) 이필찬, 749.

3) 이만희, 400.

4) 이필찬, 769.

5) 이필찬, 773.

15장_ 어린 양의 혼인 잔치와 천년왕국

1) 이만희, 415.

2) 이만희, 418-420.

3) 자세한 논의는 이필찬, 819-820을 참고하라.

4) 이만희, 432.

5) 자세한 논의는 이필찬, 849-851을 참고하라.

16장_ 새 하늘과 새 땅

1) 이만희, 447.

2) 이필찬, 872-873.

3) 이필찬, 891.

4) 이필찬, 895.

5) 이필찬, 915-917.

6) 이필찬, 918.

7) 이필찬, 919-924.

신천지 요한계시록 해석
무엇이 문제인가?
신천지의 왜곡된 요한계시록 해석 바로잡기

Copyright ⓒ 이필찬 2015

1쇄 발행 2015년 5월 25일
6쇄 발행 2022년 3월 31일

지은이 이필찬
펴낸이 김요한
펴낸곳 새물결플러스

편 집 왕희광 정인철 노재현 한바울 정혜인 이형일 나유영 노동래
디자인 박인미 황진주 김은경
마케팅 박성민 이원혁
총 무 김명화 이성순
영 상 최정호 곽상원
아카데미 차상희

홈페이지 www.holywaveplus.com
이메일 hwpbooks@hwpbooks.com
출판등록 2008년 8월 21일 제2008-24호
주 소 (우) 04118 서울시 마포구 마포대로19길 33
전 화 02) 2652-3161
팩 스 02) 2652-3191

ISBN 979-11-86409-11-4 03230

책값은 뒤표지에 있습니다.